江苏省社科应用研究精品工程外语类课题

理工院校大学英语教学"课程思政"教改研究——以《中国文化概况》为例(21SWC – 48)

U0645275

应用语言学定量数据统计分析
SPSS 22.0

蒲显伟 陆雷娜 著

哈尔滨工程大学出版社
Harbin Engineering University Press

内 容 简 介

全书共 14 章。第 1 章至第 5 章介绍统计分析软件、统计学基本概念、SPSS 操作界面、数据探索分析和统计检验方法。第 6 章至第 14 章介绍具体的统计检验方法,包括相关分析、独立样本 t 检验、配对样本 t 检验、单因素(组间)方差分析、单因素组内/重复测量方差分析、多因素方差分析、混合方差分析、混合方差设计简化分析和卡方检验。本书大部分章节由三部分组成:统计方法理论介绍、统计检验具体操作过程和输出结果数据详细解读。

本书专为英语专业初学统计学的本科生和硕士研究生编写,也适合其他对统计分析感兴趣的读者。本书兼具理论与实操,语言通俗易懂,无须数学和统计学基础。

图书在版编目(CIP)数据

应用语言学定量数据统计分析:SPSS 22.0/蒲显伟,陆雷娜著.—哈尔滨 : 哈尔滨工程大学出版社,2023.5

ISBN 978 - 7 - 5661 - 3922 - 1

Ⅰ. ①应… Ⅱ. ①蒲… ②陆… Ⅲ. ①应用语言学 – 定量分析 – 统计分析 – 软件包 Ⅳ. ①H08

中国国家版本馆 CIP 数据核字(2023)第 073714 号

应用语言学定量数据统计分析 SPSS 22.0
YINGYONG YUYANXUE DINGLIANG SHUJU TONGJI FENXI SPSS 22.0

选题策划	石 岭
责任编辑	马佳佳
封面设计	李海波

出版发行	哈尔滨工程大学出版社
社 址	哈尔滨市南岗区南通大街 145 号
邮政编码	150001
发行电话	0451 – 82519328
传 真	0451 – 82519699
经 销	新华书店
印 刷	哈尔滨市石桥印务有限公司
开 本	787 mm × 1 092 mm 1/16
印 张	11
字 数	262 千字
版 次	2023 年 5 月第 1 版
印 次	2023 年 5 月第 1 次印刷
定 价	45.00 元

http://www.hrbeupress.com
E-mail:heupress@ hrbeu.edu.cn

前　言

　　本书专为英语专业初学统计学的本科生和硕士研究生编写,也适合其他对统计学感兴趣的学习者。本书兼具理论与实操,语言通俗易懂,无须数学和统计学基础。

　　本书共 14 章。第 1 章至第 5 章介绍常用的统计分析软件、统计学基本概念、SPSS 操作界面、数据探索分析和统计检验方法。第 6 章至第 14 章介绍具体的统计检验方法,包括相关分析、独立样本 t 检验、配对样本 t 检验、单因素(组间)方差分析、单因素组内/重复测量方差分析、多因素方差分析、混合方差分析、混合方差设计简化分析和卡方检验。第 6 章至第 14 章主要由以下三部分组成:统计方法理论介绍、统计检验具体操作过程和输出结果数据详细解读。其中,第 7 章至第 10 章还介绍了 t 检验和单因素方差分析对应的非参数检验方法。此外,本书大部分章节使用同一数据集,以方便读者了解不同统计检验方法之间的差异。

　　由于作者水平有限,疏漏和错误在所难免,恳请读者批评指正。如需本书所使用的数据,请发邮件至 phil667@163.com。最后感谢南京理工大学外国语学院英语专业 2015—2019 级选修"定量数据统计分析"课程的本科生在试用本书时指出的错误和提出的宝贵意见。

蒲显伟　陆雷娜

于南京理工大学

2023 年 3 月

目　录

第1章　统计分析软件介绍

本章主要介绍在社会科学研究中广泛使用的两款统计分析软件:SPSS 和 R。Robert Muenchen(2016)的文章 The Popularity of Data Science Software 研究结果表明,SPSS 和 R 是在各研究领域使用最为广泛的统计分析软件。

1.1　SPSS

SPSS 是美国斯坦福大学的研究生 Norman H. Nie 为分析其博士论文数据和另两位研究生于 1968 年共同研发的一款统计分析软件。SPSS 最初代表 Statistical Package for the Social Sciences(社会科学统计软件包),随着 SPSS 产品服务领域的扩大和服务深度的增加,SPSS 公司将 SPSS 英文全称改为 Statistical Product and Service Solutions(统计产品与服务解决方案)。2009 年,SPSS 公司被 IBM 公司收购,名称也更改为 IBM SPSS Statistics(George et al., 2020)。被 IBM 收购之后,SPSS 软件基本每年更新一次,截至 2022 年 10 月,最新版本为 29.0。SPSS 是收费商业软件。

SPSS 是图形用户界面统计软件(图 1.1),使用简单方便,大多数操作通过拖曳鼠标、点击菜单就可以完成。SPSS 也可以通过安装 R 插件在 SPSS 环境下以菜单形式来使用 R 进行统计分析,不过 SPSS 不同的版本需要使用对应的 R 插件版本。另外,较新版本的 SPSS 增加了稳健统计方法(Robust statistics),如 Bootstrapping。

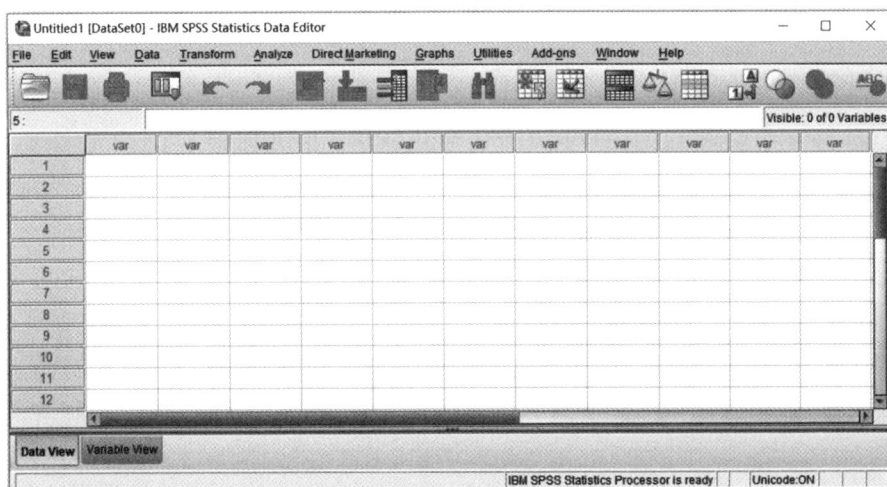

图 1.1　SPSS 操作界面

1.2　R、RStudio 和 R Commander

R 最早由新西兰奥克兰大学的 Ross Ihaka 和 Robert Gentleman 开发,故软件取两人名的首字母命名为 R,后期维护由 R 核心团队负责。凭借其自由、免费、开源等特点,R 迅速流行起来。R 第一版于 1995 年发布,截至 2022 年 10 月,最新版本为 4.2.2。

R 的界面非常简洁(图 1.2),包括一个菜单栏、一个快捷按钮栏和快捷按钮下的命令输入窗口 R 控制台。R 控制台也是部分运算结果的输出窗口,有些运算结果会输出在新建的窗口中。由于 R 需要输入命令,相比 SPSS,R 的学习和使用都需要有一定的统计学基础,因此具有一定难度。

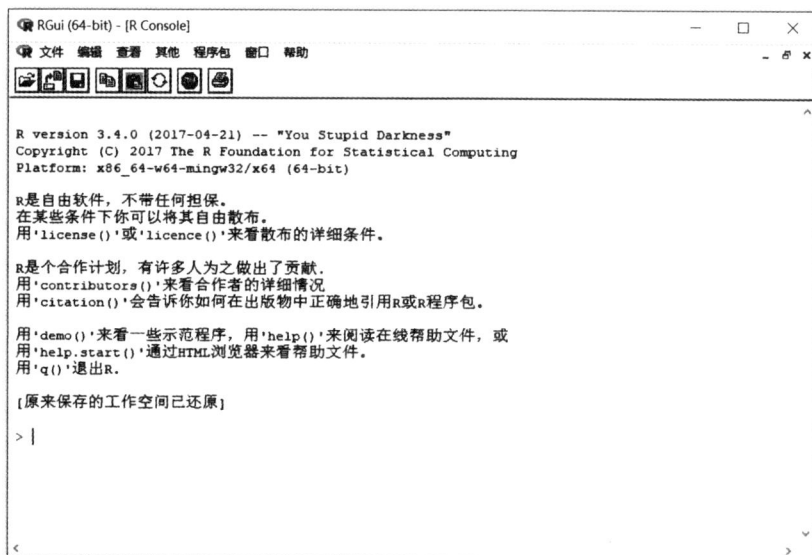

图 1.2　R 操作界面

RStudio 是 R 的集成开发环境(图 1.3),操作界面比 R 更加友好,操作更为简单,因此也越来越受欢迎。RStudio 共有四个窗口,左侧上下分别为脚本窗口和控制台,右侧上下分别为工作空间和图形窗口。要使用 RStudio 必须先安装 R。

R Commander 是 R 的图形用户界面(图 1.4),必须结合 R 或 RStudio 来使用。R Commander 的使用类似于 SPSS,统计分析是通过点击菜单来完成的,不需要输入命令,因此操作比 R 和 RStudio 更简单。R Commander 不仅会输出统计分析结果,还会输出该统计方法的 R 语法,有助于 R 初学者学习 R 的使用。这也是很多研究者初学 R 时所采用的方法,即通过 R Commander 输出的 R 语法来学习使用 R。

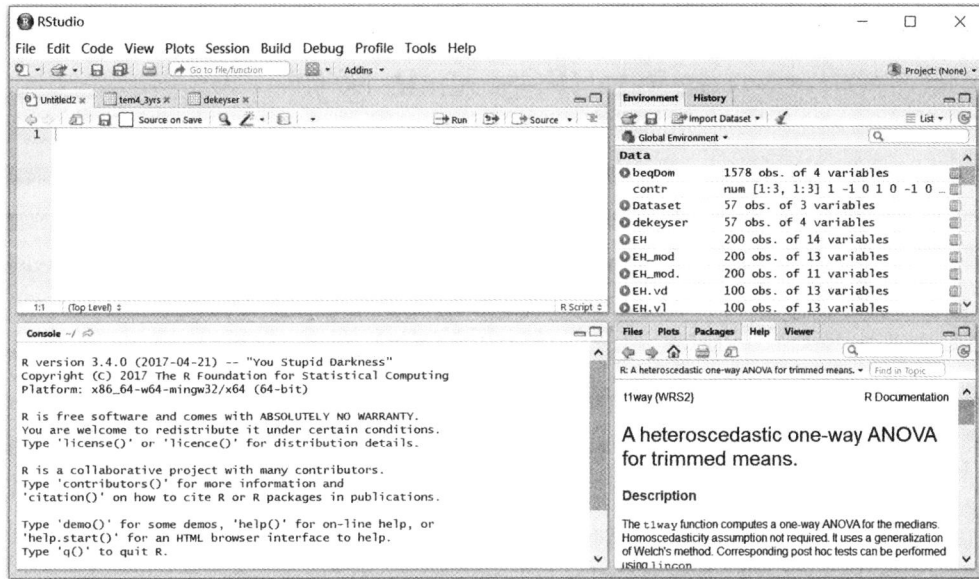

图1.3　RStudio 操作界面

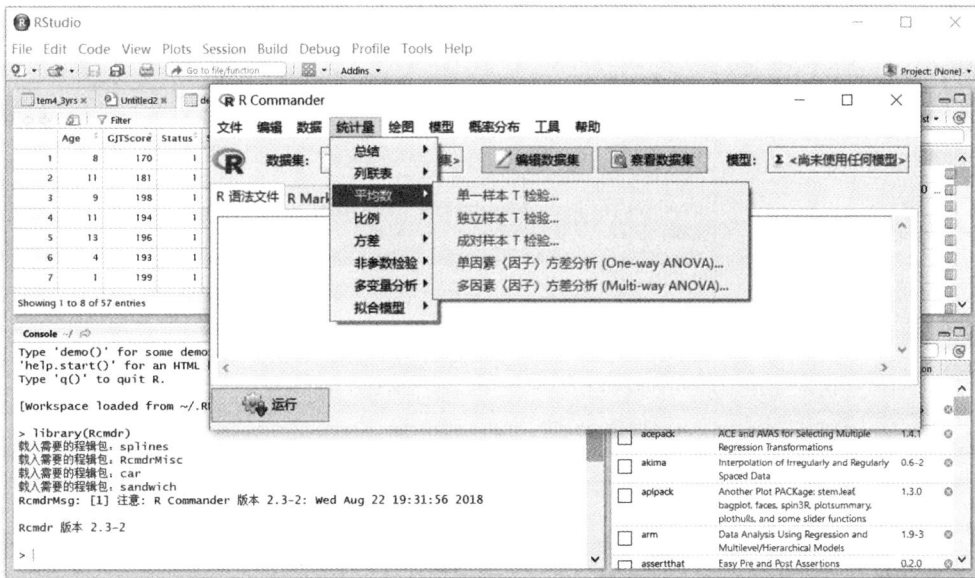

图1.4　R Commander 操作界面

如何安装 R、RStudio 和 R Commander,可以参考 Andrew Heiss 于2012年4月17日发表的博客文章 Install R, RStudio, and R Commander in Windows and OS X(https://www.andrewheiss.com/blog/2012/04/17/install-r-rstudio-r-commander-windows-osx/),如链接失效,可用文章题目搜索。

1.3 SPSS 和 R 区别

Larson – Hall(2010)认为相比 SPSS,R 具有如下优点:

(1)免费;

(2)有统计社区支持,不断有新统计包出现;

(3)有更多复杂的分析方法,在作图方面功能尤其强大;

(4)命令语法可以帮助使用者更好地理解统计过程。

Greg Snow 于 2010 年在 R 社区 stackoverflow 网站发帖,用小汽车与公共汽车的比喻阐述了 R 和 SPSS 之间的差异, https://stackoverflow. com/questions/3787231/r – and – spss – difference),如图 1.5 所示。

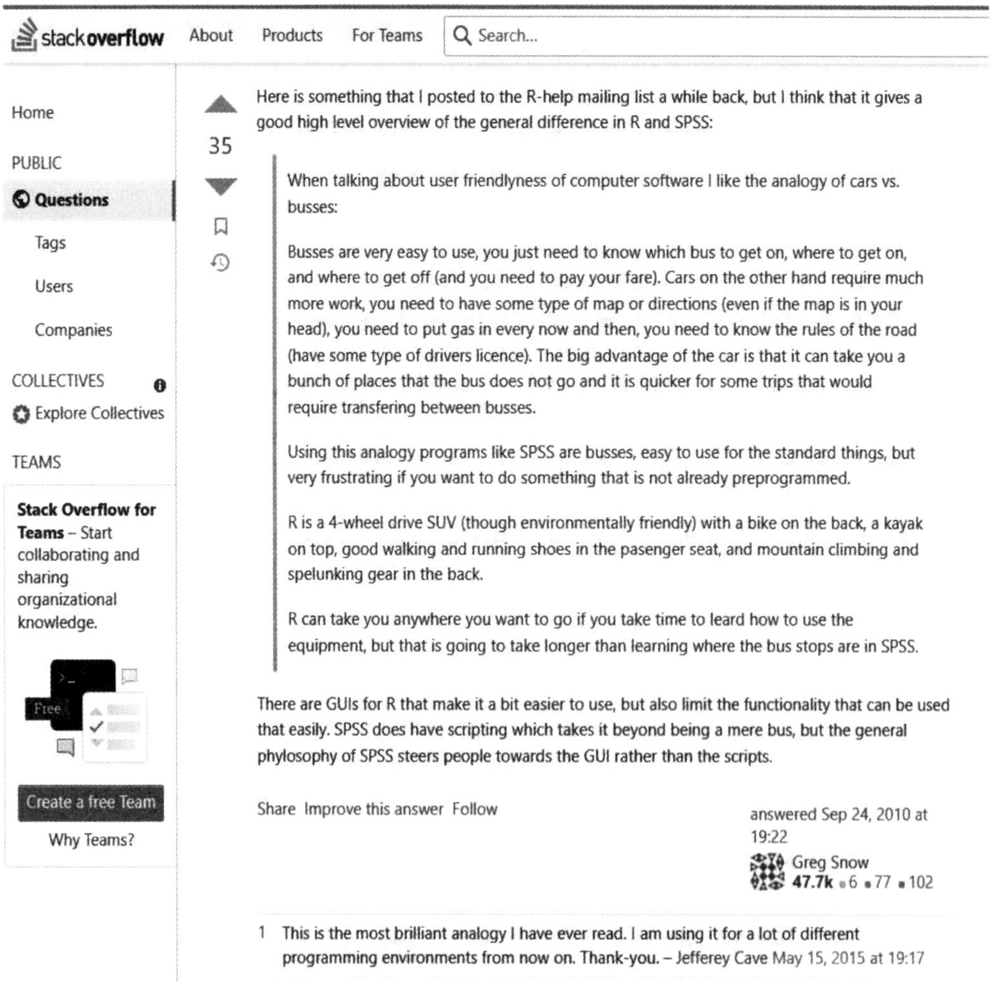

图 1.5 R 和 SPSS 的区别

简单而言,SPSS 和 R 的区别主要有二:

(1)SPSS 是收费商业软件,R 是免费开源软件;

(2)SPSS 易学易用,R 相对较为复杂,但功能更丰富,更能满足个性化需求。

对于数据统计分析初学者而言,建议先从 SPSS 入手。本书以 SPSS 22.0 为例,用作者科研工作中所采集的真实数据来介绍应用语言学研究中常用的定量数据统计分析方法。

第2章　统计学基本概念

2.1　总体与样本

总体(Population)指某个研究所要考察对象的集合,样本(Sample)是从总体中抽取的用来代表总体的一部分个体,样本大小也称样本容量(Sample size)。由于各种条件的限制,研究者通常无法对总体进行研究,只能按一定的抽样方法选取总体中的一部分个体,通过研究样本来对总体情况做出推断。

例如,"中国大学毕业生收入状况调查"这一研究的总体是中国所有已毕业大学生,如果研究者在中国20个城市各抽取1 000人进行调查,那么接受调查的20 000人即为研究的样本。假如把研究题目改为"南京理工大学外国语学院毕业生收入状况调查",那么研究总体是南京理工大学外国语学院所有已毕业学生,如果研究者在所有已毕业学生中抽取了100人进行调查,那么这100人即为研究的样本。因此,根据课题研究性质的不同,研究的总体和样本可能非常大,也可能比较小。

2.1.1　抽样

从总体中抽取样本就涉及抽样(Sampling)。抽样方法有很多种,大体可以分为概率抽样(Probability sampling)和非概率抽样(Non – probability sampling)。

1. 概率抽样

概率抽样以概率论与数理统计为基础,按随机原则从总体中抽取部分个体来组成样本,总体中的每个个体被抽中的概率相等。常用的概率抽样方法包括:简单随机抽样、系统抽样(等距抽样)、分层抽样(类型抽样)、整群抽样等。概率抽样又称随机抽样(Random sampling),因为上述方法在抽样全过程或部分过程中都运用了随机原则。

(1)简单随机抽样

简单随机抽样(Simple random sampling)是事前对总体数量不做任何分组排列,完全凭偶然的概率进行抽样的方法。简单随机抽样一般可采用抽签法、摇码或查随机数表等方法抽取样本,该方法适合研究总体较小的情况。抽签法和摇码是日常生活中比较常见的方法,如何用随机数表进行随机抽样,可参阅文秋芳(2001)《应用语言学研究方法与论文写作》一书。

(2)系统抽样

系统抽样(Systematic sampling)先将总体中的全部个体进行编号,再按需要的样本大小将总体分成大小相等的几部分,然后采用简单随机抽样从第一个部分抽取第一个个体,再按一定的间距抽取其余需要的个体。例如,我们要从 100 人中抽取 10 人参与实验。先把这 100 人用 1～100 进行编号,再把这 100 人按顺序分为 10 等份(样本大小),运用简单随机抽样(如抽签法)从第一个等份 1～10 号中抽取一个个体,比如抽到的是 3 号,那么第二个要抽取的个体就应该是 3 + 10 = 13 号,第三个个体是 23 号,以此类推。系统抽样抽取的个体与个体之间间距相等,因此又称等距抽样。间距大小是用总体数量除以需要的样本数量得到的,如上例中 100/10。如计算出的间距不是整数,保留整数即可。

(3)分层抽样

分层抽样(Stratified sampling)指在抽样时,按某一特征将总体分成互不相交的层,即类别,然后按照一定的比例从各层随机抽取一定数量的个体作为样本的方法。以"中国大学毕业生收入状况调查"研究为例,为了使抽取的样本更具代表性,可以先把大学毕业生分为 3 个类别:985 高校毕业生、211 高校毕业生和其他高校毕业生,然后在各类别中随机抽取一定比例的个体来组成样本。分层抽样实际上是科学分类与随机原则的结合,因此又称类型抽样。

(4)整群抽样

整群抽样(Cluster sampling)是先将总体中的所有个体按某种标准分成若干独立的集合,即群,然后从中随机抽取一个或多个整群组成样本的一种抽样方式。例如,要调查"南京理工大学外国语学院学生课外学习情况",准备抽取 100 人左右的样本,那么可以以南京理工大学外国语学院的学生自然班(Intact class)作为群单位,从所有的自然班中随机抽取 3～4 个班组成研究样本。

2. 非概率抽样

非概率抽样是不遵循随机原则,而是按照研究人员的主观经验或其他便利条件来抽取样本的方法,即在抽样时,总体中的个体被选中进入样本的概率不相等。例如,在街头发放调查问卷,发放者可能会更多选择看起来会比较配合的人进行调查。非概率抽样与概率抽样最大的区别在于后者遵循随机原则,因此理论上概率抽样要比非概率抽样更为严谨,抽取的样本更具代表性,更能反映研究总体的特征。

最常用的非概率抽样方法是方便抽样(Convenience sampling),也称随意抽样、偶遇抽样,是指研究人员依据方便原则选取样本的方法。方便抽样也是应用语言学研究中最为常用的方法。例如,某任课教师选取自己所教授的两个自然班参与实验。这个例子属于方便抽样而不是整群抽样,因为这位任课教师利用的是方便原则(让自己教的学生参与实验从时间、地点上讲都比较方便,学生一般也会比较配合),而不是从整个年级的所有班中随机抽取两个班。

2.1.2 参数与统计量

参数(Parameter)和统计量(Statistic)是一对与总体和样本相关的概念。参数是反映研究总体的各种指标,总体参数通常用希腊字母表示,如总体的均值 μ、方差 σ^2、标准差 σ 等,但总体参数通常是未知的。统计量是反映样本的各种指标,样本统计量一般用罗马字母表示,如样本的均值 $M/X/\bar{x}$、方差 s^2、标准差 SD/s,以及统计检验计算出的检验统计量,如 t 检

验的统计量 t 值、方差分析的统计量 F 值、卡方分析的统计量 χ^2 值等。

2.1.3 描述统计与推断统计

描述统计(Descriptive statistics)与推断统计(Inferential statistics)是另一对与总体和样本相关的概念。Statistics 这一单词有两层含义,一是统计,即统计过程或方法,二是统计量的复数形式,那么 Descriptive statistics 既可理解为描述统计过程也可理解为描述统计量。

描述统计是用图表或数字对样本数据进行描述或总结。常见的描述统计量包括频次、集中趋势(Central tendency)和离散趋势。推断统计是利用样本数据来推断总体特征的统计方法,一般统计学书籍介绍的统计检验方法,如 t 检验、方差分析、卡方(χ^2)检验等,都是推断统计。

2.2 集中趋势与离散趋势

数据的分布通常有两个特征:集中趋势和离散趋势。

1. 集中趋势

集中趋势指一组数据的各观测值向中心值聚集的程度,反映一组数据中心点的位置所在。常用的衡量集中趋势的指标有均值、中位数和众数。

(1)均值

均值(Mean)也称平均数或算术平均数,用全部数值的总和除以数值的个数。均值在统计学中具有重要的地位,是集中趋势最主要的衡量指标。均值的缺点是容易受到极端值或异常值(Outlier)的影响。

(2)中位数

中位数(Median)是一组数据排序后位于中间位置上的数值,即中位数两侧的数值个数相等。如果一组数据的数值个数是偶数,中位数则为最中间两个数值的平均数。在有极端值或异常值存在的情况下,中位数比均值更能反映数据的集中趋势。例如,有五位同学考试分数分别为 80 分、80 分、80 分、80 分、20 分,那么这五位同学分数的均值为 68 分,中位数为 80 分,那么 80 分比 68 分更能反映这组分数的集中趋势。

(3)众数

众数(Mode)是一组数据中出现次数最多的数值。以上面这组分数为例,80 分出现了 4 次,因此是这组数据的众数。

2. 离散趋势

离散趋势(Spread, Dispersion, Variability)指一组数据的各观测值偏离中心值的程度。对于一组数据的分布特征,仅用集中趋势来描述是不够的,只有结合离散趋势,才能全面地描述数据特征。以下面两组学生的考试分数为例:A 组和 B 组学生分数均值相同,但 A 组分数的分布比较集中,差异较小,即离散趋势较小;B 组分数比较分散,差异较大,即离散趋势较大。

A 组：78　80　80　80　82

B 组：65　70　80　90　95

描述一组数据离散趋势的常用指标有全距或极差、四分位数间距、方差、标准差等，其中方差和标准差最常用。

（1）全距或极差

全距或极差（Range）是指一组数据的观测值中的最大值与最小值之差。以下面两组数据为例：A 组数据全距为 90 − 60 = 30，B 组为 90 − 30 = 60，两组数据的全距相差很大，但实际上两组数据除了第一个数值不同，其他均相同，也就是说两组数据整体上差别不大。因此，和均值一样，全距容易受极端值或异常值（B 组中的 30）的影响，不能反映一组数据的真实离散程度；全距反映的仅仅是一组数据的最大离散程度，是最简单的离散趋势指标。

A 组：60　70　70　70　80　80　80　90　90

B 组：30　70　70　70　80　80　80　90　90

（2）四分位数间距

把一组数据所有观测值由小到大排列并分成四等份，那么处于三个分割点位置（25%，50% 和 75%）的数值叫作四分位数（Quartile）。位于 25% 位置的数值叫作第一四分位数（First quartile，Q1），位于 50% 位置的是第二四分位数（Second quartile，Q2），也即整组数据的中位数，位于 75% 位置的是第三四分位数（Third quartile，Q3）。四分位数间距（Interquartile range，IQR）也称四分位距，是指第一和第三四分位数之间的距离，即用 Q3 值减去 Q1 值（IQR = Q3 − Q1）。四分位数间距避免了极端值的影响，但剔除了太多数据（两端各 25%）。在对数据进行探索分析制作箱图时会使用四分位数间距。

（3）方差和标准差

方差（Variance，s^2）和标准差（Standard deviation，SD）是描述离散趋势的常用指标，两者均表示一组数据中的观测值平均偏离中心值的程度。方差和标准差需要使用各个观测值的偏差/离差/误差（Deviance/Error）和所有观测值的平方和（Sum of squares，SS）来计算。偏差是指一组数据中的各个观测值与均值之差，因此有正负之分。下面以一组简单数据来说明如何计算偏差、平方和、方差和标准差（表 2.1）。

表 2.1　偏差、平方和、方差和标准差计算示例

数据	1	2	3	3	4	（Mean 为 2.6，N = 5）
偏差（Deviance）	− 1.6	− 0.6	0.4	0.4	1.4	
平方和（SS）	$SS = \sum (x_i - \bar{x})^2 = (-1.6)^2 + (-0.6)^2 + (0.4)^2 + (0.4)^2 + (1.4)^2 = 5.2$					
方差（s^2）	$= SS/(N-1) = 5.2/(5-1) = 1.3$					
标准差（SD）	$= \sqrt{s^2} = \sqrt{1.3} = 1.14$					

表 2.1 这组数据共有 5 个观测值，分别是 1，2，3，3，4，均值为 2.6。用各观测值减去均值得到每个观测值的偏差：− 1.6，− 0.6，0.4，0.4，1.4。把每个观测值的偏差平方后相加得

到平方和 $SS=5.2$,平方和是很多统计检验(如方差分析)会用到的统计量。用平方和除以样本容量减 $1(N-1)$ 得到方差 1.3,方差公式的分母为 $N-1$ 而不是 N 是因为除以 $N-1$ 得到的样本方差是对总体方差更准确的估计,跟样本的自由度有关。方差开方得到标准差 1.14。方差和标准差是用平方和除以样本观测值个数减 1 后得到的,所以两者都表示一组数据中的观测值偏离中心值的平均距离。

2.3 变　　量

变量(Variable)是指取值可以发生变化的事物(Field,2018),例如组别、分数、年龄、性别、工资水平、英语水平等。变量也可以称为因素(Factor),在 SPSS 软件中,分组变量使用的英文术语是 Grouping factor。

根据变量之间的关系,变量可分为自变量(Independent variable,IV)和因变量(Dependent variable,DV)两类。自变量是表示原因的变量,因变量是表示结果的变量,自变量会对因变量产生影响。例如"不同准备时间对学生口语测试成绩的影响,"准备时间(3 分钟组和 5 分钟组)是自变量,口语测试成绩是因变量。当然并非所有的变量之间都是因果关系,例如"英语专业学生听力和口语能力的关系",我们很难说听力能力和口语能力哪个是因,哪个是果。

根据变量的数据类型,变量可以分为分类变量(Categorical variable)和连续变量(Continuous variable)两类。分类变量是说明事物类别的名称,其取值通常是有限的,如"性别",其取值有两个水平或类别(Levels):男和女。分类变量有时也叫分组变量(Grouping variable)或离散变量(Discrete variable)。连续变量是指在一定区间内有无限取值的变量,其数值是连续不断的。考试分数就是最常见的连续变量,例如,80 分和 81 分之间在理论上有无限个取值可能,如 80.1,80.2,80.5,80.55,80.555,…。在应用语言学研究中,自变量通常是分类变量,如组别、性别、年级、语言水平等;因变量通常是连续变量,如考试分数。

如何对变量进行测量呢?心理学家 Stanley Stevens(1946)提出了变量的四类测量尺度(Level/Scale of measurement):定类尺度(Nominal scale)、定序尺度(Ordinal scale)、定距尺度(Interval scale)和定比尺度(Ratio scale)。具体区别见表 2.2。

表 2.2　变量测量尺度

变量类型		测量尺度	SPSS
分类变量	定类尺度	用名称指代变量的不同类别,如男、女。	Measure / Scale / Scale / Ordinal / Nominal
	定序尺度	变量不同类别可以进行排序,如考试成绩优秀、良好、中、及格、不及格	
连续变量	定距尺度	变量相邻取值之间距离相等,如分散、温度等。	
	定比尺度	变量取值含绝对零值,如质量、距离等。	

定类尺度和定序尺度主要用来测量分类变量,两种尺度都很容易理解。定距尺度和定比尺度用来测量连续变量,两者主要区别有二(Bachman et al.,2013;Howell,2013):第一,定比尺度有绝对零值,即表示什么都没有。例如,零分和零度温度并不表示没有分数或温度,而零质量表示没有质量;第二,定比尺度可以用比例来描述变量。例如 40 kg 可以说是 20 kg 的两倍,但是如果说 40 ℃的温度比 20 ℃温度热两倍就较难理解了。应用语言学研究很少会使用定比尺度,所以我们对定距尺度和定比尺度有简单了解即可。

SPSS 软件列出了三种测量尺度(表2.2),Scale 对应 Stanley Stevens 分类中的定距尺度和定比尺度,Ordinal 是定序尺度,Nominal 是定类/名称尺度。在 SPSS 操作过程中为变量选择测量尺度一定要准确,错误的测量尺度可能会让软件无法计算。

2.4 频次分布与正态分布

频次分布(Frequency distribution)是用图形,如柱状图(Bar chart)、直方图(Histogram)和线型图(Line chart)等,描述一组数据中各观测值发生的次数即频次,通常用横坐标表示观测值,纵坐标表示发生次数。例如图2.1是某英语专业班级第二外语选修人数的柱状图。柱状图通常用来描述取值较少的数据,尤其是分类/离散变量数据,柱状图的每个柱状条代表一个取值,柱状条与柱状条之间是分离的。

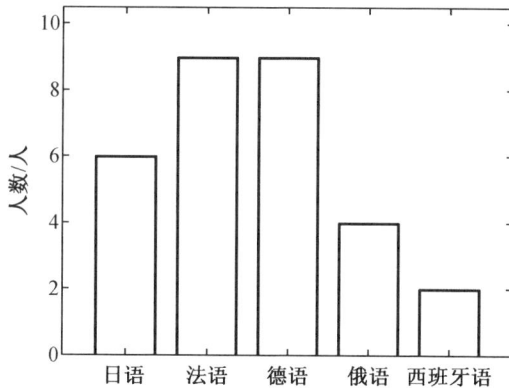

图 2.1   柱状图

直方图通常用来描述取值较多的连续变量数据,例如考试分数。一次考试一般会出现很多分值,如果每个分值都用一个柱状条表示,那柱状条就太多了,分类太多也就失去了意义。这时候我们通常把所有分数分成不同的区间或组,如 55~59 分区间、60~64 分区间、65~69 分区间,等等,每个分数区间用一个柱状条来表示,这种图叫作直方图。由于分数是连续变量,即理论上分数与分数之间是连续的,如 80 分和 81 分之间还有 80.5 或 80.55 等无限取值可能,因此直方图的柱状条之间没有间隔。图2.2的直方图是用表2.3中的数据制作的。

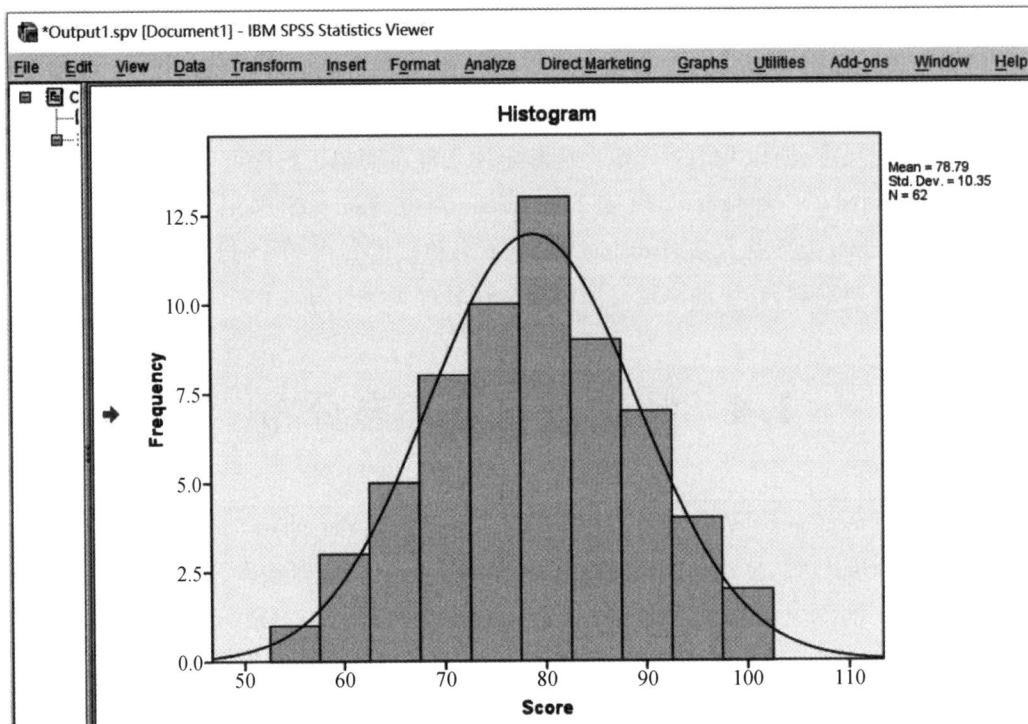

图 2.2　直方图

表 2.3　考试分数和人数

分数/分	人数/人	百分比/%	分数/分	人数/人	百分比/%
55	1	1.61	80	13	20.97
60	3	4.84	85	9	14.52
65	5	8.06	90	7	11.29
70	8	12.90	95	4	6.45
75	10	16.13	100	2	3.23

　　第一栏是考试分数;第二栏是该分数的人数,即该分数取值发生的频次;第三栏表示该分数所占百分比,即该分数发生的概率,所有分数发生概率的总和为1。

　　频次分布有各种不同的形状,其中最理想的也是比较常见的分布形态是正态分布,如图 2.2 所示。正态分布(Normal distribution)是两端低,中间高,左右对称的频次分布。把各柱状条顶点连起来的钟形曲线叫正态曲线。我们生活中很多数据都大体呈正态分布,如学生考试分数、某地区人群的收入、体重、年龄等,因为正常情况下,均值附近的取值,即频次分布中间的取值,发生概率大于两侧取值发生的概率。例如,某班学生考试分数的均值为75 分,那么考试分数在 75 分左右的人数相对较多,随着分数的增加或减少,人数也逐渐减少。再以扔骰子为例,如果有两颗骰子,扔一次可能会得到 2~12 共 11 个可能取值。两颗骰子扔 5 000 次,记录下每次出现的结果,那么这 11 个取值出现的频次就会呈正态分布,因为两颗骰子每扔一次,最中间的取值 7 有 1 +6,2 +5,3 +4,4 +3,5 +2,6 +1 共六种出现可能,而最小取值 2 和最大取值 12 只有一种出现可能,分别为 1 +1 和 6 +6,也就是说靠近中间的取值出现的概率要高于两侧取值出现的概率。

有两种常见的偏离正态分布的频次分布:偏态分布(Skewed distribution)和峰态分布(Kurtosis distribution)。偏态分布的分布曲线左右不对称,分布高峰位于一侧,尾部向另一侧延伸。偏态分布可分为正/左偏态分布和负/右偏态分布,前者分布曲线高峰位于左侧,后者分布曲线高峰位于右侧,如图 2.3 所示。峰态分布可分为高峰分布和低峰分布,前者分布曲线比较陡峭,即中间观测值的发生概率高于正态分布,两侧观测值发生概率低于正态分布,后者分布曲线比较平缓,中间观测值的发生概率低于正态分布,两侧观测值发生概率高于正态分布,如图 2.4 所示。

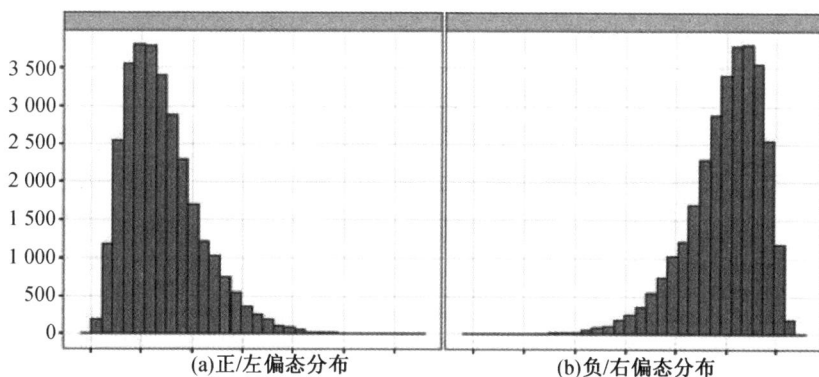

图 2.3 正/左偏态分布和负/右偏态分布(Field,2013)

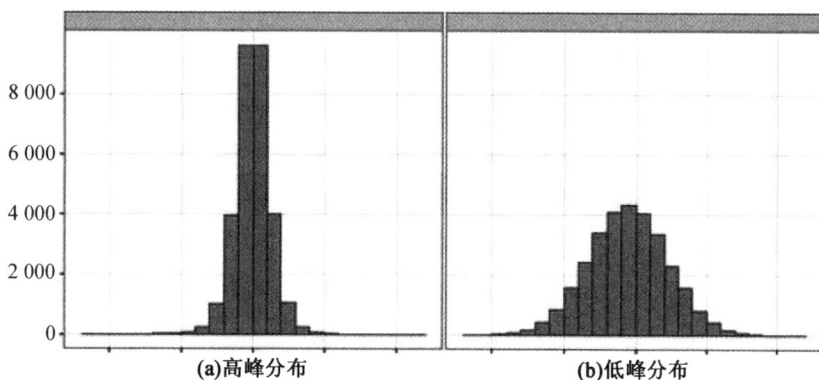

图 2.4 高峰分布和低峰分布(Field,2013)

2.5 标准正态分布

前一小节提到直方图中所有柱状条发生概率的总和为 1,即正态曲线和横轴组成的这块区域的面积为 1。因此,对于服从正态分布的一组数据,我们可以计算某个取值区间发生的概率。但是符合正态分布的不同的数据集/组通常也会呈现不同的分布形态,因为不同数据集的均值和标准差通常不一样。例如,同一个班级进行了两个科目的考试,一个考试采用满分 100 分制,另一个考试采用满分 60 分制。即使是同样的考试,不同班级成绩均值和标准差通常也不一样。满分 100 分的考试得了 80 分和满分 60 分的考试得了 50 分,哪个成绩更好? 80 分是 100 分的 80%,50 分是 60 分的 83.3%,那是不是 50 分就比 80 分更好呢? 不一定,一种可能情形是满分 60 分的考试比较简单,50 分及以上分数出现较多。因此,比较分数出现的概率更为合理。假设满分 100 分考试 80 分及以下分数出现概率是 90%,80 分以上分数出现概率是 10%,即只有 10% 的人得分超过 80 分,而满分 60 分考试 50 分及以下分数出现概率是 80%,50 分以上分数出现概率是 20%,那么根据分数发生概率,我们很容易判断 80 分要优于 50 分。

不同的正态分布单独计算每个取值的发生概率比较费力和麻烦,这个问题可以用标准正态分布来解决。标准正态分布(Standard normal distribution)是标准分的频次分布,其均值为 0,标准差为 1。把任意形态的正态分布的所有取值转为标准分,就可以把其分布形态转为标准正态分布。标准分的转化公式如下:

$$z = \frac{X - \mu}{\sigma} \tag{2-1}$$

其中,z 表示标准分,也叫 z 分数;X 表示一组样本数据中的任意取值;μ 表示样本数据来源的总体均值;σ 表示样本数据来源的总体的标准差。

由于总体的均值和标准差通常无法知晓,我们用样本的均值和标准差来代替,因为样本是从总体中抽取出来代替总体的一部分个体。图 2.5 显示了如何把一个均值为 50、标准差为 10 的正态分布转化为标准正态分布。

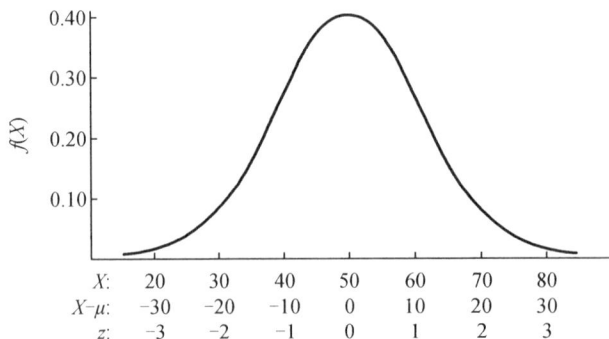

图 2.5 正态分布转化为标准正态分布(Howell,2013)

Interactive Mathematics 网站提供了交互式标准正态分布,可以通过改变右侧分布的均值和标准差改变其分布形状(图2.6)。

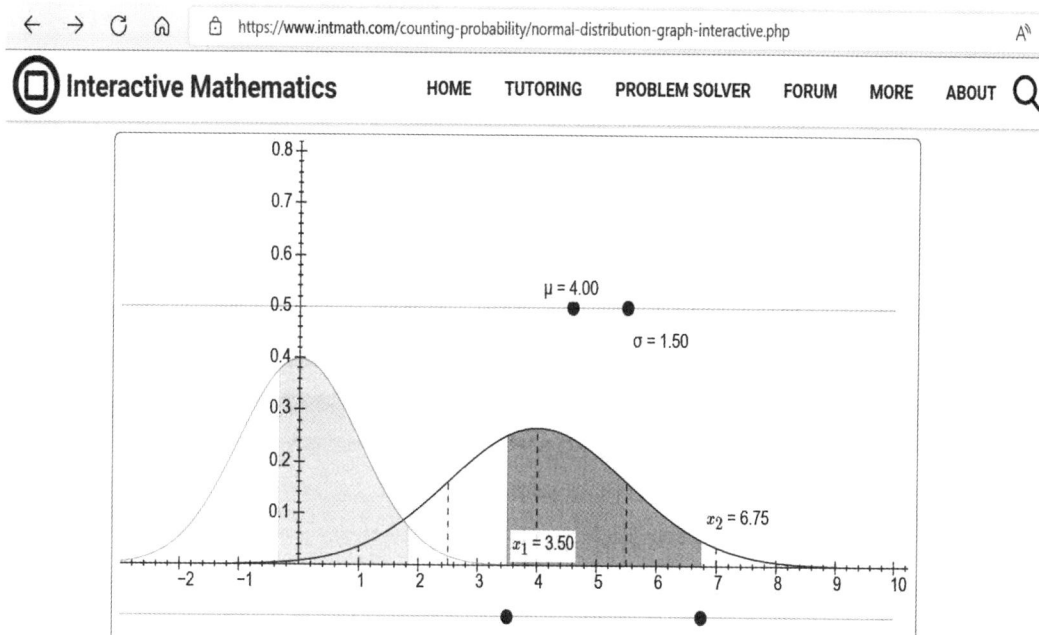

图2.6 交互式标准正态分布(Boume,1997a)

标准正态分布具有如下特征(图2.7):

(1)以横轴0值为中心呈左右对称的钟形;

(2)均值、中位数和众数相等,均为0,标准差为1;

(3)正态分布曲线和横轴组成的区域面积为1,即各取值发生的概率之和为1;

(4)利用标准正态分布表(z table),可以计算出任意两个标准分之间区域发生的概率。

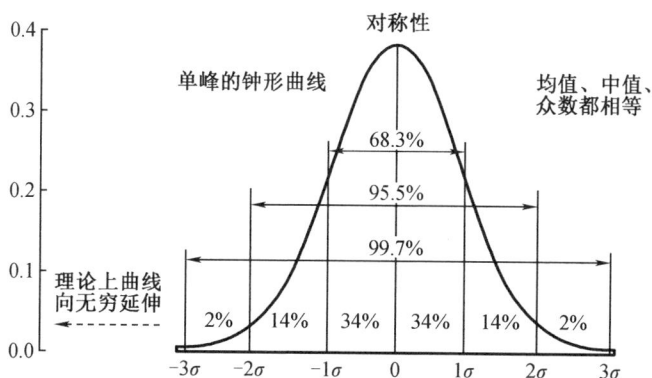

图2.7 标准正态分布

那么如何使用标准正态分布表来计算某取值区间的概率呢? 不同研究者提供的标准

正态分布表结构上可能存在一些差异。David Howell 撰写的 *Statistical Methods for Psychology* (2013) 和 Andy Field 撰写的 *Discovering Statistics using* IBM SPSS *Statistics* (2018) 两本书的附录都提供了完整的标准正态分布表, 感兴趣的读者可以自行查看。

表 2.4 是 Interactive Mathematics 网站提供的标准正态分布表的一部分。z 分数对应的纵向数字表示标准分的个位数和十分位数, 横向数字表示标准分的百分位数, 纵向和横向数字交叉处数字表示该标准分与均值 0 分这个区间的面积或概率。以标准分 1.45 分为例, 1.4 所在行和 0.05 所在列交叉处的数字为 0.426 5, 即均值 0 分到标准分 1.45 之间的面积为 42.65%。标准正态分布左右对称, 因此标准分 −1.45 分到 0 分之间的面积也为 42.65%。

表 2.4 标准正态分布表 (Bourne, 1997b)

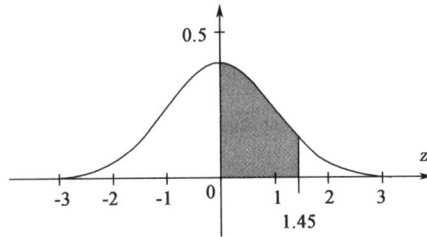

z	0.00	0.01	0.02	0.03	0.04	0.05	0.06	0.07	0.08	0.09
0.0	0.0000	0.0040	0.0080	0.0120	0.0160	0.0199	0.0239	0.0279	0.0319	0.0359
0.1	0.0398	0.0438	0.0478	0.0517	0.0557	0.0596	0.0636	0.0675	0.0714	0.0753
0.2	0.0793	0.0832	0.0871	0.0910	0.0948	0.0987	0.1026	0.1064	0.1103	0.1141
0.3	0.1179	0.1217	0.1255	0.1293	0.1331	0.1368	0.1406	0.1443	0.1480	0.1517
0.4	0.1554	0.1591	0.1628	0.1664	0.1700	0.1736	0.1772	0.1808	0.1844	0.1879
0.5	0.1915	0.1950	0.1985	0.2019	0.2054	0.2088	0.2123	0.2157	0.2190	0.2224
0.6	0.2257	0.2291	0.2324	0.2357	0.2389	0.2422	0.2454	0.2486	0.2517	0.2549
0.7	0.2580	0.2611	0.2642	0.2673	0.2704	0.2734	0.2764	0.2794	0.2823	0.2852
0.8	0.2881	0.2910	0.2939	0.2967	0.2995	0.3023	0.3051	0.3078	0.3106	0.3133
0.9	0.3159	0.3186	0.3212	0.3238	0.3264	0.3289	0.3315	0.3304	0.3365	0.3389
1.0	0.3413	0.3438	0.3461	0.3485	0.3508	0.3531	0.3554	0.3577	0.3599	0.3621
1.1	0.3643	0.3665	0.3686	0.3708	0.3729	0.3749	0.3770	0.3790	0.3810	0.3830
1.2	0.3849	0.3869	0.3888	0.3907	0.3925	0.3944	0.3962	0.3980	0.3997	0.4015
1.3	0.4032	0.4049	0.4066	0.4082	0.4099	0.4115	0.4131	0.4147	0.4162	0.4177
1.4	0.4192	0.4207	0.4222	0.4236	0.4251	0.4265	0.4279	0.4292	0.4306	0.4319
1.5	0.4332	0.4345	0.4357	0.4370	0.4382	0.4394	0.4406	0.4418	0.4429	0.4441
1.6	0.4452	0.4463	0.4474	0.4484	0.4495	0.4505	0.4515	0.4525	0.4535	0.4545
1.7	0.4554	0.4564	0.4573	0.4582	0.4591	0.4599	0.4608	0.4616	0.4625	0.4633
1.8	0.4641	0.4649	0.4656	0.4664	0.4671	0.4678	0.4686	0.4693	0.4699	0.4706
1.9	0.4713	0.4719	0.4726	0.4732	0.4738	0.4744	0.4750	0.4756	0.4761	0.4767
2.0	0.4772	0.4778	0.4783	0.4788	0.4793	0.4798	0.4803	0.4808	0.4812	0.4817

那么标准分 1 分到均值 0 分这个区间的取值发生概率是多大? 对照表 2.4,很容易找到 1 所在行和 0.00 所在列交叉处的数字为 0.341 3,即该取值区间面积占总面积的 34.13%,也就是说均值 0 分到标准分 1 分这个区间的取值发生概率为 $p = 0.341$。那么标准分 -1 分到 1 分之间区域的面积则是 34.13% ×2 = 68.26% ≈ 68.3%。如果以学生考试分数为例,我们可以说有 68.26% 的学生考试分数在正负 1 个标准分以内(图 2.7)。同理,我们可以计算出正负 2 个标准分区间的面积是 47.72% ×2 = 95.44% ≈ 95.5%,正负 3 个标准分区间的面积是 49.87% ×2 = 99.74% ≈ 99.7%。

2.6 抽样误差

抽样误差(Sampling error)是指在抽样过程中,由随机因素引起的样本指标(如均值)与总体指标之间的差异。抽样误差不是由失误引起的,而是随机抽样所特有的误差。

例如,某高校大一共有 5 000 名学生,期末英语考试的平均分为 75 分,最高分为 90 分,最低分为 60 分。我们要从这 5 000 名学生中随机抽取 30 名学生参加某项研究,那么我们抽取的这 30 名学生英语考试的平均分不一定是 75 分,可能是 78 分,那么这 3 分差异就是抽样误差,因为这次抽样抽中的高于平均分的同学可能要多于低于平均分的同学。如果再进行一次抽样,可能抽中样本的均值是 73 分。如果进行 100 次这样的抽样,得到 100 个样本,那么样本均值为 75 分的数量应该最多,均值为 90 分或 60 分的最少(如 90 分或 60 分的人数等于或大于 30 人,否则不可能抽到均值为 90 分或 60 分的样本)。

我们将 100 个样本的均值减去总体的均值 75 分,就会得到 100 个均值差异分(Mean difference score),这 100 个均值差异分的频次分布就叫样本分布(也可以直接用 100 样本均值形成频次分布再转为均值为 0 的正态分布)。样本分布(Sample distribution)是随机重复抽取的样本的某个统计量,如描述统计的均值、中位数、均值差,推断统计的 t 值、F 值 χ^2 等的频次分布。样本分布是推断统计的基础,没有样本分布,常用的统计检验方法也就无从谈起。

样本分布的标准差叫作标准误(Standard error),标准误越小证明抽样误差越小。

2.7 零假设显著性检验

在研究中,研究者会直接或间接地提出一个研究问题或研究假设(Research Hypothesis,H_R),但是研究者并不是通过统计方法来直接证明这个研究假设,而是证明零假设(Null Hypothesis,H_0)。为什么不直接证明研究假设呢? 统计学家 Ronald Fisher 认为,我们永远无法证明某事是正确的,但我们可以证明它是错误的(Howell,2013)。Howell 举例说,观察到 3 000 个有两只手的人并不能证明"所有人都有两只手"这一假设,但是观察到一个只有一只手的人就可以证明上述假设不正确。在研究中,通常我们无法让研究对象的全体都接受实验,因此很难直接证明研究假设。

下面举一个例子来说明统计检验的基本原理。例如,某位研究者提出了下面这一研究假设,该假设来源于 Larson – Hall(2010),作者对该假设做了一定更改。

研究假设(H_R):考试前学生互相按摩十分钟的班级考试成绩高于不做按摩的班级。

如上所述,我们很难直接证明这一研究假设。上述研究假设对应的零假设是:

零假设(H_0):考试前学生互相按摩十分钟的班级和不做按摩的班级考试成绩没有(统计显著性)差异。

这时候研究者需要从全体学生中随机抽取两个样本来进行研究,分别为实验组和对照组/控制组,每组21人(此处人数设定是为了方便读取 t 分布表)。考试前,实验组同学互相按摩十分钟,对照组不做按摩。考试成绩是实验组同学的平均分为81.5分,对照组为80分。这1.5分的差异($MD = 1.5$,Mean difference)可能有两个原因:

(1)随机抽样误差,即抽中的实验组学生成绩本来就略好于对照组;

(2)互相按摩的效果,即按摩可能缓解考试焦虑,有助于取得好成绩。

那么我们先假设按摩没有效果,即零假设,然后通过统计检验方法来判断这1.5分的差异在多大程度上是由抽样误差带来的。

这个例子是比较两个独立样本之间的均值差异,统计检验方法是独立样本 t 检验。t 检验结果的统计量是 t 值,是由两个样本的均值、方差和样本大小按一定公式计算得到的。t 值反映两个样本的均值差,同等情况下,样本的均值差越大,t 值就越大;t 值也可能为负值(均值小的样本减去均值大的样本)。假定上例计算出的 $t = 2.2$,然后对照 t 分布表(t – distribution table)可以得到大于或等于该 t 值区间的概率 p 值。

t 分布表是 t 值的样本分布,读取 t 分布表需要知道研究采用的是单尾还是双尾检验,样本的 df 值(Degrees of freedom,自由度)以及显著性水平(a/alpha/significance level)。应用语言学研究通常采用双尾检验;显著性水平一般设定为 $a = 0.05$,即发生概率 $p \leq 5\%$ 为小概率;每个样本的自由度为 $df = n - 1$,该研究共两个组、42人,所以 $df = 42 - 2 = 40$。Howell(2013)附录提供了比较完整的 t 分布表。我们也可以使用 Nathaniel Johnston 的动态 t 分布图(图2.8)。在 df 后填入40,可以得到 $t = 2.021$,即在 $df = 40$ 时发生概率要等于或小于0.05,t 值需要达到的最小值,也叫临界值(Critical value)。而我们刚才假定计算得到的 t 值是2.2,大于2.021的最小值。因此可以得出结论:$t = 2.2$ 在零假设成立时是不太容易发生的小概率事件,两个组之间1.5分的差异不太可能是抽样误差引起的。

在用 SPSS 软件进行独立样本 t 检验时,软件会根据各个样本的均值、方差和样本容量等数据来计算输出统计量 t 值和其对应的 p 值。假定该研究输出的 $p = 0.035(3.5\%)$,那么该 p 值的意义是:在零假设成立时,两个样本1.5分的均值差($t = 2.2$)是由于抽样误差产生的概率是3.5%,小于设定的5%的显著性水平,是不太容易发生的小概率事件,有把握认为两组之间的差异不是抽样误差而是实验处理带来的。因此,我们拒绝零假设而接受与零假设相反的备择假设。

备择假设(Alternative hypothesis,H_a):考试前学生互相按摩十分钟的班级和不做按摩的班级考试成绩有(统计显著性)差异。

再通过比较两个组均值大小(81.5分和80分),可以得出实验组考试成绩显著高于对照组,因此考试前互相按摩产生了积极的影响,有助于显著提高学生的考试成绩。

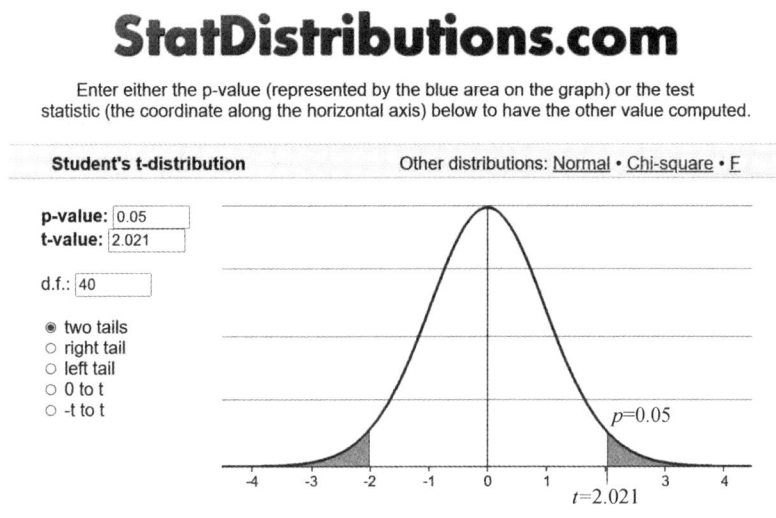

图2.8 动态 t 分布图(Johnston,2010)

上面是以两个样本为例来说明独立样本 t 检验的原理,其他统计检验方法原理基本相同。统计软件会输出统计检验方法的统计量(Test statistic),如 t 检验的 t 值、方差分析的 F 值、卡方分析的卡方(χ^2)值和相应的 p 值。如果 $p > 0.05$,接受零假设:样本之间的差异没有统计显著性,差异是抽样误差引起的,实验处理没有效果;如果 $p \leqslant 0.05$,拒绝零假设,接受备择假设:样本之间具有统计显著性差异,实验处理产生了效果。

2.8 双尾检验与单尾检验

应用语言学研究显著性水平一般设定为 $a = 0.05$,即把 $p = 0.05$ 作为接受或拒绝零假设的判断标准,如发生概率 $p \leqslant 5\%$ 为小概率,拒绝零假设。当然也有研究领域采用 $a = 0.01$ 或 0.001 的显著性水平。由于很多统计检验方法的 p 值与样本容量或自由度 df 有关,下面用统计学最基本的标准正态分布来说明双尾检验与单尾检验的区别。

本书第2.7节使用了按摩对学生考试成绩影响的例子来说明零假设显著性检验的基本原理,使用的是双尾检验,因为按摩可能对学生考试成绩产生积极影响,也可能产生消极影响(按摩可能让学生过于放松,缺乏专注)。因此,用实验班的成绩减去对照班成绩的均值差可能是正数也可能是负数。这时候 5% 的拒绝零假设区域就要一分为二,两侧各占 2.5%,中间 95% 为接受零假设区域(图2.9)。由图2.9可以看到两侧 $p = 0.025$(2.5%)对应的统计量 $z = \pm 1.96$,相应地,左侧为 $z = -1.96$。$z = \pm 1.96$ 是显著性水平 $a = 0.05$ 时,统计量 z 值的临界值(Critical value),即接受和拒绝零假设的 z 值分割点。

Normal distribution

p-value: 0.05
z-value: 1.96

mean: 0
std. dev: 1

○ two tails
○ right tail
○ left tail
○ mean to z
○ 2-sided mean to z

接受H_0区域
$p=0.95$

拒绝H_0区域
$p=0.025$

拒绝H_0区域
$p=0.025$

$z=1.96$

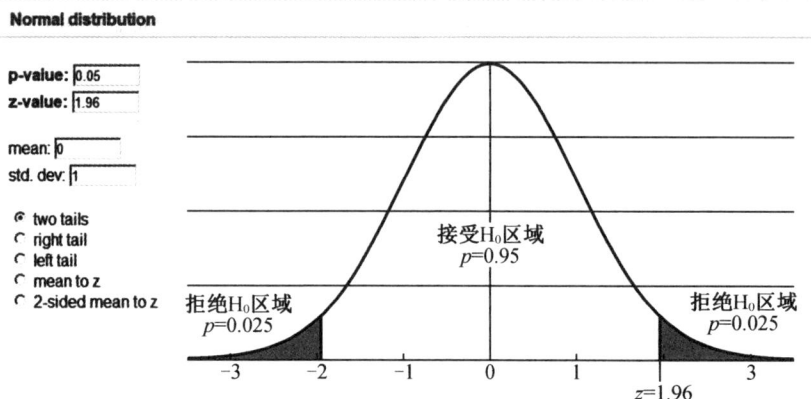

图 2.9　双尾检验及统计量临界值（Johnston）

如果在实验前就能确定按摩对学生考试成绩会产生积极影响而不是消极影响,我们就可以使用右侧单尾检验,即 5% 的拒绝零假设区域全部位于右侧（图 2.10）。对照图 2.10 对应的统计量 $z=1.645$,即单尾检验 z 值的临界值。可以看出双尾检验的临界值要大于单尾检验的临界值。

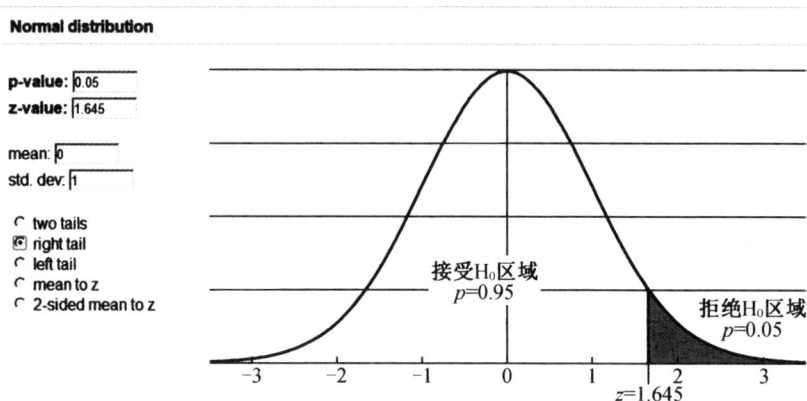

Normal distribution

p-value: 0.05
z-value: 1.645

mean: 0
std. dev: 1

○ two tails
○ right tail
○ left tail
○ mean to z
○ 2-sided mean to z

接受H_0区域
$p=0.95$

拒绝H_0区域
$p=0.05$

$z=1.645$

图 2.10　右侧单尾检验及统计量临界值

2.9　自　由　度

自由度指计算某一统计量时,取值不受限制或可自由变化的个体数量。例如,某次考试某一组有五位学生,考试分数分别为 1~5 分,平均分为 3 分（满分为 5 分）。在小组均分确定的情况下,第一位同学的分数可以是 1~5 分的任意分数,如第一位同学的分数是 4 分,那么第二位同学的分数只能是 1~3 或 5。如第二位同学的分数是 2 分,那么第三位同学的分数只能是 1 分、3 分或 5 分。如第三位同学的分数是 3 分,那么第四位同学的分数只能是 1 分或 5 分,仍有变化的自由。如果第四位同学的分数是 5 分,那么第五位同学的分数就只能是1分,即最后一位同学的分数没有变化的自由。因此,这个组的自由度是 $n-1=5-1=4$, n 为组内个体数量。

统计检验方法涉及组内自由度(Within - groups df)和组间自由度(Between - groups df)。上面例子是组内自由度。组间自由度指取值不受限制或可自由变化的组的数量。t 检验是比较两个组的均值,因此 t 检验的组间自由度都是 $2-1=1$;方差分析是比较三个或三个以上组的均值,因此方差分析的组间自由度是组数减1。

有些研究者在汇报统计检验方法结果时不直接汇报研究的样本容量,而是在检验统计量后以括号形式汇报自由度。如 $t(1,48)=2.56$,括号里前后两个数字分别表示组间自由度和组内自由度,因此我们知道这个研究共有两个组,50人参与。t 检验只涉及两个组,所以上述结果汇报可以简化为 $t(48)=2.56$。同理如 $F(3,76)=3.67$,那么该研究共有4个小组,80人参与。但是仅凭自由度,我们无法知道每组受试具体的人数,因此在汇报描述统计量时最好也报告每组的受试人数。

第 3 章　SPSS 操作界面

SPSS 软件文件的打开、保存以及数据的复制、粘贴等操作和 Excel、Word 基本相同,在此不再详述。本章主要介绍 SPSS 的数据窗口和变量窗口、数据文件导入和几个常用的处理数据的功能菜单。

3.1　SPSS 窗口

打开 SPSS 软件后就会看到数据编辑界面(Data editor),如图 3.1 所示,通过菜单栏可以打开、保存、处理和分析数据。该界面主要有两个窗口:数据窗口(Data view)和变量窗口(Variable view),在左下角通过单击鼠标可以在两个窗口之间切换。

在数据窗口中,用户可以直接输入数据或导入 Excel、txt 等格式数据文件。输入数据时要注意:数据窗口每一行代表一个受试,每一列代表一个变量。

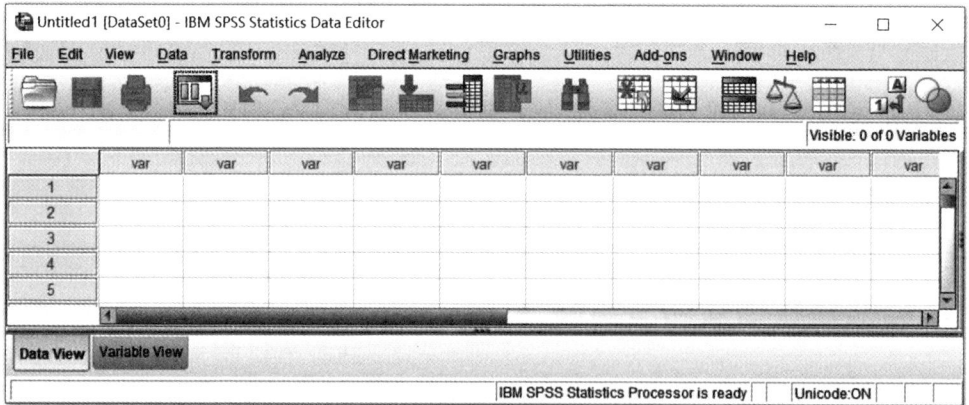

图 3.1　SPSS 数据窗口

在图 3.2 变量窗口中可以对变量进行定义。

Name:变量名,如组别、性别、分数等,可以使用不同语言,如中文,但变量名不能以数字开头,不能含有某些特殊符号,不能有空格。

Type:变量类型,如数值、日期、字符串等,单击鼠标可以进行更改。应用语言学研究涉及的变量大多是数值型,因此可以保持默认设置。

Width:字符变量宽度,指可输入字符的多少,一般保持默认设置。

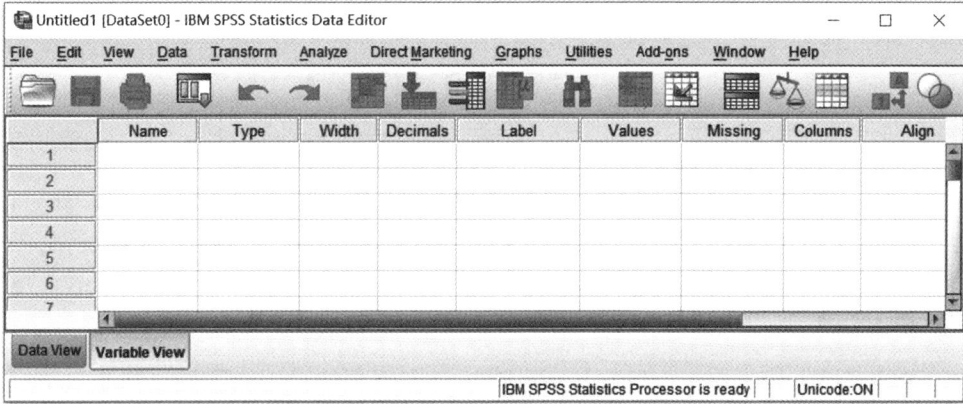

图 3.2　SPSS 变量窗口

Decimals：小数位数，默认设置是保留 2 位小数。如果数据没有小数可调整为 0，这样输入的数据会显得更简洁。

Label：变量标签，如第一栏输入的变量名比较简单或是缩写，可在标签栏输入更详细的名称以免忘记第一栏变量名所指。

Values：变量值标签，主要用于对分类变量的取值进行进一步说明。例如，对于"性别"这一变量，可以在数据输入中以 0 代表女性，1 代表男性，在变量窗口中单击"Values"就可以对 0 和 1 的所指进行说明，以免以后忘记，最后单击"OK"确认，如图 3.3 所示。

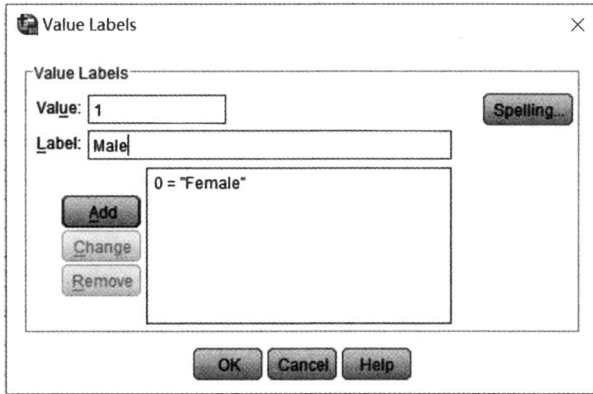

图 3.3　变量值标签

Missing：缺失值，如无、可忽略。

Columns：列宽，指数据窗口中变量所占列的宽度。

Align：对齐方式，可设置为左对齐、中间对齐和右对齐。

Measure：变量测量尺度，分为定类/名称尺度、定序尺度和定距尺度。设置变量测量尺度一定要准确，错误的测量尺度可能会让软件无法分析数据。

在变量较少的情况下，一般只定义测量尺度和小数位数，其他保持默认设置即可。

3.2　数据文件导入

需要分析的数据可以在数据窗口直接输入，或从其他文件复制、粘贴到数据窗口，或把其他类型数据文件直接导入 SPSS。很多研究者习惯使用 Excel 文件保存原始数据，因此本节以 Excel 文件为例，介绍如何把 Excel 文件导入到 SPSS 中，即如何在 SPSS 中直接打开 Excel 文件。

在 SPSS 菜单栏依次单击 File→Open→Data…，在出现的 Opening Excel Data Source 对话框中，文件类型选择"Excel"，然后选择要打开的文件"data 01"，单击"打开"，这时软件会弹出另一对话框，如图 3.4 所示。选中"Read variable names from the first row of data"，表示把 Excel 表格中的第一行作为变量名导入；如 Excel 表格有不止一个工作表，还要点开"Worksheet"选择数据所在的工作表，最后单点"OK"。导入后的数据需要检查格式是否正确，尤其是变量的测量尺度。

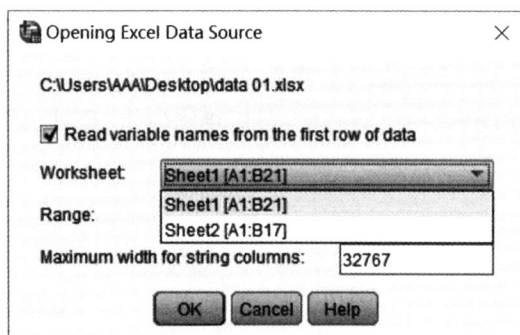

图 3.4　Excel 数据导入

3.3　数　据　处　理

有时在进行统计分析前需要对数据进行适当处理，如对数据进行排序、筛选、加权、拆分、合并文件，计算新变量，变量重赋值等。这些操作是通过主菜单的 Data 和 Transform 来完成的。本节主要介绍如何筛选数据、计算新变量和对变量重赋值，其他操作在后面章节中需要时再详细介绍。

3.3.1　数据筛选(Select Cases)

如只须对数据文件中的一部分数据进行统计分析，可以使用 Data→Select Cases…菜单把不满足条件的受试，即数据文件中的某些行(Cases)，筛选出使之不进入统计分析。数据文件"01 Score3groups"是某三个班的两次考试的成绩。如果只需对1班和2班的成绩进行分析,即排除3班,应该如何操作呢?

单击 Data→Select Cases…,在弹出的主对话框里选择"If condition is satisfied",单击 [If…] 按钮,如图3.5所示。

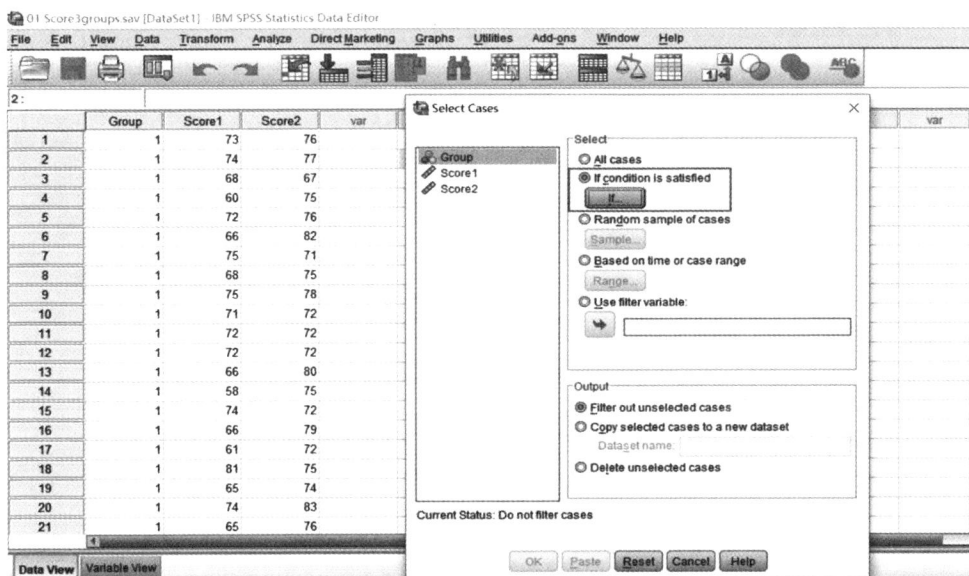

图 3.5 数据筛选

在弹出的对话框中输入筛选条件,如图3.6所示,变量名也可以从左边通过箭头移到右边方框。只分析1班和2班,因此筛选条件是 Group = 1 or Group = 2(不能写成 Group = 1 or 2),或者是 Group ~ = 3, ~ = 表示"不等于"。单击"Continue"返回主对话框,单击"OK"完成操作。

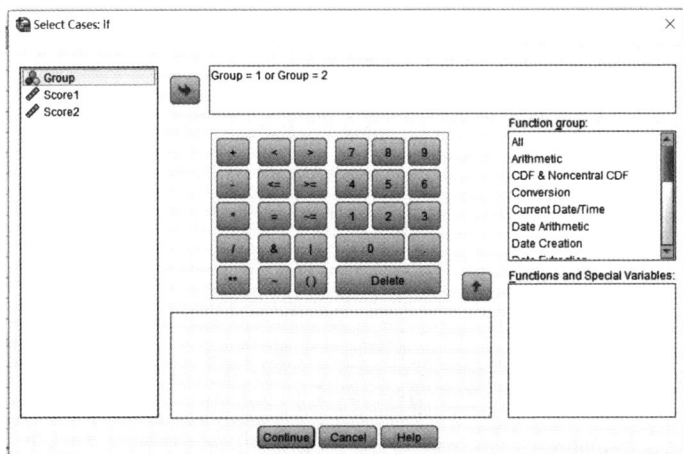

图 3.6 筛选条件输入

图 3.7 是筛选后的数据。数据增加了一个新的变量"filter_$",数值 1 表示要保留的受试,0 表示要剔除的受试,同时第三组受试前的编号都画上了斜线。这时执行统计分析,第三组的数据就会被排除。

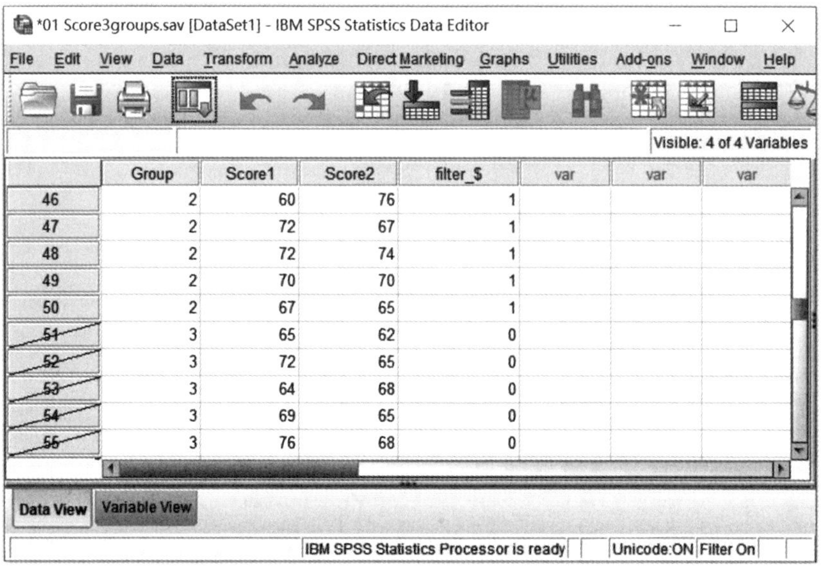

图 3.7　筛选后的数据

我们还可以根据研究需要设置更复杂的筛选条件,例如我们只分析"01 Score3groups"数据文件中第一组和第二组第一次考试成绩及格的数据,那么筛选条件就应该是"Group = 1 and Score1 > =60 or Group =2 and Score1 > =60"或者"Group ～ =3 and Score1 > =60"。在输入筛选条件时要注意 and 和 or 的含义。另外筛选后的数据进行了统计分析后尽量把数据恢复原来的状态,即撤销筛选操作,最简单的方法是直接删除"filter_$"列,或在主对话框里选择"All cases"。

3.3.2　新变量计算(Compute Variable)

利用数据文件中已有变量生成新的变量是很常用的功能,例如某个变量的一组取值偏离正态分布,我们可以对这组数据进行倒数转化、平方根转化等,这些转化利用 Compute Variable 菜单可以轻松完成。当然计算新变量也可以在 Excel 中完成。

下面举一个简单例子来说明 Compute Variable 的操作过程。现在很多学校要求教师给学生的期末最终成绩要综合平时成绩和期末考试成绩,一般分别占 40% 和 60%。假设数据文件"01 Score3groups"中的 Score1 表示平时成绩,Score2 表示期末成绩,那么可以用 Compute Variable 来计算学生的最终成绩(命名为 Score3)。

单击 Transform→Compute Variable…,在对话框里输入算术表达式"Score1 * 0.4 + Score2 * 0.6",左上角目标变量 Target Variable 里输入 Score3,即要生成的新变量,如图 3.8 所示。单击"OK",数据窗口就会出现计算得到的新变量。

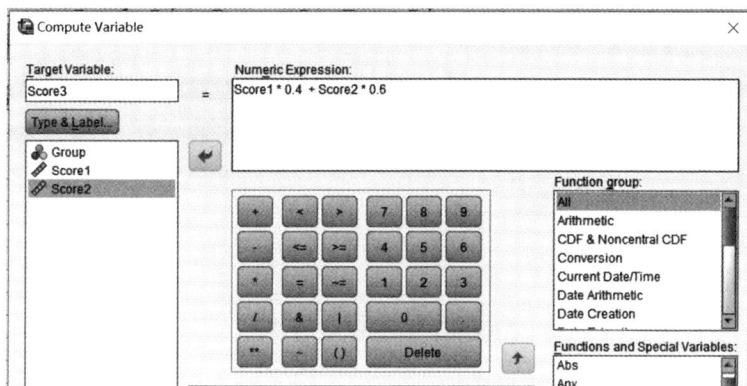

图3.8 计算新变量

3.3.3 变量重赋值(Recode into Different Variables)

变量重赋值和第3.3.2小节介绍的计算新变量都会产生新变量,不同之处在于:计算新变量是通过计算表达式,即通过计算产生新变量,而变量重赋值不进行计算,只是对已有变量取值按需要进行转化。

在 SPSS 中变量重赋值有两种方法:一种是用产生的新变量取代旧变量(Recode into Same Variables),取代后旧变量不复存在;另一种是在数据窗口再增加一个转化后的新变量(Recode into Different Variables),旧变量、新变量同时存在于数据窗口中。第一种方法旧变量数据会消失,因此不建议使用,本小节只介绍第二种方法。

一般学生考试成绩出来后,教师需要统计各分数段人数。当考试人数较少时,可以手动统计,但考试人数较多时,手动统计就显得不方便,还可能出错。这时就可以使用变量重赋值,对考生分数进行重新赋值。本节仍以数据文件"01 Score3groups"为例,Score1 表示学生某次考试成绩,文件中共有 75 名学生,如何对 Score1 重赋值来统计各分数段的人数(59分以下、60~69 分、70~79 分和 80~89 分,Score1 是分数没有超过 90 分的)?

单击 Transform→Recode into Different Variables…,如图 3.9 所示,把左边方框中的 Score1 通过箭头移入中间对话框,这时对话框里箭头后会出现一个问号,然后需要在右侧对输出变量 Output Variable 即新变量进行命名,例如命名为 NewScore,再单击下面的"Change",问号就会变为 NewScore。

再单击中间对话框下面的"Old and New Values…",就会弹出如图 3.10 所示对话框,这时需要对新旧变量取值按需要进行设置。在左侧 Old Value 中选择 Range,分别输入 80 和89,右侧选择 Value,输入 8,表示给所有 80 分数段的取值赋值为 8;单击"Add",右下方框里就会出现"80 thru 89-->8"。依次为所有分数段重赋值后单击"Continue"返回到图 3.9,单击"OK",数据窗口就会出现一个新变量"NewScore"。然后就可以利用"Analyze→Descriptive Statistics→Frequency"…菜单对 NewScore 进行频次统计。

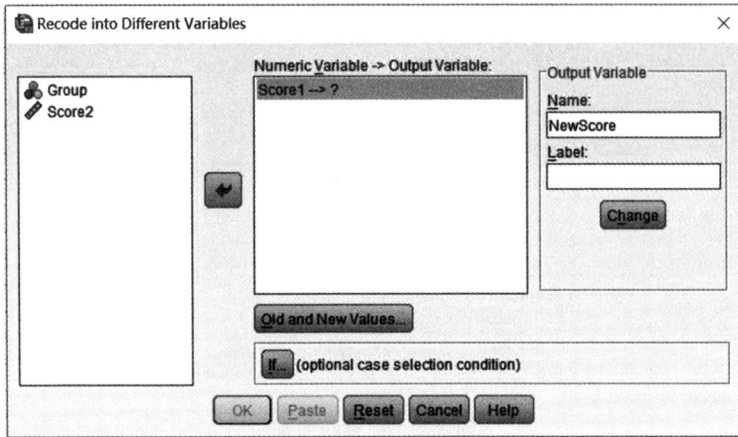

图 3.9　变量重赋值

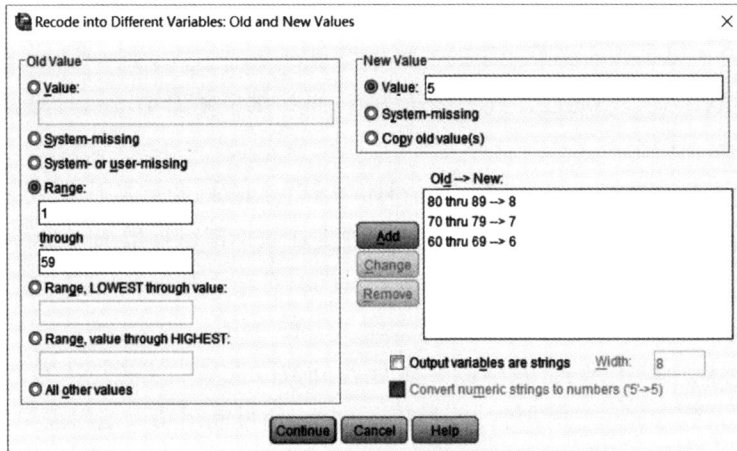

图 3.10　新旧变量值设置

第 4 章 数据探索分析

4.1 参数检验与非参数检验

参数检验(Parametric tests)是在总体分布已知的情况下(如总体为正态分布),对总体分布的参数如均值、方差等进行推断的方法。参数检验必须满足一定的前提条件,如数据呈正态分布、方差齐性、样本独立等(Field,2005;Leech et al.,2002)。

非参数检验(Non‐parametric tests)不依赖总体的分布,是在总体分布情况不明时,用来检验不同样本是否来自同一个总体的推断统计方法(George et al.,2020;杜强等,2009)。非参数检验方法在推断过程中不涉及有关总体分布的参数,因而被称为"非参数"检验。常用的非参数检验方法都包含在 SPSS 的 Analyze→Nonparametric 菜单里。参数和非参数检验都属于推断统计(Inferential statistics,见本书第 2.1.3 小节)。

参数检验两个最重要的前提条件是数据呈正态分布(Normal distribution)和方差齐性(Homogeneity of variance)。参数检验在一定程度上能容忍数据偏离正态分布,但如果偏离过多,使用参数检验会影响统计方法的检验效力。常用的统计检验方法通常都会输出方差齐性检验结果,在方差不齐时会输出校正检验结果。因此,对数据进行探索分析最重要的是检验各组数据是否呈正态分布,这也是很多研究者分析数据时常忽略的步骤。

4.2 数据分析过程

正确的数据分析过程如下:

(1)对数据进行探索分析,如各组数据呈正态分布或大致呈正态分布,可根据研究设计选用相应的参数检验方法。其实无论数据是否满足正态分布都可以使用非参数检验,但很多研究者认为当数据满足正态分布时,参数检验比非参数检验具有更好的检验效力(Field,2018;George et al.,2020)。

(2)如数据偏离正态分布,有如下选择:

①使用 Nonparametric 菜单提供的传统非参数检验方法。

②使用稳健统计方法(Robust statistics),如 SPSS 提供的 Bootstrapping 方法,稳健统计方法也属于非参数检验(Howell,2013;Larson‐Hall,2010)。

③先对原始数据进行转化(Transformation),如平方根转化、倒数转化、对数转化等,然后对转化后的数据进行参数检验。转化后的数据是否服从正态分布,是否具有方差齐性还

需探索分析,因此该方法相对比较麻烦,不建议使用。

④同时使用参数检验和非参数检验,如结果相同,报告参数检验结果;结果不同,报告非参数检验结果。数据偏离正态分布并不是说不能使用参数检验,很多参数检验方法,如 t 检验、方差分析等,对数据偏离正态分布都具有一定容忍性,或者说对数据偏离正态分布不那么敏感。

4.3　数据探索分析方法

对数据进行探索分析的最主要目的是检验各组数据是否呈正态分布。数据探索分析可以分为数值(非图形)探索分析和图形探索分析两种。数值探索分析可以输出集中趋势数值(均值、中位数、众数等)、离散趋势数值(方差、标准差、全距、最大值、最小值等)和表示数据分布形态的偏度值与峰度值。图形探索分析是用图形(茎叶图、Q - Q 图、直方图、箱图等)来分析数据的分布形态。

数值探索分析可以通过 Analyze→Descriptive Statistics 下的前三个子菜单来实现:Frequencies、Descriptives 和 Explore。但前两个子菜单是把所有数据作为一个组来分析,如果数据含有两个或以上的小组,要获取各组数据的数值必须先使用 Data→Split File 菜单对数据文件进行分割。

图形探索分析可以通过 Frequencies、Explore 和 Graphs → Legacy Dialogs 来完成。Frequencies 菜单可以输出柱状图、饼图和含正态曲线的直方图。Explore 菜单可以输出茎叶图、Q - Q 图、直方图和箱图。Graphs→Legacy Dialogs 菜单可以输出柱状图、线状图、饼图、散点图、直方图等,在后面章节需要时再详细介绍如何用该菜单制图。

由于 Analyze→Descriptive Statistics→Explore 菜单既能输出集中趋势、离散趋势、偏度值与峰度值,又能输出茎叶图、Q - Q 图、直方图和箱图(这些图形通常可用来判断数据是否呈正态分布,各组数据方差是否相同),还能进行正态分布检测和方差齐性检测,此外 Explore 菜单可以按组对数据进行分析。因此,下面只介绍如何使用 Explore 菜单对数据进行探索分析。

4.4　Explore 探索分析操作

数据文件"04 Score2groups"是两个班某次考试成绩。打开数据文件,依次单击 Analyze→Descriptive Statistics→Explore…,在弹出的 Explore 对话框中(图4.1),把左侧的因变量 Score 移入右侧的因变量列表 Dependent List,把自变量 Group 移入因素/自变量/分组变量列表 Factor List。对话框最下面的 Display 保持默认的 Both 选项,可以输出软件默认的描述统计量和箱图。

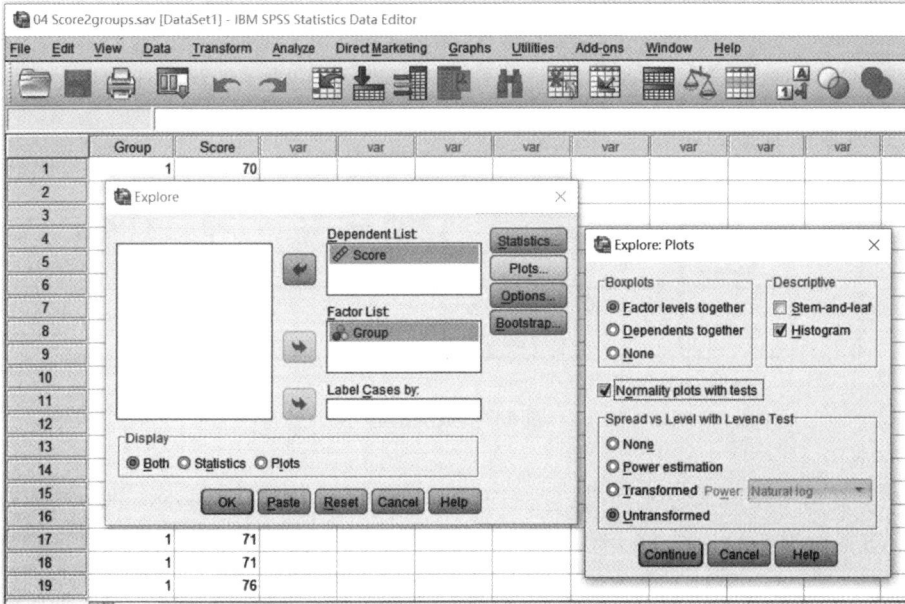

图 4.1 Explore 对话框和 Plots 设置

Plots... 图形设置。单击图 4.1 对话框最右侧的第二个按钮 Plots...,在右侧弹出的对话框里可以选择输出茎叶图和直方图。

Stem - and - leaf:输出茎叶图,使用不多,可以去掉前面默认的勾号。

Histogram:输出直方图,勾选该选项。

Normality plots with tests:输出正态分布检验结果和 Q - Q 图,勾选该选项。

Spread vs Level with Levene Test:输出 Levene 方差齐性检验结果。默认选项"None"表示不进行方差齐性检验;"Untransformed"表示对没有经过转化的原始数据做方差齐性检验;"Transformed"表示对转化后的数据进行方差齐性检验;如果要做方差齐性检验,一般选择最后一个选项"Untransformed"。

单击"Continue"返回,单击"OK"运行。

4.5 Explore 探索分析输出结果

下面我们看看 Explore 探索分析输出了哪些结果以及如何解读这些结果。图 4.2 是数据分析汇总,表格显示每个小组各有 30 名学生,有效数据为 100%,即所有数据都加入了 Explore 分析过程,数据无缺失值(Missing values)。

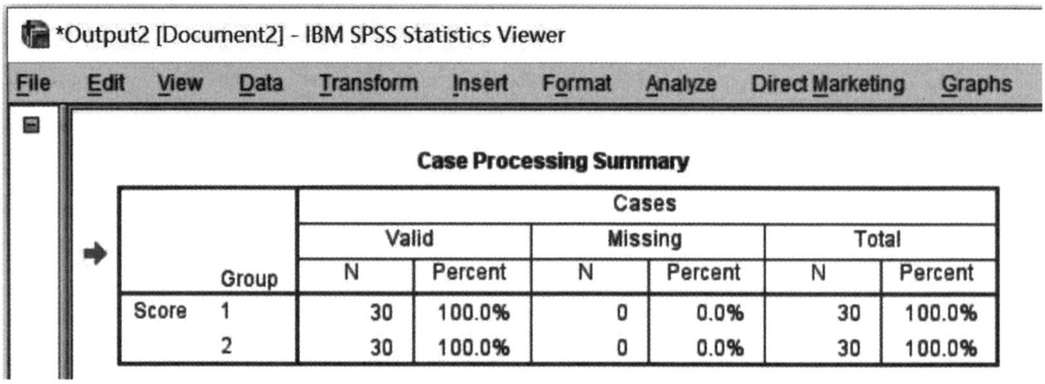

图 4.2　数据汇总

图 4.3 是两个组的描述统计量,包括均值、均值 95% 的置信区间、5% 截尾均值(去掉数据两端各 5% 数据后的均值)、中位数、方差、标准差、最小值、最大值、全距、四分位距、偏度和峰度。Frequencies 和 Descriptives 菜单输出的重要数值 Explore 菜单基本都能输出。描述统计量可以让我们对每组数据的分布形态有初步感受。

另外我们还可以用表格里最后两行数据偏度值和峰度值来衡量数据是否呈正态分布,这时需要使用偏度比(Skewness ratio)和峰度比(Kurtosis ratio)。图 4.3 每组数据最后两行的偏度值和峰度值都有两栏数值,第一栏是 Statistic,即偏度值或峰度值,第二栏是 Std. Error,即偏度值或峰度值的标准误。用第一栏数值除以第二栏数值就得到偏度比或峰度比,忽略数值前的负号。第一组的偏度值是 0.809,标准误是 0.427,那么偏度比为 0.809/0.427 = 1.89,峰度比为 0.024/0.833 = 0.03;第二组的偏度比为 0.018/0.427 = 0.04,峰度比为 1.216/0.833 = 1.50,四个比值中最大为 1.89。

Bachman 和 Kunnan(2014)、Weinberg 和 Abramowitz(2002)等认为如果偏度比小于 2,可以认为数据分布没有偏离正态分布;SPSS 的帮助文件认为偏度比大于 1 表示数据分布严重偏离正态分布;Porte(2002)认为当偏度比小于 1 时没必要担心数据偏离正态分布;Field(2005)认为偏度比和峰度比实际上是偏度值和峰度值转化后的标准分,相当于 z 分数,在 $z > 1.96$ 或 $z < -1.96$ 时(参考第 2.8 节),$p < 0.05$,即数据分布形态和标准正态分布之间有统计显著性差异,数据分布形态偏离正态分布。按 Field 的观点,偏度比和峰度比的绝对值小于 1.96,可以认为数据分布大致呈正态分布。Leech、Onwuegbuzie 和 Daniel(2002)、Leech 和 Onwuegbuzie(2002)与 Field 的观点相似,认为当偏度比和峰度比小于 1 时,数据基本呈正态分布;当偏度比和峰度比大于 1 小于 2 时,数据稍微偏离正态分布;当偏度比和峰度比大于 2 小于 3 时,数据严重偏离正态分布。虽然研究者有不同的观点,但是根据标准正态分布的原理,可以把偏度比和峰度比等于 2 作为判断数据是否呈正态分布的大致标准,即偏度比和峰度比小于 2,可以认为数据大致呈正态分布。

SPSS 22.0 输出结果中数字在 ±1 区间时会省略整数位 0。有些版本的 SPSS 可以在"Edit → Options → General"设置里勾选"Display a leading zero for decimals"(显示小数的前导零)显示整数位 0。

```
*Output2 [Document2] - IBM SPSS Statistics Viewer

File    Edit    View    Data    Transform    Insert    Format    Analyze    Direct Marketing    Graphs
```

Descriptives

	Group			Statistic	Std. Error
Score	1	Mean		74.50	1.335
		95% Confidence Interval for Mean	Lower Bound	71.77	
			Upper Bound	77.23	
		5% Trimmed Mean		74.83	
		Median		75.50	
		Variance		53.500	
		Std. Deviation		7.314	
		Minimum		58	
		Maximum		85	
		Range		27	
		Interquartile Range		10	
		Skewness		-.809	.427
		Kurtosis		.024	.833
	2	Mean		70.43	1.596
		95% Confidence Interval for Mean	Lower Bound	67.17	
			Upper Bound	73.70	
		5% Trimmed Mean		70.44	
		Median		71.00	
		Variance		76.392	
		Std. Deviation		8.740	
		Minimum		47	
		Maximum		91	
		Range		44	
		Interquartile Range		9	
		Skewness		.018	.427
		Kurtosis		1.216	.833

图 4.3　描述统计量

图 4.4 是正态分布检验结果。统计学共有 40 多种正态分布检验方法(Razali et al.,
2011),Explore 菜单提供了其中的两种:柯尔莫哥洛夫 – 斯米尔诺夫(Kolmogorov – Smirnov,
K – S)检验和夏皮洛 – 威尔克(Shapiro – Wilk,S – W)检验。正态分布检验的零假设是:要
检验的数据分布和正态分布没有差异。如果输出的 $p > 0.05$,则接受零假设,认为要检验的
数据符合正态分布;如果输出的 $p < 0.05$,则拒绝零假设,认为要检验的数据偏离正态分布。
有时候对于同样的数据这两种检验方法输出的结果可能不同,如本例。对于第一组数据,
K – S 检验和 S – W 检验输出的 p 值分别为 0.142 和 0.027,前者大于 0.05,后者小于 0.05,
即检验显示第一组数据呈正态分布,而 S – W 检验显示第一组数据偏离正态分布。

图 4.4　正态分布检验结果

　　那么当两种检验结果不一样时,应该以哪个检验结果为准呢? Razali 和 Wah(2011)运用蒙特卡洛模拟方法(Monte Carlo Simulation)对四种正态分布检验方法的检验效力进行了分析,这四种方法是:S – W 检验、K – S 检验、Lilliefors 检验和 Anderson – Darling 检验。他们发现 S – W 的检验效力最好,其次是 Anderson – Darling 检验和 Lilliefors 检验,检验效力最差的是K – S 检验。Field(2005)也认为 S – W 检验更为准确。因此,建议在用 SPSS 做正态分布检验时汇报 S – W 检验结果。

　　图 4.4 的 K – S 检验显示两组 p 值分别为 0.142 和 0.200,说明两组数据均呈正态分布;而 S – W 检验 p 值分别为 0.027 和 0.516,说明第一组数据偏离正态分布,第二组数据呈正态分布。我们采用 S – W 检验结果,后面分析直方图、Q – Q 图和箱图时也能证明 S – W检验具有较好的检验效力。

　　图 4.5 是方差齐性检验结果。方差齐性检验是对两个或多个样本方差是否相同进行的检验,方差齐性检验的零假设是样本与样本之间方差没有差异。因此,如输出的 $p > 0.05$,则接受零假设,认为样本与样本之间方差相同;如输出的 $p < 0.05$,则拒绝零假设,认为样本与样本之间方差具有统计显著性差异。对于输出的方差齐性检验结果,一般读取第一行数据,即基于均值的方差齐性检验,$p = 0.513$ 表明两组数据的方差大致相同,无统计显著性差异。

图 4.5　方差齐性检验结果

Explore 探索分析接下来输出的是几个图形。首先是直方图(图4.6)。呈正态分布数据的直方图应该是中间高,两端低,左右对称(参考本书第2.4节)。可以看出,右侧第二组的直方图相比左侧第一组的更趋于正态分布,这也验证了图4.4的结果,即 S-W 检验具有更好的检验效力。

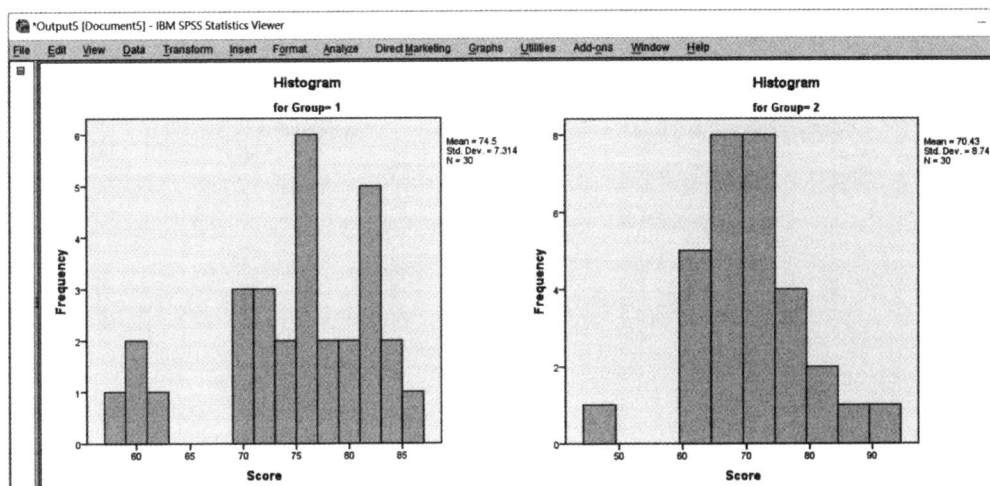

图4.6 直方图

Q-Q 图是分位数-分位数图(Quantile-quantile plot)的简称。Explore 探索分析会输出两种 Q-Q 图。图4.7是正态 Q-Q 图(Normal Q-Q Plot),其横轴为样本分位数(散点),纵轴为指定理论分布,如正态分布的分位数(直线)。如果样本来自指定理论分布的总体,则所有的散点应分布于45°角的直线附近(杜强等,2009),即样本数据如果呈正态分布,散点应和直线重合。图4.7显示右侧第二组的散点更趋于正态分布。

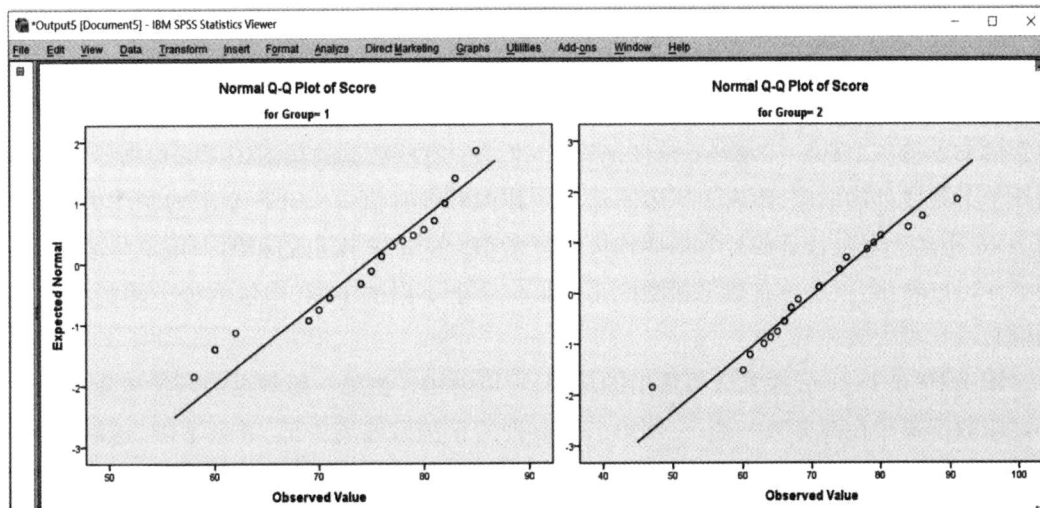

图4.7 正态 Q-Q 图

图 4.8 是趋降正态 Q - Q 图(Detrended Normal Q - Q Plot),是剔除了趋势的正态 Q - Q 图,横轴为样本分位数,纵轴为样本分位数和理论分位数的差值。如果数据呈正态分布,散点应和过零点的直线重合或均匀分布于直线两侧。由图 4.8 可以看出,右侧第二组的数据更服从正态分布。两种 Q - Q 图结果也验证了图 4.4 的结果,即 S - W 检验具有更强的检验效力。

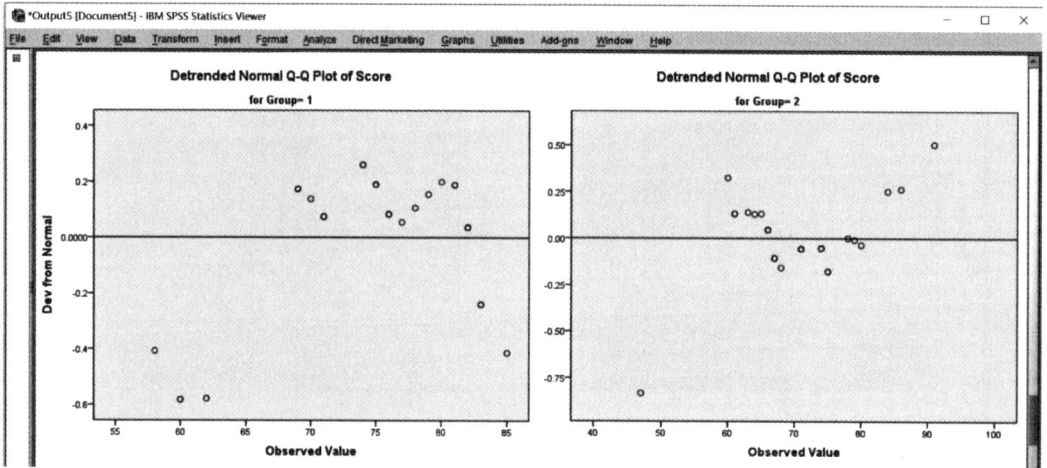

图 4.8　趋降正态 Q - Q 图

最后输出的是箱图,或叫箱线图、箱须图(Boxplot, Box - whisker diagram)。图 4.9 的下半部分是一个标准正态分布;上半部分是标准正态分布对应的箱图,箱图是横置的,目的是和标准正态分布对照。箱图一般包括五个部分:中位数、下四分位数(First quartile, Q1)、上四分位数(Third quartile, Q3)、下限和上限。标准正态分布的中位数为 0,根据标准正态分布表可以查出下、上四分位数分别为 -0.674 5 和 0.674 5 标准分,因此箱的宽度,即四分位距,为 0.674 5 × 2 = 1.349 标准分,代表一组数据中间 50% 的数值。标准正态分布箱两边的直线宽度相同,均为 Q3 + 1.5 × IQR。两条直线两端的短横线分别表示下限和上限,根据上面公式可以计算出下限为 -2.698,上限为 2.698;因此,箱两边直线的长度为箱长度或四分位距的 1.5 倍((2.698 - 0.674 5)/(0.674 5 × 2))。有些数据的箱图还可能包括异常值,即位于上下限之外的取值,距离上下限不远的叫作温和异常值,在 SPSS 输出的箱图中用小圆圈表示;距离上下限较远的异常值叫作极端异常值,在 SPSS 输出的箱图中用星号表示。由图 4.9 可以看出,正态分布数据箱图的箱应该位于上下限的中间,中位数位于箱的中部,箱两侧直线长度大致相等。

图 4.10 是 Explore 探索分析输出的箱图,可以看出左侧第一组数据的箱比较靠近上限,即这组数据集中在高分数一端;右侧第二组数据的箱稍微偏离中部,靠近下限,这组数据还包括两个温和异常值。相比第一组数据,第二组数据更趋于正态分布。箱图的另外一个功能是检测方差齐性,如果几组数据箱图的箱长度大致相同,表明几组数据的方差基本相同。

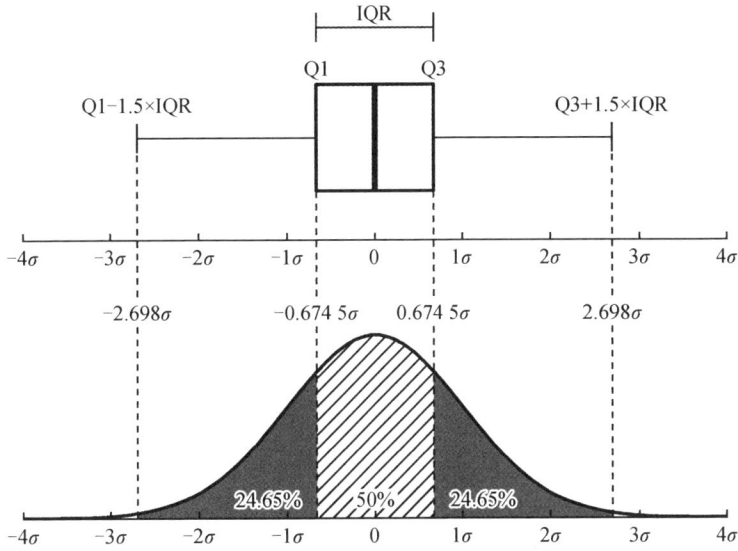

图 4.9 标准正态分布及其箱图

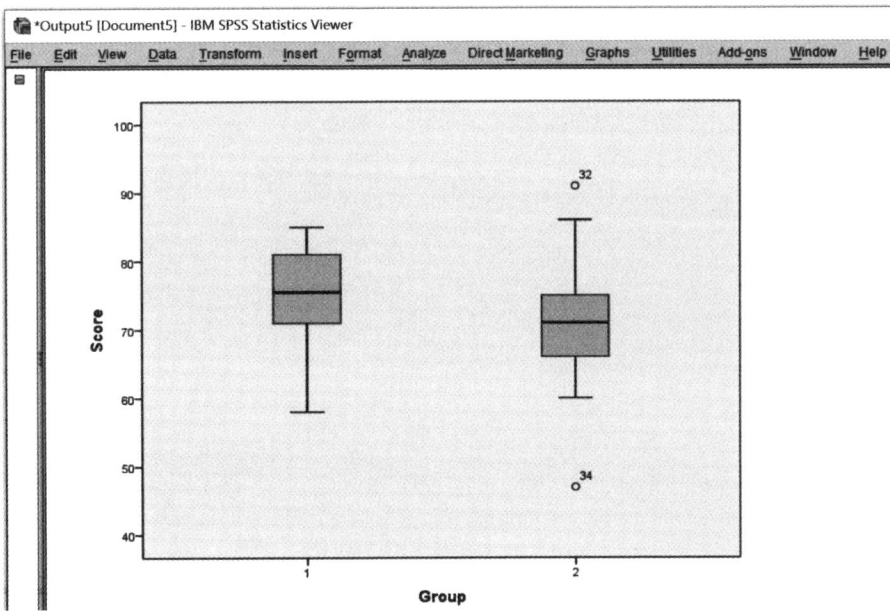

图 4.10 箱图

4.6 小 结

本章主要介绍了如何用 Analyze→Descriptive Statistics→Explore…菜单对数据进行探索分析,尤其是检验数据是否呈正态分布和方差是否相同。

检验数据是否呈正态分布主要有以下三种方法。

（1）数值判断，第4.5节介绍的偏度比和峰度比。

（2）图形判断：直方图、Q－Q 和箱图。

（3）S－W 检验或 K－S 检验。不同的方法，结果可能会有差异，大多数研究者采用正态检验作为判断标准，但报告 K－S 检验结果。本书建议报告更具检验效力的 S－W 检验结果（$p > 0.05$，呈正态分布）。

检验数据方差齐性主要有以下三种方法。

（1）数值判断，如表4.2中两组的方差 Variance 值分别为53.5 和75.39。一般方差比（最大方差除以最小方差）小于2就可以认为各组方差大致相同（Field，2005）。

（2）箱图判断，如几组数据箱图的箱长度大致相同，表明方差基本相同。

（3）Spread vs Level with Levene Test 方差齐性检验。一般以方差齐性检验结果作为判断标准（$p > 0.05$，满足方差齐性）。

第 5 章　统计检验方法

5.1　统计检验方法选择

在进行统计分析之前,研究者需要根据研究设计确定使用哪种统计检验方法,这对于统计学初学者来说较为困难。一些研究者设计了不同的方法来帮助学习者掌握统计检验方法之间的区别。例如,Field(2013)和 Porte(2002)设计了统计检验方法树形图。不过,对于初学者来说要读懂树形图也并不容易,因此,建议初学者在学习了常用的统计检验方法之后再学习统计检验方法树形图。

Lawson – Hall(2010)设计了统计检验方法手势图,用不同手势代表不同的统计检验方法。图 5.1 是相关分析手势图,(a)图中两个食指表示相关分析一般涉及两个变量,(b)图中两个食指稍微弯曲形成相关分析单词 Correlation 的首字母 C。

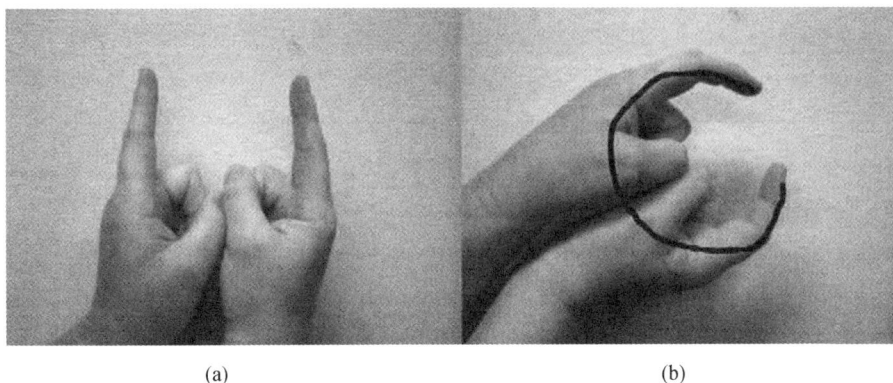

(a)　　　　　　　　　　　　　　　(b)

图 5.1　相关分析手势图(Lawson – Hall, 2010)

常用的统计检验方法大致可以分为两类:相关关系检验(Tests of relationships)和组间差异检验(Tests of group differences)。相关关系检验研究一个变量如何影响另一个变量,或一个或多个变量在多大程度上能预测另一个变量的取值,如相关分析、偏相关分析、回归分析等。组间差异检验研究分组变量如何影响测试结果,即不同组别受试在测试中表现的差异,如 t 检验、方差分析、卡方分析等。

Lawson – Hall(2010)认为可以根据研究所涉及的变量类型来确定使用相关关系检验还是组间差异检验。如果所有变量都是连续变量(分数或取值可当作分数看待的变量),那么一般使用相关关系检验;如果变量中既有连续变量又有分组变量,那么一般使用组间差异检验;如果所有变量都是分组变量,那么一般使用组间差异检验中的卡方分析。

5.2 数据文件介绍

本书介绍常用统计检验方法的大部分章节会使用同一个数据文件或其一部分,文件名为"05 All_Data",如图 5.2 所示。该数据文件是本书作者博士论文数据的一小部分(蒲显伟,2016)。

	Grade	Group	Words1	Words2	E100.1	E100.2	C.T1	C.T2	ACA1	ACA2	Score1	Score2	var
1	3	1	340	234	11	14	1.81	1.50	.59	.85	3.5	3.0	
2	3	1	181	238	10	12	1.33	1.50	3.31	2.52	4.0	4.0	
3	3	1	345	413	10	13	1.36	1.31	1.45	1.45	3.5	3.5	
4	3	1	234	260	12	8	1.37	1.33	2.99	2.69	3.5	4.5	
5	3	1	230	335	20	18	1.42	1.40	3.04	2.09	3.0	3.0	
6	3	1	288	346	10	9	1.59	1.64	2.08	1.73	3.5	4.5	
7	3	1	369	398	7	6	1.63	1.69	4.61	4.77	4.0	5.0	
8	3	1	236	245	9	7	1.32	1.39	1.27	1.22	4.5	5.0	
9	3	1	277	338	4	7	1.58	1.86	4.33	3.25	4.5	4.5	
10	3	1	246	285	18	15	1.12	1.28	1.22	2.11	2.5	3.0	
11	3	1	226	247	10	7	1.39	1.35	3.54	1.21	4.0	4.5	

图 5.2 数据文件"05 All_Data"

该部分数据研究了阅读与写作题目相关的范文如何影响英语专业学生的二稿作文。某高校英语系三年级和四年级各三个班共 164 位同学参加了这部分为期两周的研究。第一周,两个年级三个班的同学在 40 分钟时间里针对某一题目写了一篇议论文(一稿/前测)。第二周要求学生在 40 分钟时间里对一稿进行修改重写(二稿/后测)。在重写前的 25 分钟时间里,一班同学阅读一稿(无范文组/控制组,NoSource group/Control group);二班同学阅读初稿和两篇与议论文题目相关的文章,在写二稿时可以直接参考范文(范文读写组,RW + ST group:Reading – to – write with source texts);三班同学阅读初稿和两篇与议论文题目相关的文章,但在写二稿时不能直接参考范文,只可参考阅读笔记(笔记读写组,RW – ST group:Reading – to – write without source texts)。

表 5.1 是数据文件"05 All_Data"中变量的具体解释,组别 Group 和年级 Grade 为分组变量,其他都是连续变量。句法复杂性指标中的 T 单位指一个主句加其所有的从属分句(Hunt, 1965)。

表 5.1 数据文件"05 All_Data"变量

Grade	3	三年级
	4	四年级
Group	1	无范文组/控制组(NoSource)
	2	范文读写组(RW + ST)
	3	笔记读写组(RW − ST)
Words1		一稿作文总词数(流利度指标)
Words2		二稿作文总词数(流利度指标)
E100.1		一稿作文每 100 单词所含错误数(准确性指标)
E100.2		二稿作文每 100 单词所含错误数(准确性指标)
C.T1		一稿作文每 T 单位所含分句数(句法复杂性指标)
C.T2		二稿作文每 T 单位所含分句数(句法复杂性指标)
ACA1		一稿作文学术词比例(词汇复杂性指标)
ACA2		二稿作文学术词比例(词汇复杂性指标)
Score1		一稿作文分数(满分 10 分)
Score2		二稿作文分数(满分 10 分)

5.3 统计检验方法总结

本书统计检验方法总结见表 5.2。

表 5.2 统计检验方法总结

检验方法	检验目的	统计量	SPSS 操作菜单 Analyze
相关分析(Correlation)			
双变量相关(参数:连续变量)	两个变量,或多个变量两两之间的,相关性	r	Correlate → Bivariate Correlations(Pearson)
双变量相关(非参:定序或分类变量)	同上	τ/ρ	同上(Kendall's tau − b,Spearman)
偏相关	同上,同时控制其他变量影响	r	Correlate→Partial Correlation
t 检验(t Test)	比较两个均值差异		
参数:独立样本 t 检验	两个不同组同一次测试均值差异	t	Compare Means → Independent − Samples T Test

表 5.2(续)

检验方法	检验目的	统计量	SPSS 操作菜单 Analyze
非参: Wilcoxon rank – sum test; Mann – Whitney test	同上	z	Nonparametric Tests → 2 Independent – Samples Test
参数: 配对样本 t 检验	同一个组两次测试均值差异	t	Compare Means→Paired – Samples t Test
非参: Wilcoxon signed – rank test	同上	z	Nonparametric Tests→2 Related – Samples Test
Mixed design	两个组,两次测试		简化为:独立样本 t 检验
方差分析(ANOVA)	比较三个及以上均值差异		
单因素方差分析(One – Way ANOVA)	一个自变量		
参数: 单因素(组间)方差分析	比较三个及以上不同组同一次测试均值差异	F	Compare Means → One – Way ANOVA
非参: Kruskal – Wallis Test	同上	χ^2	Nonparametric Tests → K Independent – Samples Test
参数: 单因素重复测量(组内)方差分析	比较同一组三次及以上测试均值差异	F	General Linear Model → Repeated Measures
非参: Friedman Test	同上	χ^2	Nonparametric Tests→K Related – Samples Test
多因素(组间)方差分析(Factorial ANOVA)	有两个及以上组间自变量/分组变量	F	General Linear Model→Univariate
混合方差分析(Mixed design)	一个及以上组间自变量和一个及以上组内自变量	F	General Linear Model → Repeated Measures 或根据研究设计简化为:独立样本 t 检验,单因素方差分析,多因素方差分析或协方差分析(ANCOVA)
协方差分析(ANCOVA)	含协变量的方差分析	F	General Linear Model→Univariate
卡方独立性检验	两个分类变量频次分布差异	χ^2	Descritptive Statistics→Crosstabs

第6章 相 关 分 析

本章介绍相关分析(Correlation)的参数检验 Pearson 相关分析及其非参数检验 Kendall's tau – b 检验和 Spearman 检验。

相关分析一般是用来研究两个连续变量(Continuous variable)或多个连续变量两两之间相关关系的统计方法,即连续变量之间的共变或协变关系(Common variance/Covariance),也可称为双变量相关分析(Bivariate correlation),例如身高与体重的关系,教育程度与收入的关系,英语听、说、读、写能力之间的关系,等等。要注意的是,相关分析是用来检验同一组受试不同方面,如身高和体重关系的强弱。相关关系可能为正相关,即随着一个变量取值的变大另一个变量取值也变大;或负相关,即随着一个变量取值的变大另一个变量取值变小,如图6.1 所示。Pearson 相关分析输出的统计量为相关系数 r(Correlation coefficient r),其取值只能在 ±1 之间。相关关系不一定是因果关系(Causality),例如英语听力能力和口语能力存在一定的相关性,但很难说哪个是表示原因的自变量,哪个是表示结果的因变量。

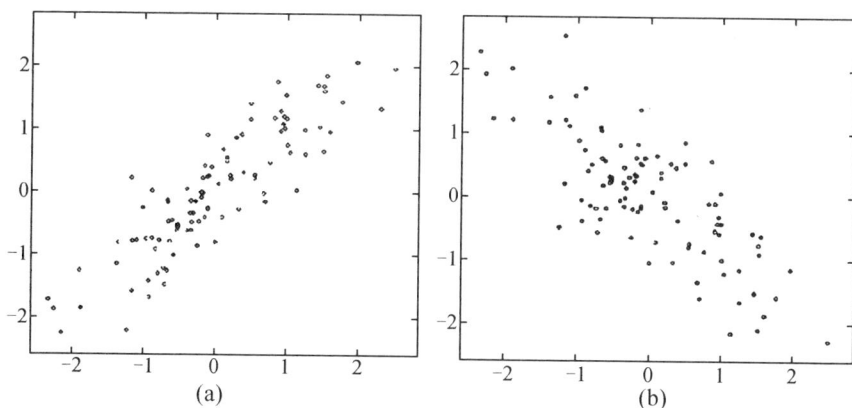

图6.1 正相关和负相关(Lawson – Hall,2010)

6.1 数 据 文 件

本章使用的数据文件是"06 Correlation",共有 30 名受试和四个变量,如图6.2 所示。第一个变量是性别 Gender,有两个取值水平,1 表示男性(14 人),2 表示女性(16 人)。第二个变量为学生高考英语成绩(National Matriculation English Test, NMET),满分为150 分。第三和第四个变量分别为全国英语专业四级和八级考试(专四(TEM4)和专八(TEM8)考试)

成绩,满分为 100 分。

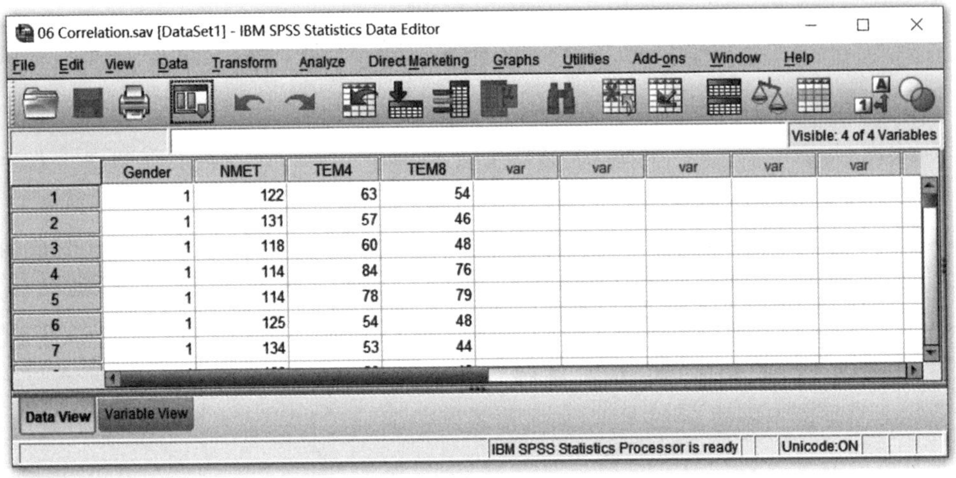

图 6.2　数据文件"06 Correlation"

研究问题:英语专四和专八考试成绩之间存在多大相关性?

6.2　散点图探索分析

相关分析的参数检验 Pearson 相关分析对数据有一定前提要求,如数据呈正态分布、残差的方差齐性(Homoscedasticity)和变量线性关系(Linearity)等(Field,2005)。正态分布检验和方差齐性检验将在后面章节中介绍,本节主要介绍如何使用散点图(Scatterplot)来分析两个变量之间是否具有线性关系。做相关分析时无须担心数据的正态分布、方差齐性等前提要求,因为 SPSS 软件可以同时输出相关分析参数检验 Pearson 相关分析及其非参数检验 Kendall's tau － b 和 Spearman 相关分析的结果。如果参数检验和非参数检验结果一致,可只报告参数检验结果。

散点图用于描绘数据的原始分布状况,它以点的分布反映变量之间的相互关系,可以根据点的位置来判断测量值的高低、大小、变化趋势或变化范围。下面介绍如何用 Graphs→Chart Builder...图表构建器制作散点图,如图 6.3 所示。制作散点图也可以使用 Graphs→Legacy Dialogs→Scatter/Dot...菜单,但 Chart Builder 集合了所有图表制作功能,界面更加直观,同时还有预览功能。

	Gender	NMET	TEM4	TEM8		var	var
1	1	122	63	54			
2	1	131	57	46			
3	1	118	60	48			
4	1	114	84	76			
5	1	114	78	79			
6	1	125	54	48			
7	1	134	53	44			
8	1	129	60	48			

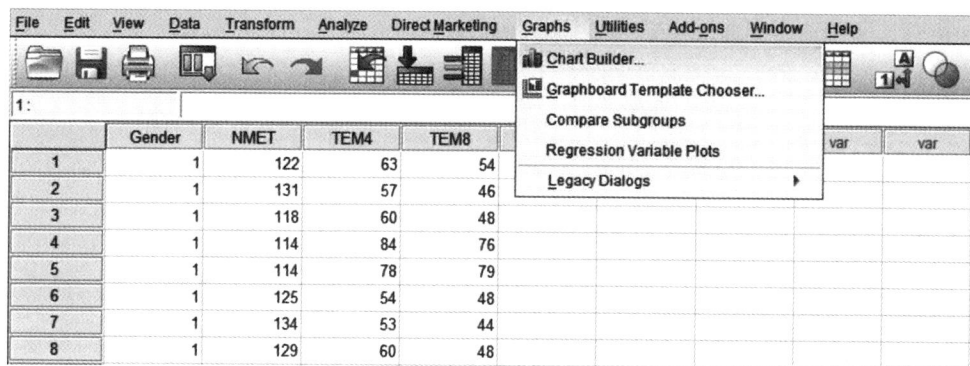

图6.3 图表构建器菜单

单击 Graphs→Chart Builder... 打开图表建构器,会弹出 Chart Builder 和元素属性 Element Properties 两个对话框,如图 6.4 所示,元素属性面板保持默认无须设置。在 Gallery 下的 Choose from 里选择要制作的图形 Scatter/Dot,右侧就会显示 8 种不同类型的散点图。一般会用到上排第一个简单散点图 Simple Scatter,第二个分类散点图 Grouped Scatter 和下排第二个矩阵散点图 Scatterplot Matrix。

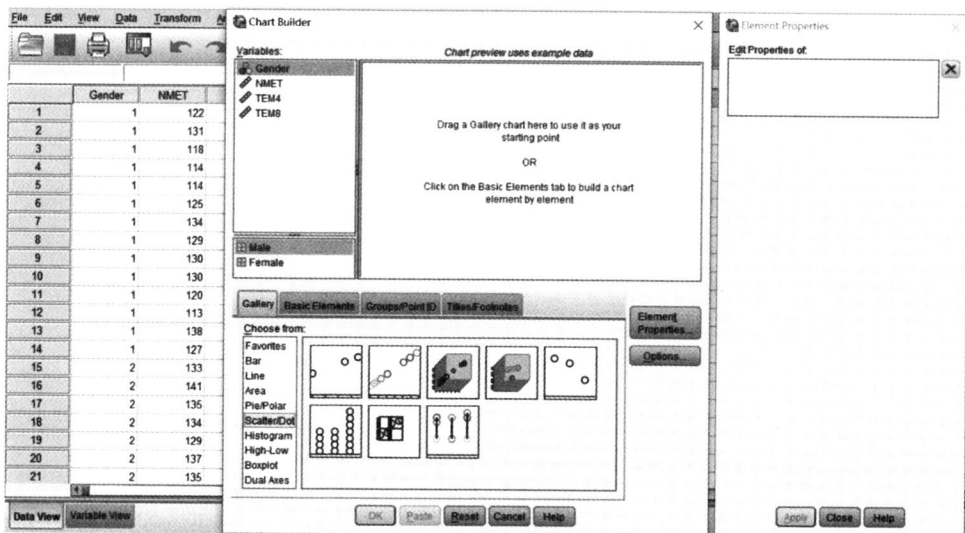

图6.4 散点图设置界面

6.2.1 简单散点图

简单散点图描绘两个变量之间的相关关系。双击图 6.4 第一排第一个图标或把图标拖入上方的图形预览框 Chart Preview,就可对简单散点图进行设置。如图 6.5 所示,把变量 TEM4 从左侧方框拖入预览方框里的横轴 X-Axis,把变量 TEM8 拖入纵轴 Y-Axis。当然两个变量的位置可以互换,但横轴一般用来表示预测变量,纵轴表示结果变量,专四考试发生在前,拖入横轴更好理解。最后单击"OK"。

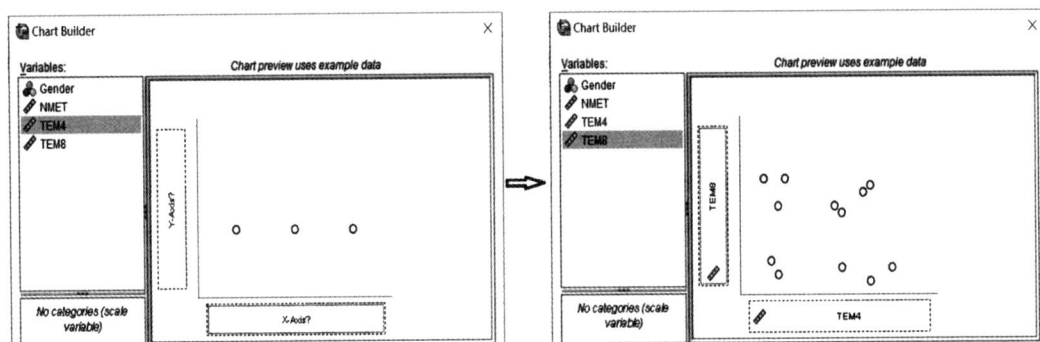

图 6.5 简单散点图设置

图 6.6 是 SPSS 软件输出的专四和专八成绩散点图。由图 6.6 可以看出,30 个点大多分布在从左下角到右上角的直线附近,因此可以判断两个变量大致呈线性关系,而且为正相关关系。

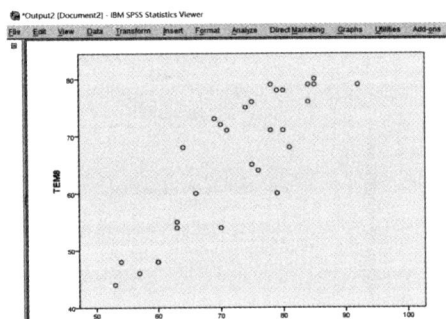

图 6.6 专四和专八成绩散点图

输出的散点图可以进行编辑,添加拟合线/回归线(Fitting Line/Regression Line)帮助进一步判断两个变量之间的线性关系。在 SPSS 结果输出页面双击散点图,该图会变成灰色,同时会跳出图形编辑器面板,如图 6.7 所示。点击 Elements→Fit Line at Total(为所有散点生成一条回归线)或者点击其快捷按钮 ∠(最后一行菜单第五个按钮),SPSS 软件就会自动添加默认的 Linear 回归线及弹出 Properties 属性面板,如图 6.8 所示。Linear 回归线是一条直线,上面还会显示两个变量之间的拟合方程(由 Properties 面板下方的 Attach label to line 默认选项输出),该方程含 x 和 y 两个变量,分别代表专四和专八成绩,根据该方程和某位同学的专四成绩,可以计算出其专八考试可能取得的成绩。右上角还显示了两个变量之间的拟合度或吻合度,$R^2 = 0.750$,表示专四成绩和专八成绩之间具有 75% 的共同变异或协变异,或者说专四成绩可以预测专八成绩的 75%。R^2 开方即为两者之间的相关系数 $r = \sqrt{0.750} \approx 0.866$,表明两个变量间具有极强的正相关关系。

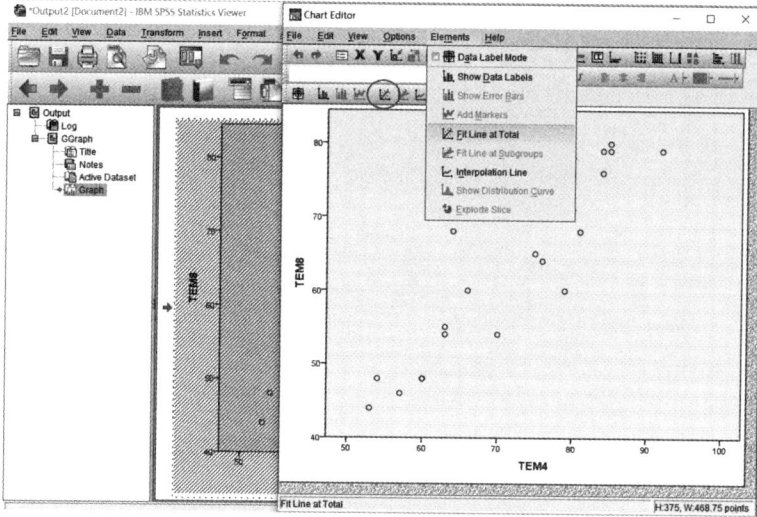

图 6.7　图形编辑器面板

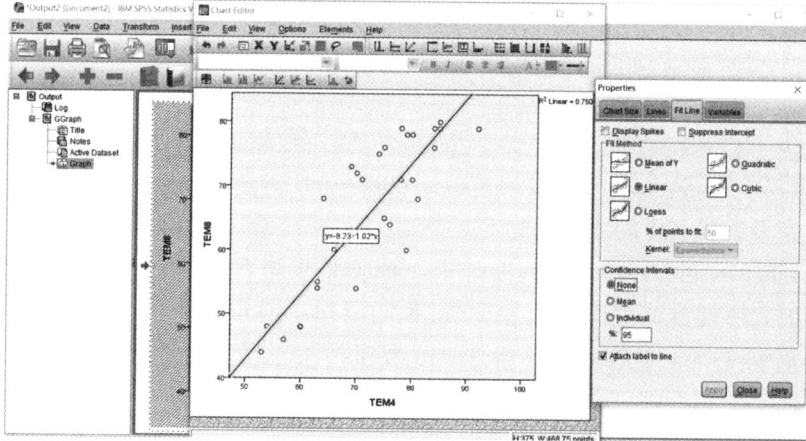

图 6.8　Linear 拟合线

Linear 拟合线是一条直线,有时候并不能非常准确地反映两个变量之间的线性关系。我们还可以增加一条 Loess 拟合线。Loess 拟合线是平滑拟合线,该拟合方法把所有数据分为几段,分别对几段进行拟合,因此 Loess 拟合线更能贴合散点。关闭图 6.5 的图形编辑器面板回到 SPSS 输出页面,这时散点图已经添加了 Linear 拟合线,要对已经编辑过一次的散点图再增加一条 Loess 拟合线,操作过程和添加 Linear 拟合线基本相同。

单击 Elements→Fit Line at Total 或其快捷按钮 ,SPSS 软件就会自动添加默认的 Loess 拟合线,这是由于编辑过的散点图已经添加了 Linear 拟合线,因此第二次编辑默认拟合方法已变成了 Loess。最后关闭 Chart Editor 面板完成操作,如图 6.9 所示。如果 Linear 拟合线和 Loess 拟合线大致重合,表示两个变量之间具有较好的线性关系。由图 6.9 可以判断,专四成绩和专八成绩之间具有较好的线性关系。

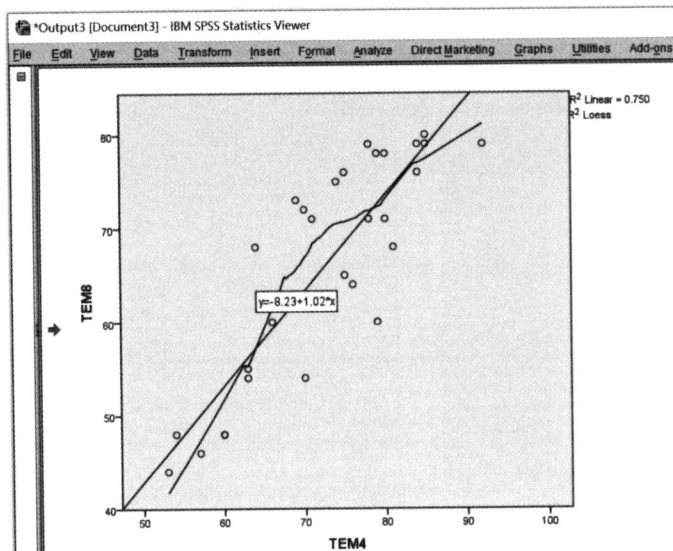

图 6.9　Linear 拟合线和 Loess 拟合线

6.2.2　分类散点图

数据文件"06 Correlation"含有 30 名受试,其中男生 14 人、女生 16 人。简单散点图不能反映男生和女生成绩可能存在的差异,这时可以制作分类散点图,用不同形状或颜色的散点分别代表男生和女生的成绩。

如图 6.10 所示,在图形编辑器 Chart Builder 对话框里双击第一排第二个图标分类散点图或把图标拖入图形预览框。在上一小节,我们制作了简单散点图,因此操作过的步骤仍然保存在设置里:TEM4 变量位于横轴,TEM8 变量位于纵轴。右上角的 Set color 方框表示用不同颜色区分不同类别,把分类变量 Gender 拖入该方框,最后单击"OK"。

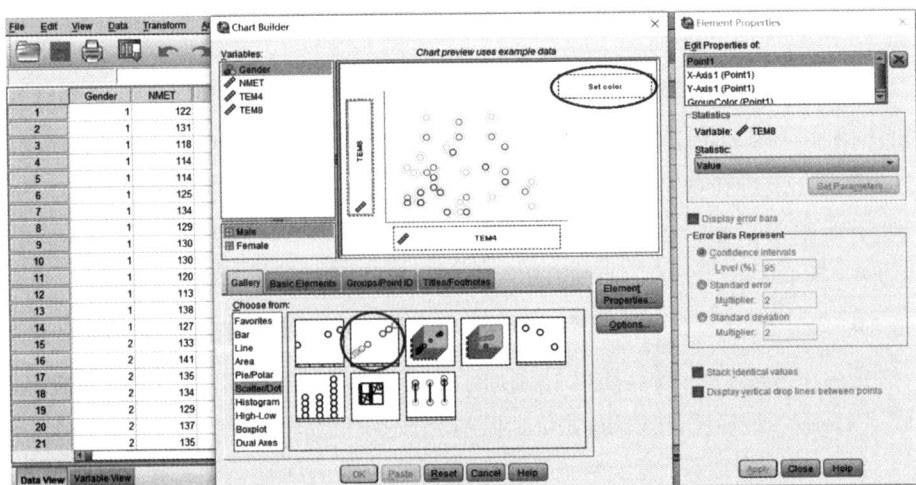

图 6.10　分类散点图设置

分类散点图中散点的位置和简单散点图一样,不同之处在于代表不同性别的散点用不同颜色的小圆圈表示。但在黑白印刷时无法区分,因此可以对输出结果进行编辑,把代表男生或女生的小圆圈更改为其他符号。在 SPSS 输出页面双击散点图,该图变成灰色,同时会跳出图形编辑器面板。双击分类散点图右上侧文字标签 Male 前的小圆圈,右侧会跳出 Properties 属性面板。在属性面板的 Type 下把默认的小圆圈更改为“ + ”号或其他容易区分的符号,如图 6.11 所示,点击“Apply”,关闭 Properties 面板,最后关闭 Chart Editor 面板。图 6.12 是编辑后的分类散点图,可以看出男生和女生成绩存在明显差异,代表男生的“ + ”号主要位于左下方,代表女生的小圆圈主要位于中上方,另外男生成绩比女生成绩标准差更大,表明女生成绩更趋于一致。

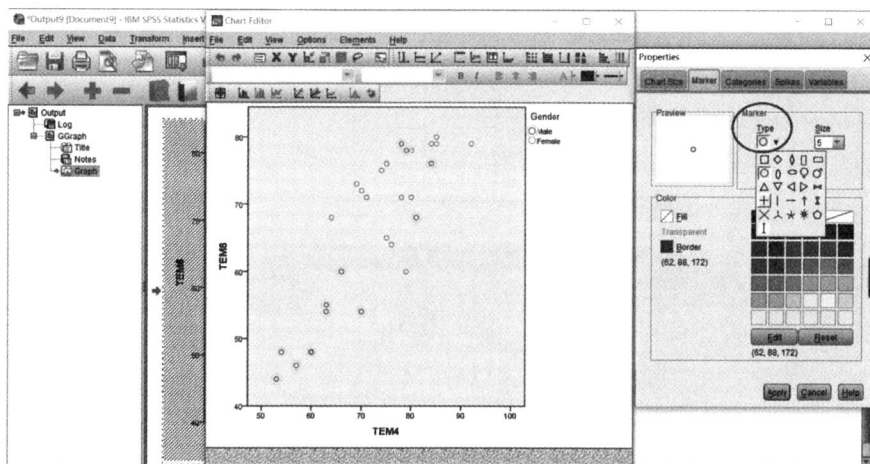

图 6.11　分类散点图编辑

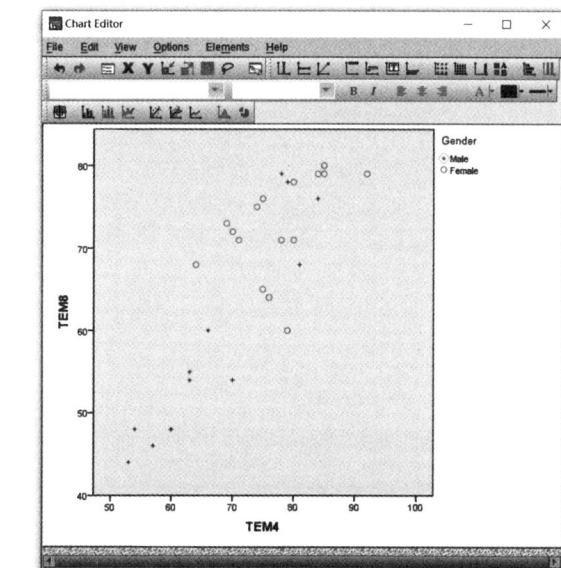

图 6.12　编辑后的分类散点图

6.2.3 矩阵散点图

矩阵散点图是对多个变量之间的两两组合分别做散点图,并把所有散点图输出在同一矩阵中。数据文件"06 Correlation"中除了 TEM4、TEM8,还有一个高考英语成绩变量 NMET,下面用这三个变量制作矩阵散点图。

双击图6.10第二排第二个图标矩阵散点图或把图标拖入图形预览框,如图6.13 所示。此时只有一个 Scattermatix 虚线框需要移入变量,把要分析的三个变量一起拖入虚线框中,单击"OK"运行,SPSS Viewer 窗口输出的运行结果如图6.14 所示。

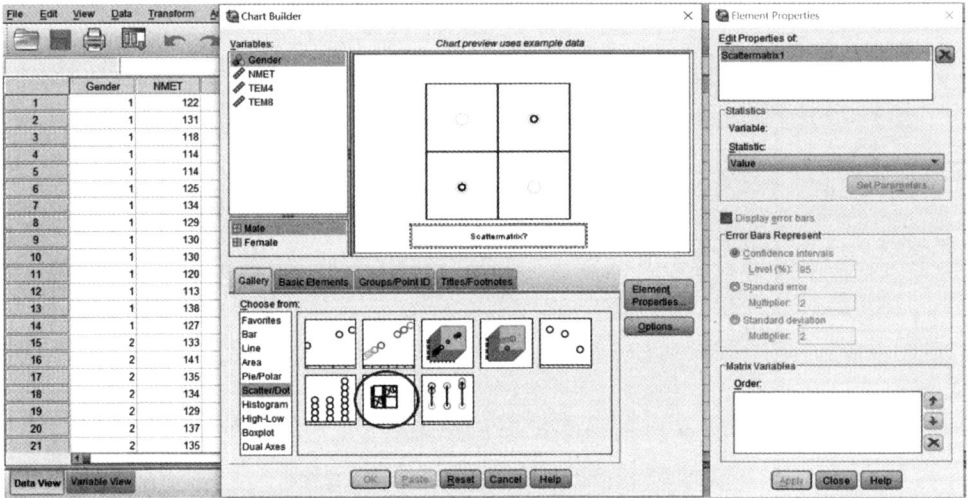

图6.13　矩阵散点图设置

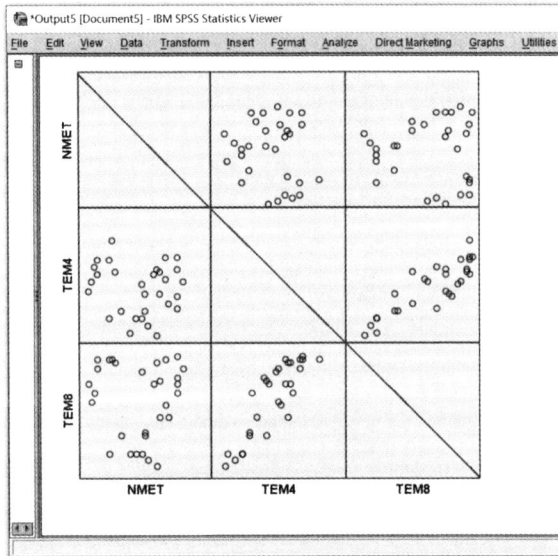

图6.14　矩阵散点图

矩阵散点图中处于对角的两幅图是一样的。如果用一条斜线把矩阵散点图对折,重合的图都是相同两个变量的散点图。例如右上角和左下角都是高考成绩和专八成绩的散点图,区别在于右上角的散点图是以专八成绩为横轴,而左下角的散点图是以高考成绩为横轴。如果把左下角的散点图旋转180°,就会和右上角的散点图完成重合。因此,矩阵散点图只需要读取输出结果一半的散点图。

第一排两个散点图分别是高考成绩与专四成绩、高考成绩和专八成绩的散点图,很明显,高考成绩和专四成绩、专八成绩均不呈线性关系。第二排第2个散点图是专四成绩和专八成绩散点图,和前面输出的这两个变量的简单散点图完全一致。

6.3　协方差和相关系数

方差是指一组数据中各观测值平均偏离均值的程度,只是针对一个变量而言。其计算公式如下:

$$s^2 = \frac{\sum (x_i - \bar{x})^2}{N-1}$$

即

$$s^2 = \frac{\sum (x_i - \bar{x})(x_i - \bar{x})}{N-1}$$

式中,x_i代表某个变量各观测值;$\bar{x}$代表各观测值的均值;$N-1$为自由度。

协方差(Covariance)是指两个变量之间的共同变异或协变异,表示两个变量之间相互影响的大小。其计算公式如下:

$$\mathrm{Cov}(x,y) = \frac{\sum (x_i - \bar{x})(y_i - \bar{y})}{N-1}$$

下面以 Field(2018)采用的糖果广告数量与购买糖果包数的例子来说明协方差的计算过程。如表 6.1 所示,该例包括 5 名受试,两个变量分别为观看的广告个数和观看后一周内购买的糖果包数,最后两栏数据是两个变量的均值和标准差。

表 6.1　广告与糖果数据

受试	1	2	3	4	5	均值	标准差
广告个数	5	4	4	6	8	5.4	1.67
糖果包数	8	9	10	13	15	11.0	2.92

图 6.15 描述了两个变量各观测值与均值的差异,横轴表示受试,图下方的五个点表示五名受试观看的广告个数,上方五个点表示购买的糖果包数,横线表示均值。第一位受试观看了 5 个广告,购买了 8 包糖果,与均值的差异分别为 -0.4 和 -3。以此类推,可以计算

出两个变量之间的协方差为 4.25。

$$\text{Cov}(x,y) = \frac{(-0.4) \times (-3) + (-1.4) \times (-2) + (-1.4) \times (-1) + (-0.6) \times 2 + 2.6 \times 4}{5-1}$$

$$= \frac{1.2 + 2.8 + 1.4 + 1.2 + 10.4}{4}$$

$$= \frac{17}{4}$$

$$= 4.25$$

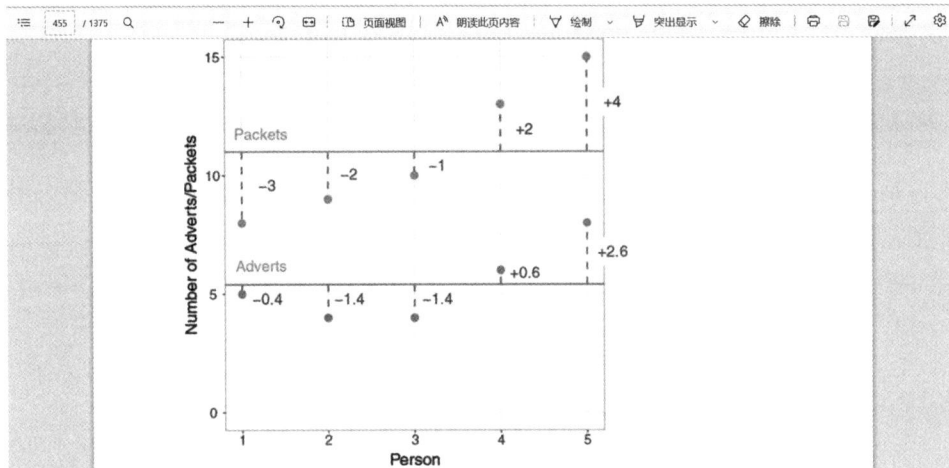

图 6.15　观测值与均值的差异

协方差是非标准化的统计量,不同的研究可能有不同的测量标准或分值,很难用协方差对不同研究结果进行比较。所以需要把协方差按照第 2.5 节介绍的标准分的计算方法进行标准化,标准化后的统计量称为 Pearson 相关系数(Pearson correlation coefficient)或 Pearson 积矩相关系数(Pearson product moment correlation coefficient)。Pearson 相关系数 r 计算公式为

$$r = \frac{\text{Cov}(x,y)}{s_x s_y} = \frac{\sum (x_i - \bar{x})(y_i - \bar{y})}{(N-1)s_x s_y}$$

即用两个变量的协方差除以两个变量的标准差 s_x 和 s_y,由表 6.1 知,两个变量的标准差分别为 1.67 和 2.92。因此,标准化后的 Pearson 相关系数为

$$r = \frac{4.25}{1.67 \times 2.92} = 0.87$$

相关系数 r 不仅是相关分析结果的统计量,也是相关分析结果的效应值。效应值(Effect size)是标准化的统计量,能直观地表明组间差异的大小或变量之间关系的强弱,代表研究结果的实际显著性(Ellis,2010)。而 p 值容易受样本容量的影响,仅代表研究结果的统计显著性,例如当样本容量为 500 时,相关系数 r 只需达到 0.088,p 值就会具有统计显著性(Pearson et al.,1962),而 0.088 的相关性几乎可以忽略。根据 Cohen(1988)提出的经验法则,当 $r = \pm 0.1$ 左右时为较小的效应值(Small effect),当 $r = \pm 0.3$ 左右时为中等效应值

（Medium effect），当 $r = \pm 0.5$ 左右时为较大的效应值（Large effect）。因此，在解读相关分析结果时应以相关系数 r 为主。

6.4 相关分析操作和输出结果

相关分析操作相对简单，打开数据文件"06 Correlation"，单击 Analyze→Correlate→Bivariate...，如图 6.16 所示。Correlate 菜单下有三个子菜单，分别为两因素相关分析 Bivariate correlations、偏相关分析 Partial correlations 和距离分析 Distances，本章只介绍较为常用的前两个子菜单。两因素相关分析的图标为 r_{12}，表示分析变量 1 和变量 2 之间的相关关系。两因素相关分析也可以同时分析多个变量之间的两两相关性，因此下面我们把数据文件中三个表示成绩的变量一起分析。

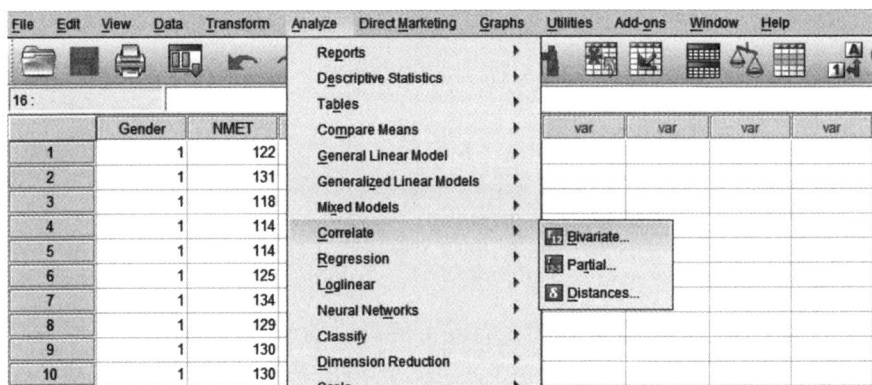

图6.16 相关分析菜单

如图 6.17 所示，在弹出的 Bivariate Correlations 对话框中把左侧变量列表中需要分析的三个变量 NMET、TEM4 和 TEM8 一起移入右侧的 Variables 变量方框，单击右侧上方的"Options ..."按钮，在弹出的选项对话框里勾选 Means and standard deviations，单击"Continue"返回。主对话框中间的相关系数及相关检验方法 Correlation Coefficients 默认勾选的是 Pearson 相关分析，勾选 Kendall's tau－b 和 Spearman 检验可同时输出三个检验方法的结果。最下方默认勾选的 Flag significant correlations 会在输出结果中具有统计显著性的相关系数的数值上加 * 号上标，一个 * 号表示 r 相关系数对应的 $p < 0.05$，即在 0.05 的显著性水平上具有统计显著性差异，两个 * 号表示 r 相关系数对应的 $p < 0.01$。SPSS 软件也会输出相关系数 r 对应的具体 p 值，因此，* 号可忽略。最后单击"OK"运行。

Pearson's r：Pearson 相关分析是相关分析的参数检验，对数据有一定前提要求，如数据呈正态分布、残差的方差齐性和变量线性关系。Pearson 相关分析输出的统计量为相关系数 r。

Kendall's tau－b（τ）：Pearson 相关分析的非参数检验。SPSS 提供的传统的非参数检验原理基本相同：先将原始数据作为一个整体进行排序，然后对排序后的"秩"（rank）进行检验而不是对原始数据进行检验。当研究样本容量较小，原始数据有很多相同分数时，最好使用 Kendall 检验而不是 Spearman 检验。而且 Howell(1997)认为 Kendall 具有更好的检验效力。Kendall 相关分析输出的统计量为相关系数 τ。

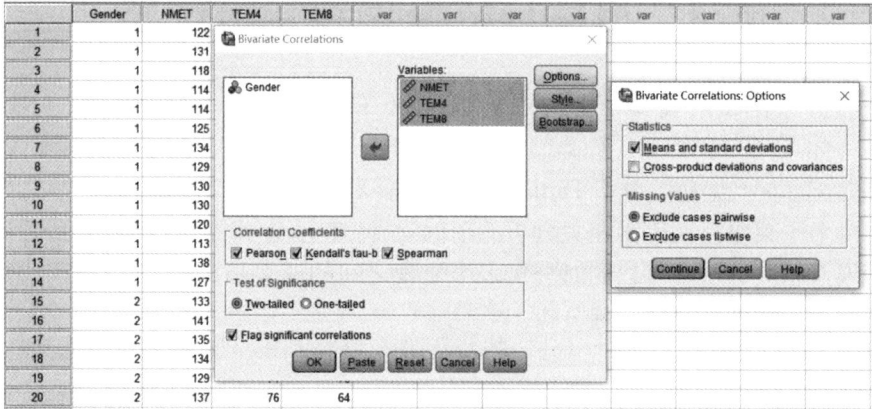

图 6.17　相关分析设置

Spearman's rho (ρ)：同 Kendall's tau – b 检验一样,也是 Pearson 相关分析的非参数检验。Spearman 相关分析输出的统计量为相关系数 r_s 或 ρ。

图 6.18 是高考英语成绩、专四成绩和专八成绩三个变量 Pearson 相关分析输出结果。相关分析的输出结果是矩阵形式,因此只需读取一半表格。每个小方格包含三行数据,第一行是相关分析统计量相关系数 r,第二行是 r 值对应的显著性 p 值,第三行为受试人数。相关系数 r 值和显著性 p 值都不会大于 1 小于 – 1,所以整数位的 0 一般省略(APA,2009,2019)。分析结果显示,高考英语成绩和专四、专八成绩均呈弱负相关,$r = -0.12$,$p = 0.543$ 和 $r = -0.01$,$p = 0.962$。专四成绩和专八成绩呈强正相关,$r = 0.87$,$p = 0.000$。

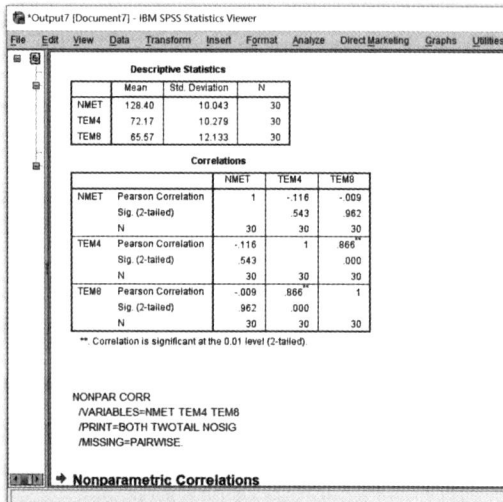

图 6.18　Pearson 相关分析结果

图 6.19 是非参数相关分析 Kendall's tau - b 和 Spearman's rho 分析输出结果。从显著性 p 值来看，两个非参数检验结果和 Pearson 参数检验结果一致；从相关系数 r 值来看，两个非参数检验结果均小于 Pearson 参数检验结果。

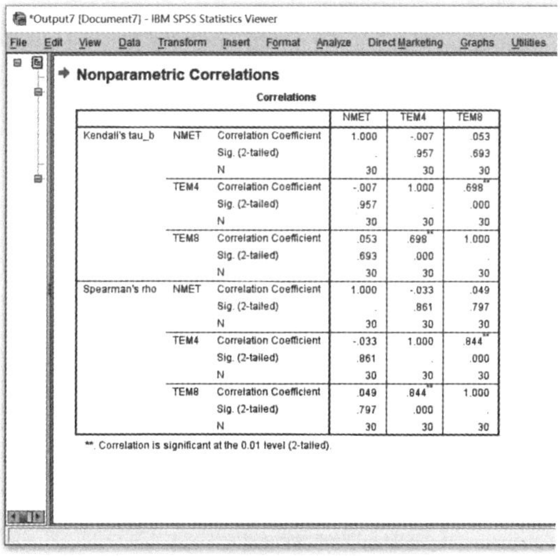

			NMET	TEM4	TEM8
Kendall's tau_b	NMET	Correlation Coefficient	1.000	-.007	.053
		Sig. (2-tailed)	.	.957	.693
		N	30	30	30
	TEM4	Correlation Coefficient	-.007	1.000	.698**
		Sig. (2-tailed)	.957	.	.000
		N	30	30	30
	TEM8	Correlation Coefficient	.053	.698**	1.000
		Sig. (2-tailed)	.693	.000	.
		N	30	30	30
Spearman's rho	NMET	Correlation Coefficient	1.000	-.033	.049
		Sig. (2-tailed)	.	.861	.797
		N	30	30	30
	TEM4	Correlation Coefficient	-.033	1.000	.844**
		Sig. (2-tailed)	.861	.	.000
		N	30	30	30
	TEM8	Correlation Coefficient	.049	.844**	1.000
		Sig. (2-tailed)	.797	.000	.
		N	30	30	30

**. Correlation is significant at the 0.01 level (2-tailed).

图 6.19 非参数相关分析结果

结果报告：表 6.2 是高考英语成绩、专四成绩和专八成绩 Pearson 相关分析结果。高考英语成绩和专四成绩、专八成绩均呈弱负相关，$r = -0.12$，$p = 0.543$；$r = -0.01$，$p = 0.962$，无统计显著性。专四和专八成绩具有显著性强正相关关系，$r = 0.87$，$p = 0.000$。

表 6.2 高考英语成绩、专四成绩、专八成绩 Pearson 相关分析

	专四	专八
高考	-0.116	-0.009
专四	—	0.866**

注：** 表示 $p < 0.01$。

英文报告相关分析结果可参考 *Discovering Statistics Using IBM SPSS Statistics*（第五版）第 8.8 节"How to Report Correlation Coefficients"（Field，2018）。

6.5 点二列相关分析

Pearson 相关分析也可以用来进行点二列相关分析（Point - biserial correlation）。一般相关分析要求两个变量都是连续变量，例如分数。如果两个变量中有一个是分类变量中的二分变量（Dichotomous variable），例如性别，这时就需要使用点二列相关分析。很多研究者认为 SPSS 软件无法进行点二列相关分析，但 Howell（2013）和 Field（2005）认为点二列相关分析就是把 Pearson 相关分析运用于其中一个变量是二分变量的特殊数据。点二列相关分析输出的相关系数统计量为 r_{pb}。本章数据文件中包含一个表示性别的二分变量 Gender，下面用 Pearson 相关分析对性别 Gender 和专八成绩（TEM8）进行点二列相关分析。

单击 Analyze→Correlate→Bivariate…，如图 6.20 所示，在弹出的 Bivariate Correlations 对话框中把左侧变量列表中 TEM8 和 Gender 一起移入右侧的变量方框 Variables。单击右侧上方的"Options…"按钮，在弹出的选项对话框里勾选 Means and standard deviations，单击"Continue"返回，最后单击"OK"运行。

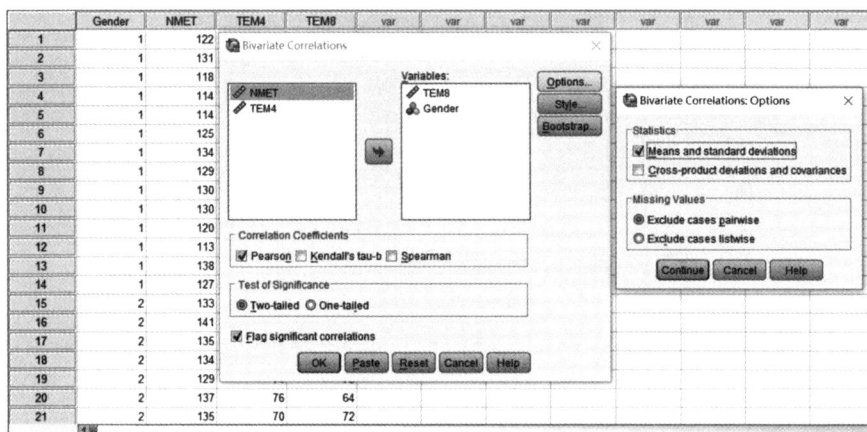

图 6.20　点二列相关分析设置

图 6.21 是专八成绩和性别两个变量的点二列相关分析输出结果，两者之间的相关系数 $r_{pb}=0.63$，$p=0.000$。这表明性别和专八成绩具有极强的正相关，或者说性别会显著地影响学生的专八成绩。

*Output8 [Document8] - IBM SPSS Statistics Viewer

Descriptive Statistics

	Mean	Std. Deviation	N
TEM8	65.57	12.133	30
Gender	1.53	.507	30

Correlations

		TEM8	Gender
TEM8	Pearson Correlation	1	.627**
	Sig. (2-tailed)		.000
	N	30	30
Gender	Pearson Correlation	.627**	1
	Sig. (2-tailed)	.000	
	N	30	30

**. Correlation is significant at the 0.01 level (2-tailed).

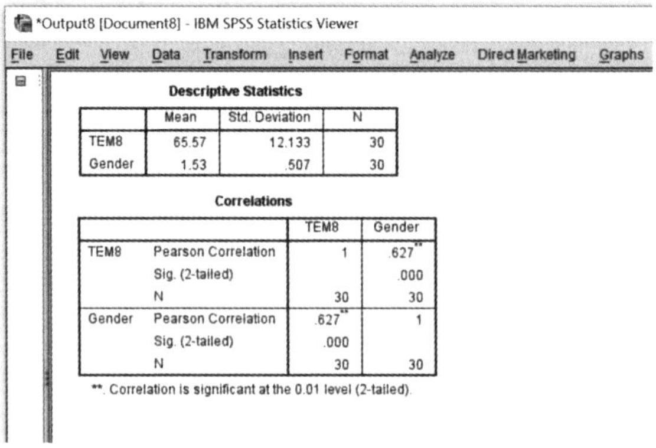

图 6.21　点二列相关分析输出结果

点二列相关分析实质上就是两个独立样本的均值比较（独立样本 t 检验），即男生组和女生组专八成绩的差异。点二列相关分析统计量 r_{pb} 和独立样本 t 检验统计量 t 值可用下面公式互相转化（$N=30$）。如果对男生组和女生组专八成绩进行独立样本 t 检验，得到的统计量 t 值会和下面用 r_{pb} 值计算出的 t 值一样。

$$t = \frac{r_{pb}\sqrt{N-2}}{\sqrt{1-r_{pb}^2}} = \frac{0.627\sqrt{28}}{\sqrt{1-0.627^2}} = \frac{0.627 \times 5.2915}{\sqrt{1-0.393}} = 4.2585$$

6.6　偏相关分析

　　偏相关分析(Partial correlation)是指当两个变量同时与第三个变量相关时,将第三个变量的影响剔除,只分析这两个变量之间相关程度。在前一小节,我们得出专四成绩和专八成绩的相关系数 $r = 0.866$。另外一个变量性别与专四成绩和专八成绩都有相关性,因此下面使用偏相关分析检验专四成绩和专八成绩在剔除性别影响后具有多大程度的相关性。

　　偏相关分析中被剔除影响的变量叫作控制变量,控制变量一般是连续变量。本章数据文件中的四个变量中有三个是连续变量,即 NMET、TEM4 和 TEM8,另外一个性别 Gender 是分类变量中的二分变量。本章第 6.4 节的分析显示高考英语成绩和专四、专八成绩仅具有弱相关性,而且是负相关,即高考英语成绩对专四、专八成绩基本没有影响,不适合作为控制变量。因此,本节以二分变量 Gender 作为控制变量。

　　单击 Analyze→Correlate→Partial…,如图 6.22 所示。在弹出的 Partial Correlations 对话框中(图 6.23)把左侧变量列表中两个变量 TEM4 和 TEM8 一起移入右侧的变量方框 Variables,把变量 Gender 移入 Controlling for 控制变量方框。单击右侧上方的"Options…"按钮,在弹出的选项对话框里勾选 Means and standard deviations,单击"Continue"返回,最后单击"OK"运行。

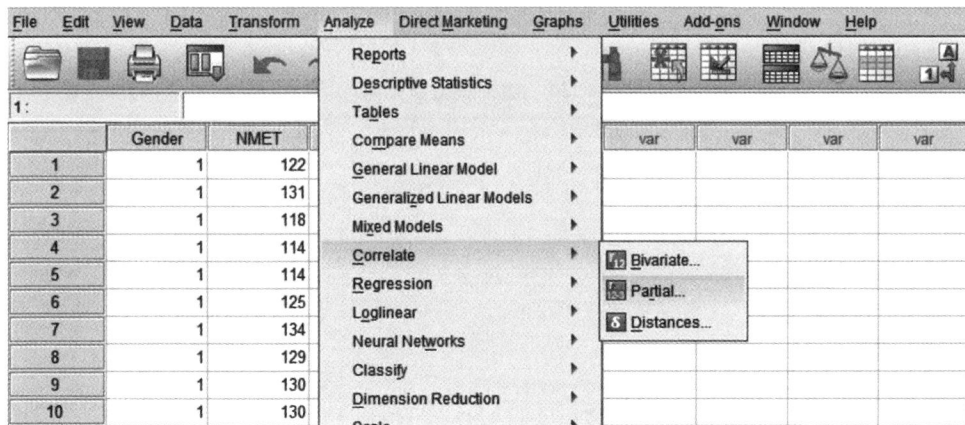

图 6.22　偏相关分析菜单

　　图 6.24 是专四成绩和专八成绩控制性别影响后的偏相关分析结果。第二个表格第一行 Control Variables 下的 Gender 是控制变量。在控制或剔除性别变量影响后,专四成绩和专八成绩仍具有强正相关关系,$r = 0.80$,$p = 0.000$,偏相关系数比专四、专八成绩的两因素相关系数 $r = 0.87$ 小一些。

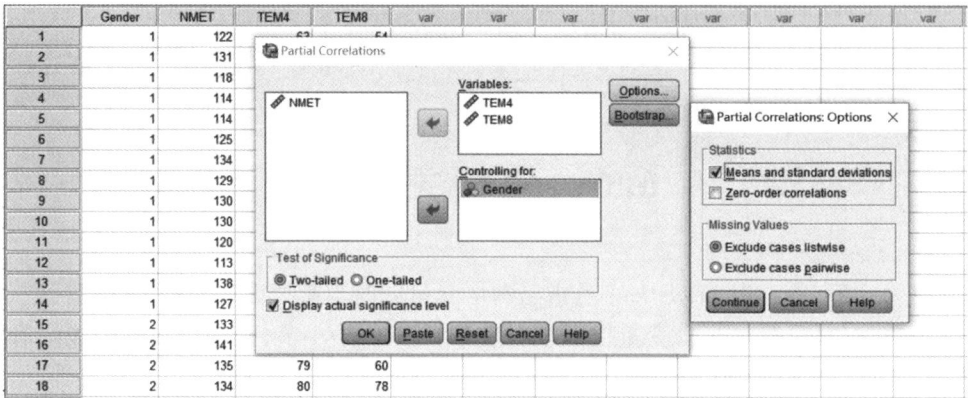

图 6.23　偏相关分析设置

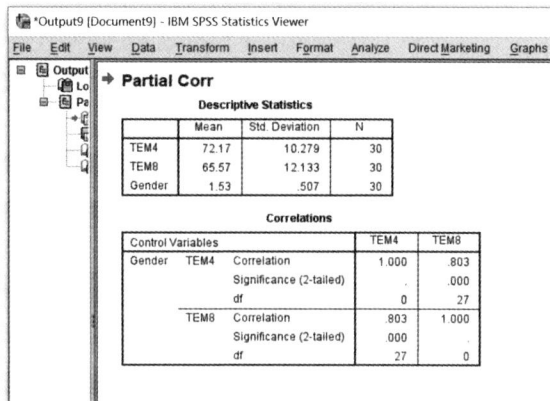

图 6.24　偏相关分析结果

第7章 两个均值比较:独立样本 t 检验

t 检验用来比较两个均值之间的差异是否具有统计显著性,分为独立样本 t 检验(Independent – samples t – test)和配对样本 t 检验(Paired – samples t – test)。独立样本 t 检验比较两个独立的组,即不同的组,某一次测试分数的差异;其对应的非参数检验为 Wilcoxon rank – sum W test 或 Mann – Whitney U test。配对样本 t 检验比较同一个组两次测试(如前测和后测)分数的差异。

t 检验只涉及两个变量,一个是表示分组的自变量,该自变量只有两个取值,如控制组和实验组,另一个是因变量。图 7.1 是 Larson – Hall(2010)设计的 t 检验记忆手势,图 7.1(a)两个食指代表 t 检验比较两个均值,图 7.1(b)两个食指交叉形成 t 检验的首字母 t。

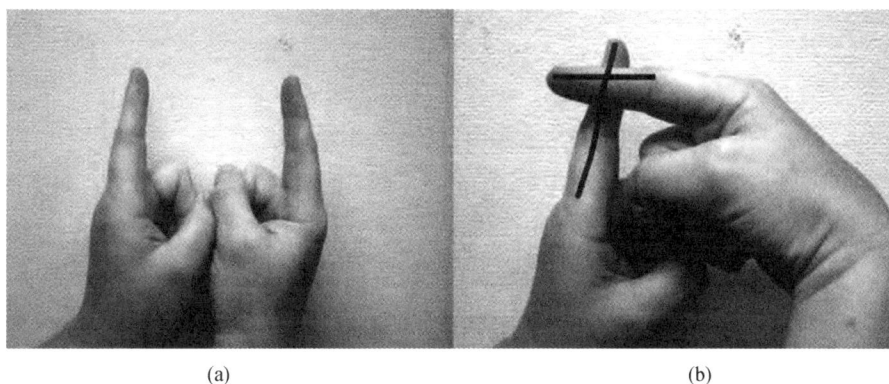

|(a)|(b)|

图7.1 t 检验记忆手势

7.1 独立样本 t 检验

独立样本 t 检验比较两个独立的组,通常为实验组和控制组/对照组,某一次测试分数是否具有统计显著性差异。本章使用数据文件"07 RW2groups"(图 7.2)。

研究问题:无范文组/控制组 NoSource 和范文读写组 RW + ST 之间后测作文的单词数(Words2)是否具有统计显著性差异?

该研究只涉及两个变量:分组自变量和后测作文单词数因变量。本章忽略前测作文单词数,假定在实验处理前两组前测作文单词数没有统计显著性差异;如两组前测作文单词数具有统计显著性差异,分析方法会相对复杂一些,这也是为什么很多研究者在没有进行前测的情况下会选取水平相当的两组受试进行研究。

图 7.2　数据文件"07 RW2groups"

7.1.1　数据探索分析

本书第 4 章介绍了统计分析的正确步骤,首先用 Explore 菜单对数据进行探索分析,检验各组数据是否服从正态分布,从而确定使用参数检验还是非参数检验。

单击 Analyze→Descriptive Statistics→Explore...,如图 7.3 所示。在弹出对话框中把变量 Words2 移入因变量列表 Dependent List(如需检验多个因变量,可一起移入),把分组变量 Group 移入分组变量/因素列表 Factor List;单击右侧"Plots..."按钮,勾选直方图 Histogram 和 Normality plots with tests(输出 Q – Q 图和正态分布检验结果),方差齐性检验勾选 Untransformed。单击"Continue"返回,最后单击"OK"运行。

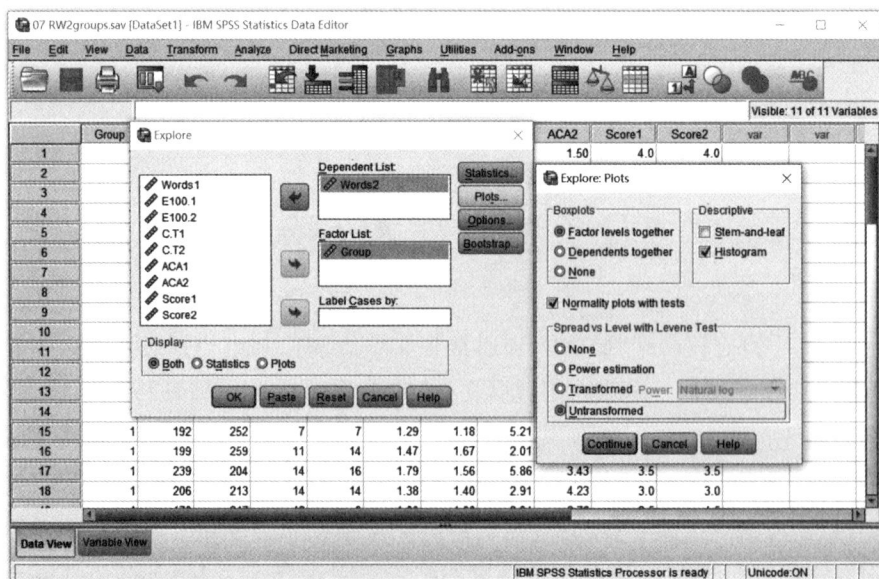

图 7.3　后测单词数探索分析

图 7.4 至图 7.8 是后测单词数 Words2 探索分析结果。对于正态分布，直方图、Q－Q 图和箱图都显示两组数据似乎不太服从正态分布，尤其是第二组数据。但两种正态分布检验都显示两组数据呈正态分布（$p_s > 0.05$），最小的 p 值为 0.08，两组数据的偏度比和峰度比也均小于 1。第 4.6 节总结了判断数据是否服从正态分布的方法，一般以S－W正态检验结果为准。因此可以认为两组数据均服从正态分布，可以使用参数检验。

*Output2 [Document2] - IBM SPSS Statistics Viewer

File Edit View Data Transform Insert Format Analyze Direct Marketing Graphs Utilities Add-ons

Descriptives

	Group			Statistic	Std. Error
Words2	NoSource	Mean		245.08	7.642
		95% Confidence Interval for Mean	Lower Bound	229.28	
			Upper Bound	260.89	
		5% Trimmed Mean		245.74	
		Median		254.00	
		Variance		1401.471	
		Std. Deviation		37.436	
		Minimum		170	
		Maximum		308	
		Range		138	
		Interquartile Range		57	
		Skewness		-.216	.472
		Kurtosis		-.804	.918
	RW+ST	Mean		251.78	13.855
		95% Confidence Interval for Mean	Lower Bound	223.30	
			Upper Bound	280.26	
		5% Trimmed Mean		249.22	
		Median		231.00	
		Variance		5183.256	
		Std. Deviation		71.995	
		Minimum		154	
		Maximum		409	
		Range		255	
		Interquartile Range		129	
		Skewness		.443	.448
		Kurtosis		-.842	.872

图 7.4　后测单词数描述统计量

*Output2 [Document2] - IBM SPSS Statistics Viewer

File Edit View Data Transform Insert Format Analyze Direct Marketing Graphs Utilities Add-ons

Tests of Normality

		Kolmogorov-Smirnov[a]			Shapiro-Wilk		
	Group	Statistic	df	Sig.	Statistic	df	Sig.
Words2	NoSource	.157	24	.132	.965	24	.536
	RW+ST	.158	27	.080	.936	27	.099

a. Lilliefors Significance Correction

Test of Homogeneity of Variance

		Levene Statistic	df1	df2	Sig.
Words2	Based on Mean	12.311	1	49	.001
	Based on Median	7.048	1	49	.011
	Based on Median and with adjusted df	7.048	1	36.332	.012
	Based on trimmed mean	11.495	1	49	.001

Words2

Histograms

图 7.5　后测单词数正态和方差齐性检验结果

对于方差齐性，图 7.4 显示第二组的方差（5 183.256）为第一组方差（1 401.471）的 3.7 倍左右。方差比（最大方差除以最小方差）大于 2 表明两组方差不等（参考第 4.6 节）。对于方差不齐没必要担心，常用的统计检验方法对于方差不齐都具有一定的容忍性，方差齐性检验也显示两组方差不齐，$p = 0.001$。也会输出方差齐性检验结果，方差不齐时会进行校正，输出校正后的 t 检验结果。

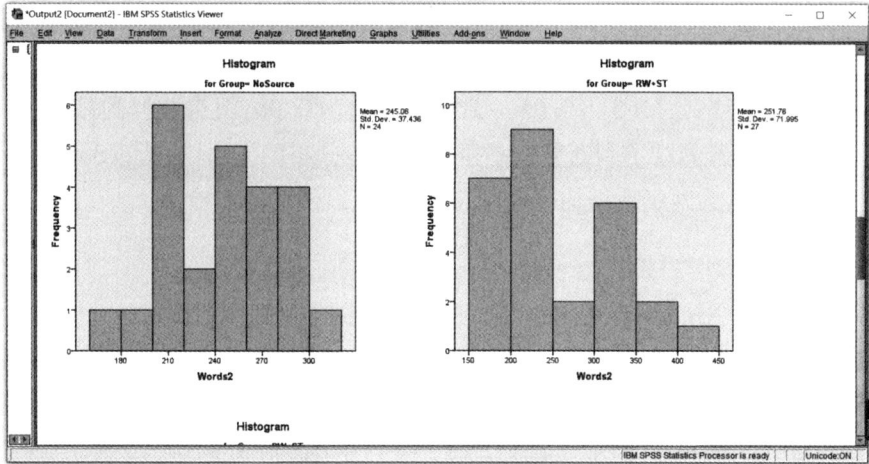

图 7.6　后测单词数直方图

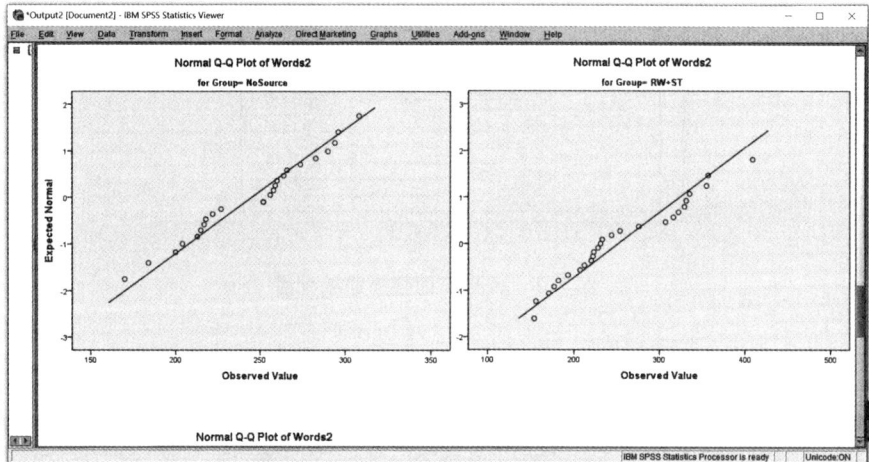

图 7.7　后测单词数 $Q - Q$ 图

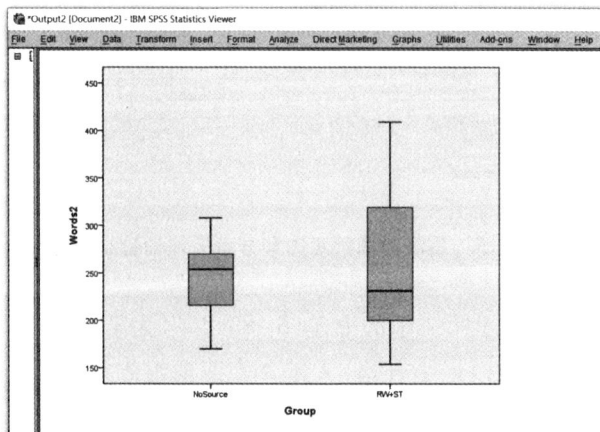

图 7.8　后测单词数箱图

7.1.2 SPSS 操作

SPSS 均值比较(包括 t 检验和第 9 章单因素方差分析)都使用 Analyze→Compare Means 菜单。Compare Means 下共有 5 个子菜单,如图 7.9 所示。

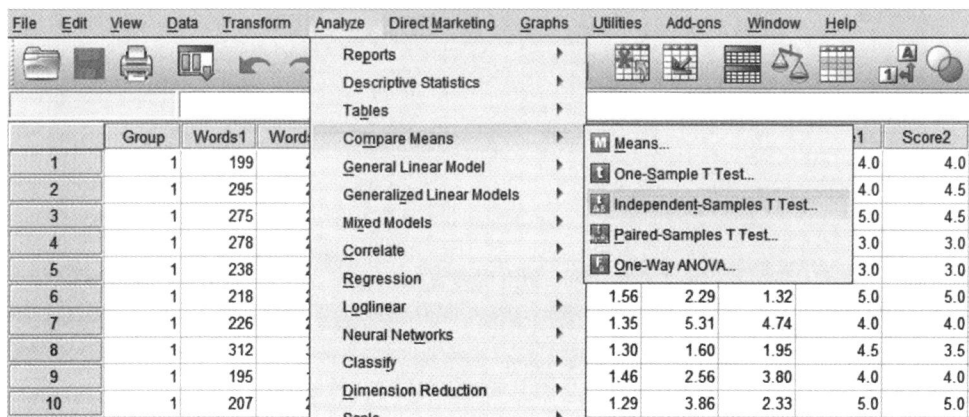

图 7.9 **Compare Means 菜单**

Means…:统计各组均值、人数、中位数、最大值、最小值、全距、方差、标准差、偏度、峰度等描述统计量。

One – Sample T Test…:单样本 t 检验,检验单个变量的均值与指定的检验值之间是否存在显著性差异。

Independent – Samples T Test…:独立样本 t 检验,其图标是字母 t 下面加 A、B,A、B 表示不同的组,该图标意思是比较两个不同组的均值差异。

Paired – Samples T Test…:配对样本 t 检验,其图标字母 t 下是 A_1、A_2,A 表示检验只涉及一个组,下标 1 和 2 表示两次测试,即比较同一个组两次测试之间均值差异。

One – Way ANOVA…:单因素方差分析,比较三个或三个以上组之间均值差异,输出的统计量是 F 值(单因素方差分析也可以用来比较两个组之间均值的差异,统计量 F 值和独立样本 t 检验统计量 t 值可以互相转化)。

单击 Independent – Samples T Test…,在弹出的对话框里(图 7.10)把要分析的因变量 Words2 移入检测变量方框 Test Variable(s)(Explore 探索分析使用的术语是因变量列表 Dependent List;Variable 单词复数表示该方框可移入多个检测变量)。把分组变量 Group 移入分组变量 Grouping Variable 里(Explore 探索分析使用的术语是因素列表 Factor List),分组变量框里会出现 Group(？？),这时需要对 Group 进行定义,单击"Define Groups",分别输入 1 和 2,因为数据文件中我们是用 1 和 2 分别代表两个组。单击"Continue"返回,最后单击"OK"运行。

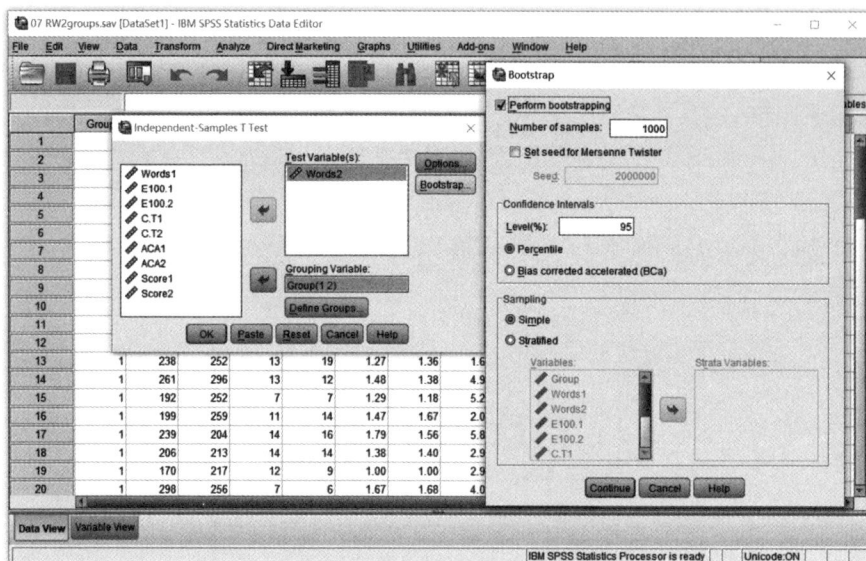

图 7.10　后测单词数独立样本 *t* 检验

7.1.3　SPSS 输出结果

图 7.11 是两个组后测单词数独立样本 *t* 检验结果,共两个表格。第一个表格是描述统计量,包括分组、受试人数、均值、标准差和平均标准误(即抽样分布的标准差,参考第 2.6 节)。

第二个表格包括两个检测结果:Levene 方差齐性检验结果(前两栏数据)和独立样本 *t* 检验结果(后七栏数据)。Levene 方差齐性检验结果 $F = 12.31$、$p = 0.001$,说明两组方差具有统计显著性差异,*t* 检验应读取第二行数据(Equal variances not assumed,方差不齐)。如方差齐性检验结果 $p > 0.05$,即两组方差没有统计显著性差异,*t* 检验读取第一行数据(Equal variances assumed)。

第二行对应的 $t = -0.423$,*t* 值的负号可忽略,用均值较大的组减去均值较小的组 *t* 值为正,反之为负。*t* 值是用两组的均值差(Mean difference)除以标准误之差(Std. error difference),$t = -6.694/15.823 = -0.423$,*t* 值的绝对值越大,表明两组之间差异越大。计算出 *t* 值后,结合自由度 *df* 值,就可以对照均值差的样本分布 *t* 分布(*df* 越大,*t* 分布越接近正态分布)得到 $t = 0.423$、$df = 40$ 时对应的 $p = 0.674$,这表明两组学生后测单词数没有统计显著性差异。对照 *t* 分布临界值表(Field,2005),在显著性水平 $\alpha = 0.05$、$df = 40$ 时,两组之间要有统计显著性差异,*t* 值必须大于或等于 2.02,而本例中 *t* 值仅为 0.423。

这里简单介绍了独立样本 *t* 检验的原理,当然我们不需要自己去计算这些统计量,SPSS 会自动输出。

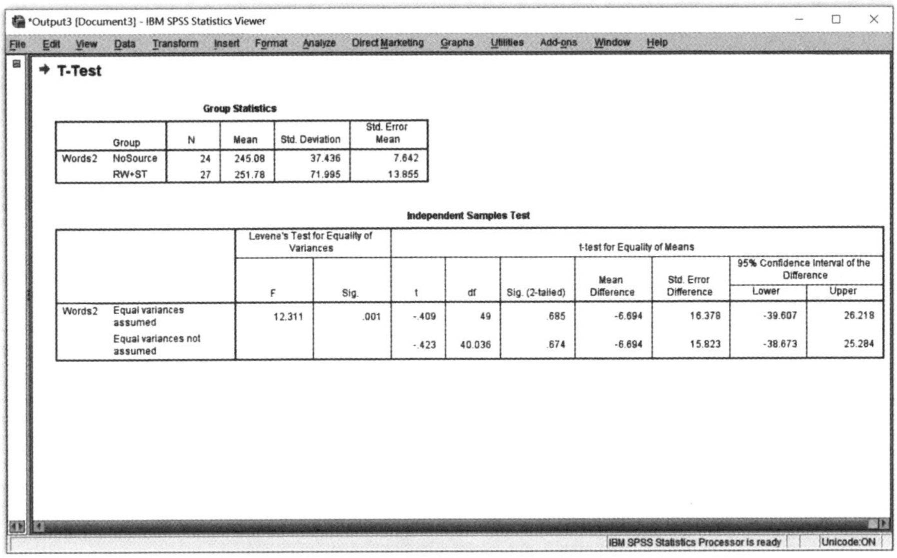

图 7.11 后测单词数独立样本 t 检验结果

第二个表格中 t 检验的第二栏是自由度 df（参考第 2.9 节），指的是计算某一统计量时，取值不受限制或可自由变化的个体数量。对于某一个小组，其自由度是 $n-1$，n 为组内个体数量。本例研究共两个小组，人数分别为 24 人和 27 人，因此 $df = (24-1) + (27-1) = 49$。由于两组方差不齐，$t$ 检验应该读取第二行数据，则 $df = 40.036 \approx 40$，自由度出现变化和小数位是因为两组数据方差不齐，t 检验进行了校正。

t 检验的最后两栏是均值差 95% 的置信区间（95% Confidence interval，95% CI）。t 值是对样本来源的总体均值差的点估计（Point estimate），而置信区间是对总体均值差的区间估计，区间越小，估计越准确，本例的 95% 的置信区间是 [-38.67, 25.28]。95% 的置信区间意思是如果重复该实验 100 次，其中 95 次均值差会落在这个区间内。如果 95% 的置信区间包含 0，即两组均值可能相同，如本例，那么检验输出的 p 值不会具有统计显著性。

7.1.4 结果报告

一般不用报告检验结果中的所有数据，t 检验需要报告的数据包括描述统计量（各组人数、均值和标准差）和 t 检验结果数据（t 值、p 值、均值差 MD 和 95% 的置信区间）。另外 APA 格式手册和许多期刊都要求用三线表报告检验结果（表 7.1）。

表 7.1 后测作文单词数独立样本 t 检验结果

组别	人数	均值（标准差）	t	p	均值差	95% 置信区间
无范文组	24	245.08(37.44)	-0.42	0.674	-6.69	[-38.67, 25.28]
范文读写组	27	251.78(72.00)				

在用表格报告检验结果时有一些需要注意的细节：表格要有编号和一个能反映表格内

容的标题,两者分别占一行;统计符号使用斜体;大写的 N 表示整个研究的受试人数,小写 n 表示某一组的受试人数;除 p 值保留三位小数外,其他数据一般只保留两位小数;当数值不可能大于 1 时,例如相关系数、比例、统计显著性,省略小数点前的 0;报告 p 值时,报告其精确值,如 $p = 0.674$,一般精确到小数点后三位数(APA,2009,2019)。

对于表 7.1 可做如下文字报告:表 7.1 是两组学生后测单词数独立样本 t 检验结果。控制组/无范文组后测平均单词数为 245.08,实验组/范文读写组后测平均单词数为 251.78,两者之间没有统计显著性差异,$t(1,40) = -0.42$、$p = 0.674$。

t 后括号中的数字 1 和 40 分别表示组间自由度和组内自由度(参考第 2.9 节)。t 检验只比较两个组,因此组间自由度都是 $2 - 1 = 1$,一般省略。本例组内自由度本应为 $df = (24 - 1) + (27 - 1) = 49$,自由度出现变化是因为方差不齐,$t$ 检验进行了校正。如表格里报告了各组受试人数,t 后的自由度可不报告。

英文报告结果可参考 *Discovering Statistics Using* IBM *SPSS Statistics*(第五版)第 10.10.1 小节"Reporting t – test"(Field,2018)。

7.2　非参数 Wilcoxon 秩和检验

非参数检验不依赖总体的分布,是在总体分布情况不明时,用来检验不同样本是否来自同一个总体的推断统计方法。参数检验有数据正态分布、方差齐性等前提条件,而非参数检验不受这些条件的限制,对于非正态、方差不齐的以及分布形状未知的数据都适用(杜强等,2009)。

第 7.1 节对数据文件"07 RW2groups"中两组学生后测单词数 Words2 进行了探索分析,其直方图、Q – Q 图和箱图都显示两组数据似乎不太服从正态分布,尤其是第二组数据,但正态检验结果显示两组数据大致呈正态分布。本节仍以这两组数据为例,用非参数方法来检验两组数据之间是否具有统计显著性差异。

独立样本 t 检验对应的非参数检验是 Wilcoxon 秩和检验(Wilcoxon rank – sum W test)或 Mann – Whitney U 检验,两者实际上是同一个检验。

7.2.1　Wilcoxon 秩和检验原理

表 7.2 是两个小组学生考试成绩,人数分别为 4 人和 5 人,第一行数据是成绩原始分数。要进行 Wilcoxon 秩和检验,首先把这 9 个分数合并,从小到大进行排列;其次给每个分数赋以秩(排序,rank):65 分是 9 个分数中最小的,因此秩为 1,以此类推,70 分秩为 2,72 分秩为 3,三个 75 分占据第 4 ~ 6 位,取其平均秩 5,……,85 分排最后,其秩为 9;最后把两组数据被赋予的秩分别相加,得到各组的秩和(W_s,W 是 Wilcoxon 秩和检验输出的统计量,s 表示 sum)。第一组的秩和为 19,第二组的秩和为 26。如果两组原始分数没有统计显著性差异,其秩和也应该大致相同。

表7.2　两组考试成绩

	第一组				第二组				
分数	75	80	70	75	65	83	75	72	85
秩	5	7	2	5	1	8	5	3	9
秩和	19				26				

Wilcoxon 秩和检验输出的统计量 W 是人数较少组的秩和数据,如本例中的 $W_s = 19$。如两组人数相同,W 则为两个秩和中较小的一个。

SPSS 中传统的非参数检验都不是对原始数据进行检验,而是对原始数据排序后的秩进行检验。

7.2.2　SPSS 操作

打开数据文件"07 RW2groups",单击 Analyze→Nonparametric Tests→Legacy Dialogs→2 Independent Samples…,如图 7.12 所示。Legacy Dialogs 下含有 8 种非参数检验方法,后 4 种检验方法较为常用。

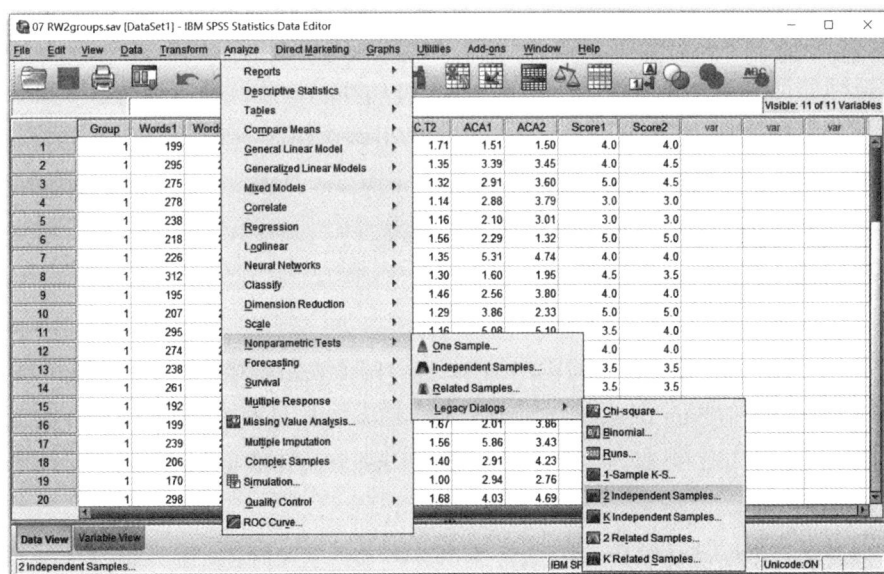

图 7.12　非参数检验菜单

接下来的操作和独立样本 t 检验类似,把要检测的变量 Words2 移入检测变量列表 Test Variable List,分组变量移入分组变量列表 Grouping Variable,单击"Define Groups",输入 1 和 2 (图 7.13),单击"Continue"返回,最后单击"OK"运行。

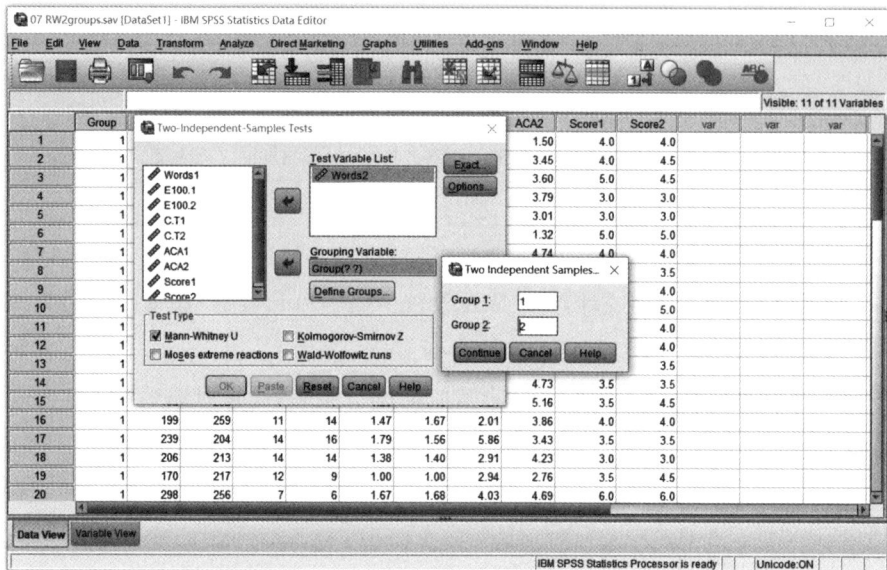

图 7.13　两个独立样本非参数检验

Test Type 下提供了 4 种两个独立样本非参数检验方法，第一个 Mann – Whitney U 检验是默认选项，它与 Wilcoxon rank – sum test 可以看作同一个检验，该选项会同时输出 Mann – Whitney U 检验和 Wilcoxon 秩和检验结果，两个检验的统计量可以互相转化，因此 Test Type 保持默认选项即可。右上侧的两个按钮 Exact…和 Options…也无须要操作。Option 里提供了描述统计量，但是把两组数据合在一起，不会输出两个组各自的均值和标准差。要获取两组的分组描述统计量可以使用 Analyze→Compare Means→Means 菜单或探索分析 Explore 菜单，这是 SPSS 提供的非参数检验需要改进的地方。

7.2.3　SPSS 输出结果

图 7.14 是 Mann – Whitney 检验输出结果，包含两个表格。第一个表格是两组秩的描述统计量，第一组的秩和(Sum of ranks)为 623.50，除以人数 24 即为平均秩 25.98，第二组的秩和为 702.50，除以人数 27 即为平均秩 27.02。从两个秩和数据来看，两组之间差别似乎并不大。

第二个表格是推断统计结果。第二行 Wilcoxon rank – sum test 统计量 W 为 623.50，第 7.2.1 小节介绍了 W 统计量即为两组中人数较少组的秩和。第一行是 Mann – Whitney 检验结果，其统计量是 U 值，可以通过下面公式得到：

$$U = \frac{n_1(n_1 + 2n_2 + 1)}{2} - W$$

式中，n_1 表示人数较少组的人数；n_2 表示人数较多组的人数。

因此，根据 W 值，可以计算出

$$
\begin{aligned}
U &= \frac{24(24+2\times 27+1)}{2}-623.5\\
&=948-623.5\\
&=324.5
\end{aligned}
$$

计算出的 U 值与图 7.14 的 U 值存在 1 分的差异应该是 SPSS 软件在计算过程中保留小数位产生的。

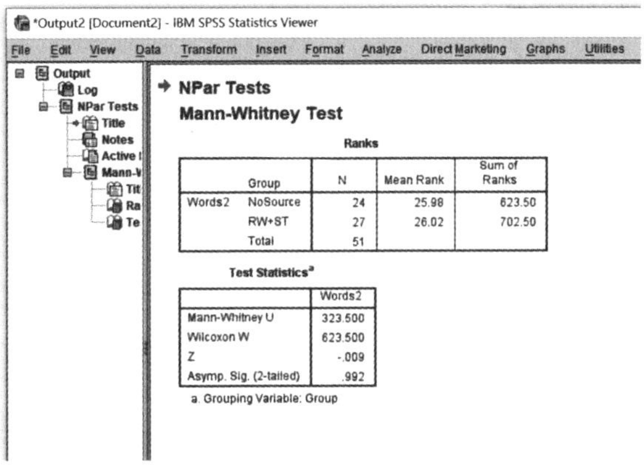

Ranks

	Group	N	Mean Rank	Sum of Ranks
Words2	NoSource	24	25.98	623.50
	RW+ST	27	26.02	702.50
	Total	51		

Test Statistics[a]

	Words2
Mann-Whitney U	323.500
Wilcoxon W	623.500
Z	-.009
Asymp. Sig. (2-tailed)	.992

a. Grouping Variable: Group

图 7.14 Mann – Whitney 检验输出结果

有了 U 值和 W 值，就可以对照 Wilcoxon W 表和 Mann – Whitney U 表来确定当显著性水平 $\alpha=0.05$ 时 U 值和 W 值的临界值，然后用检验得到的 U 值或 W 值与临界值比较从而确定是接受还是拒绝零假设。通过 U 值和 W 值，运用公式也可以得到其对应的 Z 分数即标准分（图 7.14 第三行），然后对照正态分布表确定接受还是拒绝零假设。检验的结果 $Z=-0.009$ 是几乎可以忽略的标准分，其对应的渐进显著性（Asymp. Sig.）$p=0.992$，因此可以得出结论：两组后测单词数没有统计显著性差异，这和参数检验独立样本 t 检验的结果一致。

另外，当总样本容量，即两组样本容量相加≤40 时，两个独立样本非参数检验输出结果中还会包含一个精确显著性（Exact Sig.）。对于小样本来说，精确显著性比渐进显著性更准确。

7.2.4 结果报告

两个独立样本非参数检验结果报告与独立样本 t 检验结果报告主要不同在于推断统计量，两个独立样本非参数检验推断统计结果只需要报告 Z 值和对应的 p 值（表 7.3）。

文字报告：表 7.3 是两组学生后测单词数 Mann – Whitney 检验结果。控制组/无范文组后测平均单词数为 245.08，实验组/范文读写组后测平均单词数为 251.78，两者之间没有统计显著性差异，$Z=-0.01$，$p=0.992$。

表 7.3　后测单词数 Mann – Whitney 检验结果

组别	人数	均值（标准差）	Z	p
无范文组	24	245.08（37.44）	−0.01	0.992
范文读写组	27	251.78（72.00）		

英文报告结果可参考 *Discovering Statistics Using* IBM SPSS *Statistics*（第五版）第 7.4.6 节 "Writing the Results"（Field,2018）。

7.3　稳健统计方法 Bootstrap

较新版本的 SPSS 软件增加了稳健统计方法 Bootstrap。稳健统计方法（Robust statistics）对于数据正态分布和方差齐性等前提没有严格要求,不对数据来源的总体分布形态进行先验假设,在数据偏离正态分布和方差不齐等情形下都具有很好的校验效力,因此被称为稳健统计。

Bootstrap 中文译为"自助法",也是一种非参数检验方法。与 SPSS 的 Analyze → Nonparametric Tests 菜单中传统非参数检验不同之处在于:传统非参数检验是对原始数据转化后的秩进行检验,自助法是对原始数据进行检验。

Bootstrap 自助法在本质上属于稳健统计中的 Resampling 重采样法。Resampling 重采样法是利用收集的现有数据进行重新采样的方法。下面仍以数据文件"07 RW2groups"为例使用 Bootstrap 方法检验无范文组/控制组 NoSource 和范文读写组 RW + ST 之间后测单词数（Words2）是否具有统计显著性差异?

下面 51 个数字是两个组（共 51 人）后测单词数:

第一组　200 290 222 264 266 227 274 308 184 258 294 283 252 296 252 259 204 213 217 256 170 215 260 218

第二组　212 276 154 355 231 154 223 193 409 254 156 329 182 220 207 244 177 233 171 322 228 331 316 307 222 335 357

Resampling 重采样法并不假定这些数据来自更大的数据总体,而是把这 51 个数据当作数据来源进行重采样组成新的样本。例如,第一次抽取的数字是第一组的第 5 个数字 266,记录下该数字,然后把该数字放回数据组（Replacement,置换或重置）,再抽取第 2 个数字,直到抽取第 51 个数字,因为是置换重采样,有些数字可能被多次抽中,有些数字可能没被抽中。抽取的 51 个数字组成第一个抽样样本,把 51 个数字随机分成两组（控制组 24 人,实验组 27 人）,然后计算出两组之间的均值差。

SPSS 软件 Bootstrap 方法默认是抽取 1 000 个样本,即重复上述过程 1 000 次,得到 1 000 个均值差。这 1 000 个均值差就可以构成均值差统计量的抽样分布,这是 Resampling

重采样法的基本原理。

　　SPSS 软件中 Bootstrap 操作也很简单。独立样本 t 检验主对话框的设置和第 7.1 节的操作一样。设置好主对话框后，单击右侧的 Bootstrap… 按钮，在弹出的对话框里勾选 Perform bootstrapping 选项（图 7.15），抽样次数 Number of samples 保持默认的 1 000 次或根据需要更改。单击"Continue"返回，最后单击"OK"运行。

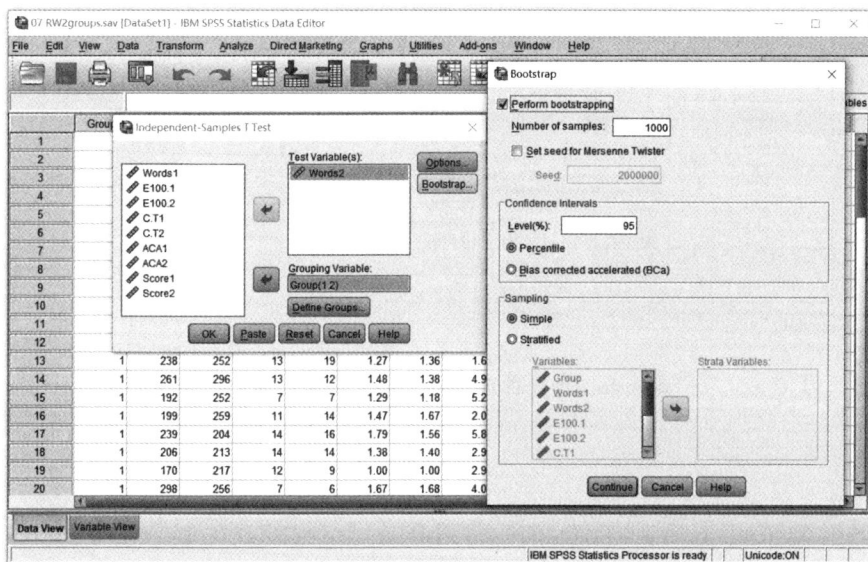

图 7.15　Bootstrap 设置

　　图 7.16 是两个组后测单词数独立样本 t 检验 Bootstrap 输出结果，共三个表格。

　　第一个表格是描述统计量。第一栏数字包括各组样本容量、均值、标准差和标准误均值，这些数据同第 7.1 节结果一样。后面四栏是 Bootstrap 输出的描述统计量，包括各组均值和标准差的偏差（Bias）、标准误和 95% 的置信区间。

　　第二个表格是传统独立样本 t 检验输出结果，同第 7.1 节输出的表格完全一样。

　　第三个表格是 Bootstrap 检验输出结果，由于两组方差不齐，因此应该读取第二行数据。第一栏是均值差 -6.694，与第二个表格的均值差一致。后五栏数据是 Bootstrap 检验结果，包括均值差的偏差、标准误、显著性（$p=0.701$）和均值差的 95% 的置信区间。$p=0.701$，置信区间上下限也包括 0（两个组的后测单词数的差异值可能为 0），说明两组均值没有统计显著性差异。

　　SPSS 提供的其他统计方法的 Bootstrap 设置和本节相同，因此后面章节不再介绍。

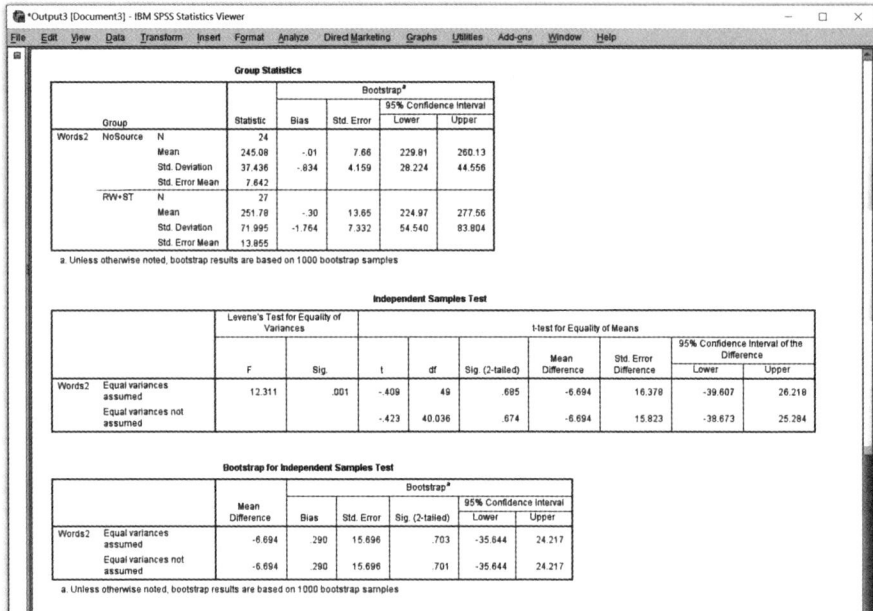

Group Statistics

	Group		Statistic	Bootstrap Bias	Std. Error	95% Confidence Interval Lower	Upper
Words2	NoSource	N	24				
		Mean	245.08	-.01	7.66	229.81	260.13
		Std. Deviation	37.436	-.834	4.159	28.224	44.556
		Std. Error Mean	7.642				
	RW+ST	N	27				
		Mean	251.78	-.30	13.65	224.97	277.56
		Std. Deviation	71.995	-1.764	7.332	54.540	83.804
		Std. Error Mean	13.855				

a. Unless otherwise noted, bootstrap results are based on 1000 bootstrap samples

Independent Samples Test

		Levene's Test for Equality of Variances F	Sig.	t	df	Sig. (2-tailed)	Mean Difference	Std. Error Difference	95% Confidence Interval of the Difference Lower	Upper
Words2	Equal variances assumed	12.311	.001	-.409	49	.685	-6.694	16.378	-39.607	26.218
	Equal variances not assumed			-.423	40.036	.674	-6.694	15.823	-38.673	25.284

Bootstrap for Independent Samples Test

		Mean Difference	Bootstrap Bias	Std. Error	Sig. (2-tailed)	95% Confidence Interval Lower	Upper
Words2	Equal variances assumed	-6.694	.290	15.696	.703	-35.644	24.217
	Equal variances not assumed	-6.694	.290	15.696	.701	-35.644	24.217

a. Unless otherwise noted, bootstrap results are based on 1000 bootstrap samples

图 7.16 独立样本 t 检验 Bootstrap 输出结果

第8章 两个均值比较:配对样本 t 检验

t 检验用来比较两个均值之间的差异是否具有统计显著性,分为独立样本 t 检验和配对样本 t 检验。独立样本 t 检验比较两个独立的组,即不同的组,某一次测试分数的差异;配对样本 t 检验(Paired – samples t – test)比较同一个组两次测试,如前测和后测,分数的差异。

本书第7章介绍了独立样本 t 检验及其对应的非参数检验 Wilcoxon 秩和检验与 Mann – Whitney 检验。本章将介绍配对样本 t 检验及其非参数检验 Wilcoxon 符号秩检验(Wilcoxon signed – rank test)。

8.1 配对样本 t 检验

本章仍以数据文件"07 RW2groups"为例。

研究问题:范文读写组 RW + ST 前测和后测作文学术词比例(ACA1 和 ACA2)是否具有统计显著性差异?该研究的自变量为测试时间,有两个取值水平——前测和后测;因变量为学术词比例。

由于"07 RW2groups"文件包括两个小组,因此首先需要使用 Data→Select Cases…菜单把第一小组数据剔除,如何筛选数据可参考本书第3.3.1小节。

如图8.1所示,在 Select Cases 对话框里,选择 If condition is satisfied 选项,再单击下面的 If…按钮,在弹出的对话框里输入"Group = 2",表示组别不等于 2 的小组会被剔除不参与后续的统计分析,组别 Group 也可以直接从左侧变量列表移入。

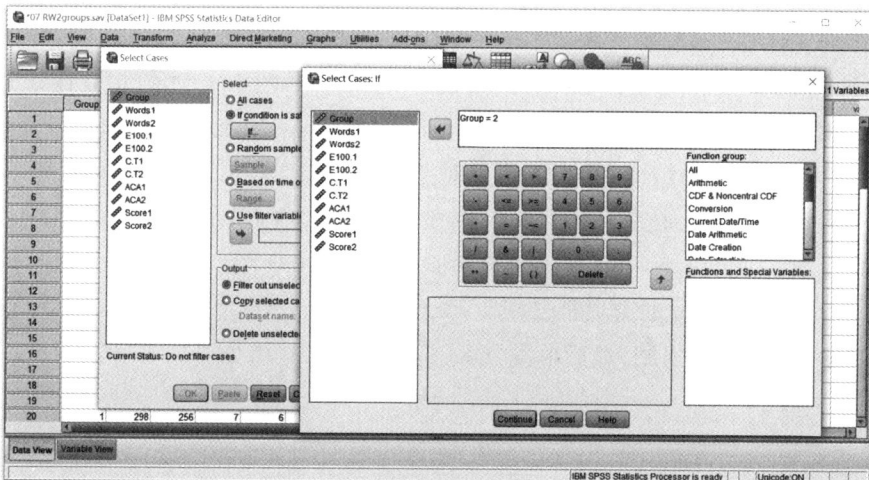

图8.1 数据筛选

图 8.2 是筛选后的数据文件，第一组数据前的编号都画上了斜线，表示这些数据被剔除，不参与后续分析。数据最后一栏生成了一个新的变量“filter_$”，新变量赋值为 0 表示被剔除的数据，赋值为 1 表示保留的数据。当然也可以把数据文件“07 RW2groups”复制一份，在复件里把第一组数据全部删除再对第二组数据进行分析。

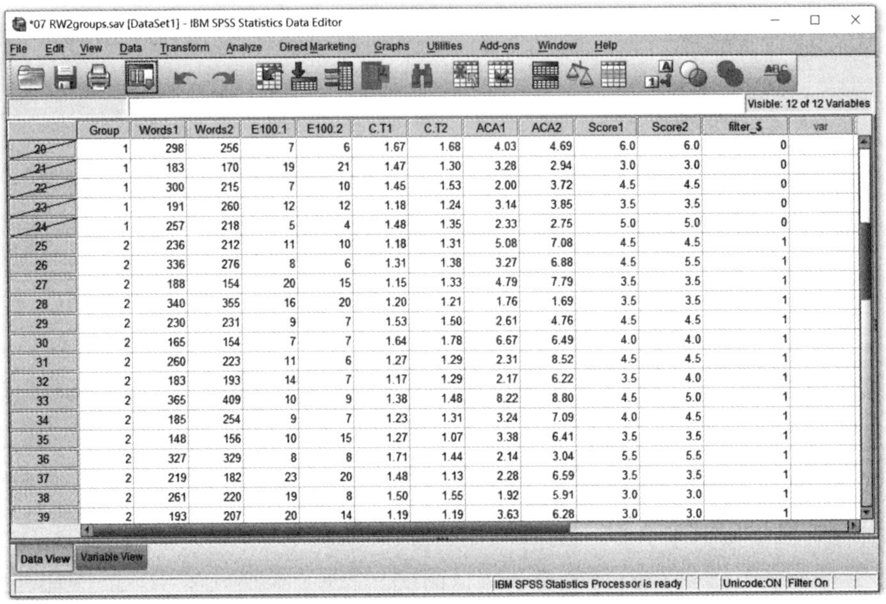

	Group	Words1	Words2	E100.1	E100.2	C.T1	C.T2	ACA1	ACA2	Score1	Score2	filter_$	var
20	1	298	256	7	6	1.67	1.68	4.03	4.69	6.0	6.0	0	
21	1	183	170	19	21	1.47	1.30	3.28	2.94	3.0	3.0	0	
22	1	300	215	7	10	1.45	1.53	2.00	3.72	4.5	4.5	0	
23	1	191	260	12	12	1.18	1.24	3.14	3.85	3.5	3.5	0	
24	1	257	218	5	4	1.48	1.35	2.33	2.75	5.0	5.0	0	
25	2	236	212	11	10	1.18	1.31	5.08	7.08	4.5	4.5	1	
26	2	336	276	8	6	1.31	1.38	3.27	6.88	4.5	5.5	1	
27	2	188	154	20	15	1.15	1.33	4.79	7.79	3.5	3.5	1	
28	2	340	355	16	20	1.20	1.21	1.76	1.69	3.5	3.5	1	
29	2	230	231	9	7	1.53	1.50	2.61	4.76	4.5	4.5	1	
30	2	165	154	7	7	1.64	1.78	6.67	6.49	4.0	4.0	1	
31	2	260	223	11	6	1.27	1.29	2.31	8.52	4.5	4.5	1	
32	2	183	193	14	7	1.17	1.29	2.17	6.22	3.5	4.0	1	
33	2	365	409	10	9	1.38	1.48	8.22	8.80	4.5	5.0	1	
34	2	185	254	9	7	1.23	1.31	3.24	7.09	4.0	4.5	1	
35	2	148	156	10	15	1.27	1.07	3.38	6.41	3.5	3.5	1	
36	2	327	329	8	8	1.71	1.44	2.14	3.04	5.5	5.5	1	
37	2	219	182	23	20	1.48	1.13	2.28	6.59	3.5	3.5	1	
38	2	261	220	19	8	1.50	1.55	1.92	5.91	3.0	3.0	1	
39	2	193	207	20	14	1.19	1.19	3.63	6.28	3.0	3.0	1	

图 8.2　筛选后数据文件

8.1.1　数据探索分析

在进行配对样本 t 检验前需要对两次测试的学术词比例进行探索分析，检验数据是否服从正态分布，从而确定使用参数检验还是非参数检验。对于配对样本 t 检验，不用担心两组数据方差齐性的问题，同一组学生不同测试的分数方差通常差异不大，因此配对样本 t 检验也不会像独立样本 t 检验那样输出 Levene 方差齐性检验结果。

单击 Analyze→Descriptive Statistics→Explore…菜单。如图 8.3 所示，把要探索分析的因变量学术词比例 ACA1 和 ACA2 移入因变量列表 Dependent List。分组变量/因素列表 Factor List 里不需要移入 Group，因为本章只对范文读写组 RW + ST 进行分析，没有分组变量。然后单击右侧第二个按钮 Plots…，勾选正态检验选项 Normality plots with test（输出 Shapiro – Wilk 和 Kolmogorov – Smirnov 正态检验结果及 Q – Q 图）。方差齐性检验 Spread vs Level with Levene Test 下面的选项都是灰色，无法操作，这是因为 Factor List 中没有移入分组变量。单击“Continue”返回，最后单击“OK”运行。

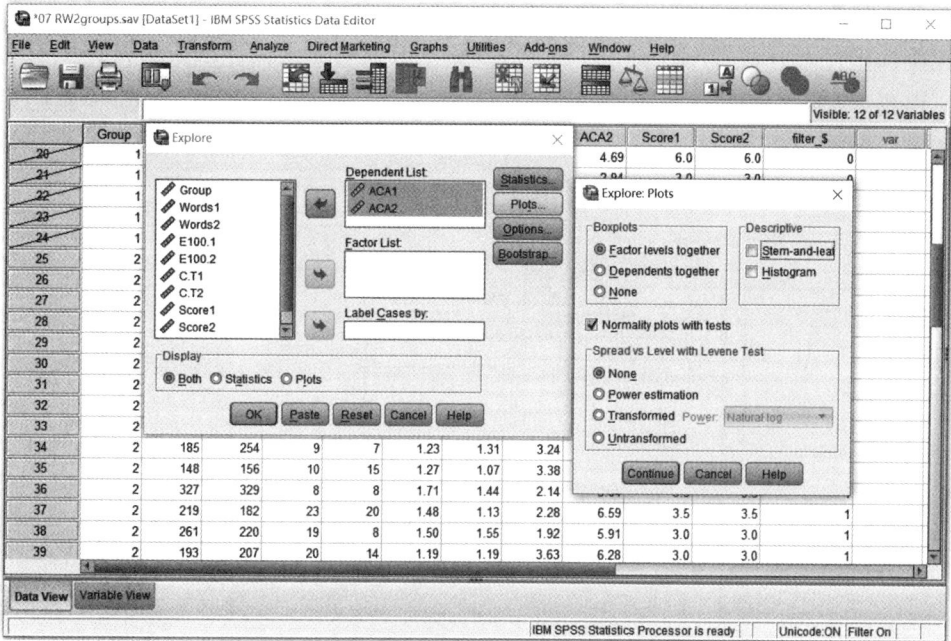

图 8.3　学术词比例探索分析

探索分析会输出描述统计量、箱图、Q-Q图和正态检验结果。下面只分析其中的箱图和正态检验输出结果。

图 8.4 是前测和后测学术词比例箱图,范文读写组前测学术词比例似乎不服从正态分布,中位数偏低,前测分值主要集中在低分值一端;后测学术词比例箱图分布形态比较标准,但有两个异常值/极端值,分别为编号 28 和 49 的受试。

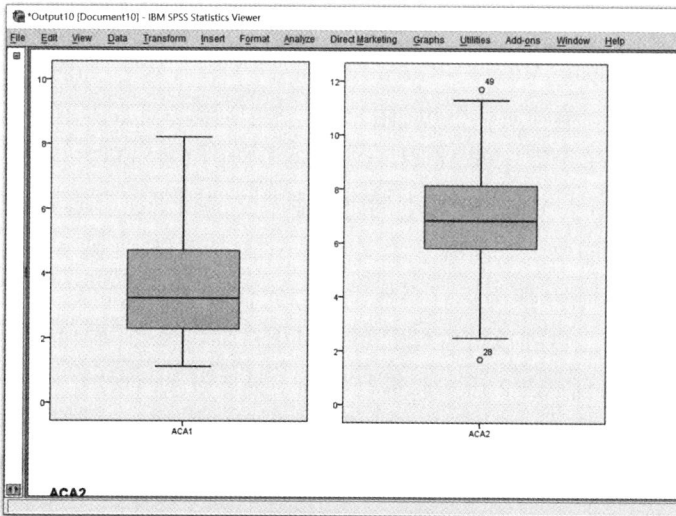

图 8.4　学术词比例箱图

图 8.5 是范文读写组前测和后测学术词比例正态检验结果,K - S 检验显示前、后测学术词比例均呈正态分布,$p_s > 0.05$;而 S - W 检验显示前测学术词比例不服从正态分布,$p = 0.034$,后测学术词比例服从正态分布,$p = 0.346$。S - W 检验更具检验效力,检验结果与我们对箱图的判断一致。

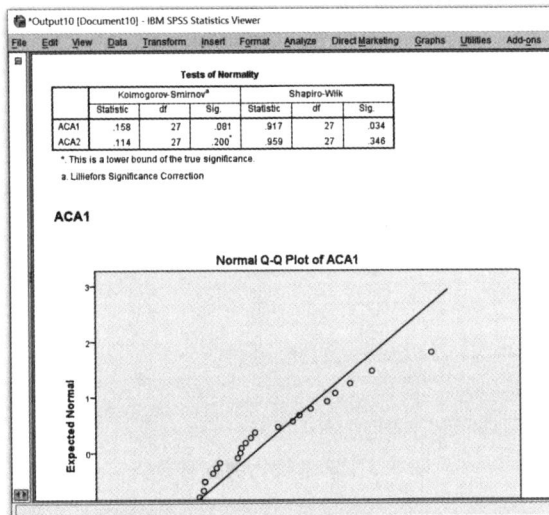

图 8.5　学术词比例正态检测结果

探索分析结果显示前测数据不呈正态分布,后测数据又含有两个异常值,因此使用非参数检验效果可能更好。但是为了比较两个配对样本参数检验(配对样本 t 检验)和非参数检验(Wilcoxon 符号秩检验)结果,下面先使用参数检验方法即配对样本 t 检验。

8.1.2　SPSS 操作

单击 Analyze→Compare Means→Paired Samples T Test…菜单,如图 8.6 所示。

在弹出的配对样本 t 检验对话框里(图 8.7),先把后测学术词比例 ACA2 移入 Pair 1 后的 Variable 1,再把前测学术词比例 ACA1 移入 Pair 1 后的 Variable 2。SPSS 的配对样本 t 检验默认是用 Variable 1 减去 Variable 2,本例研究中范文读写组在后测前阅读了范文,因此后测学术词比例 ACA2 可能要大于前测学术词比例 ACA1,用 ACA2 减 ACA1 得到的差异值可能是正数,计算出的统计量 t 值为正。当然也可以先移入 ACA1,再移入 ACA2,这样计算出的统计量 t 值可能为负。另外也可以同时对多对变量进行检验,例如,可以把前、后测单词数 Words1 和 Words2 移到 Pair 2 后一起进行检测。最后单击"OK"运行。

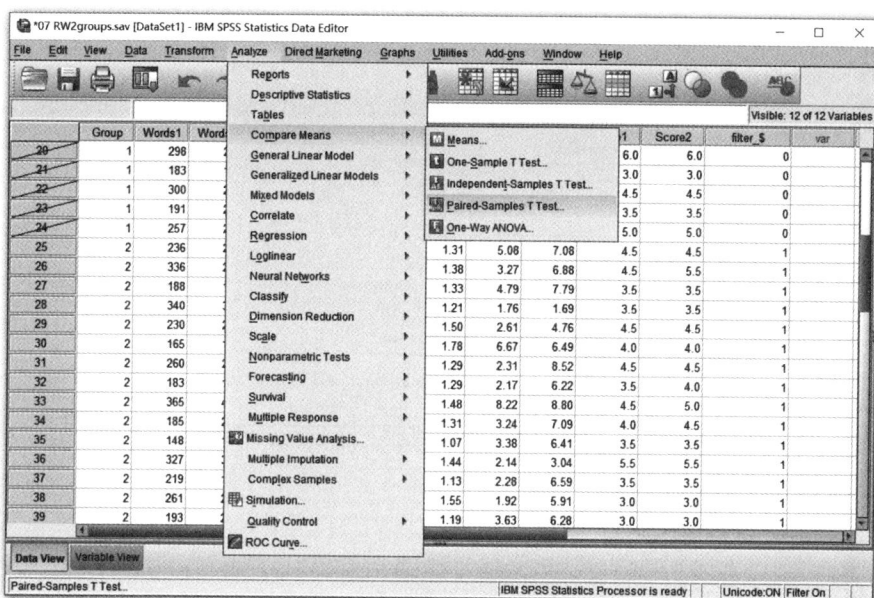

图 8.6　配对样本 t 检验菜单

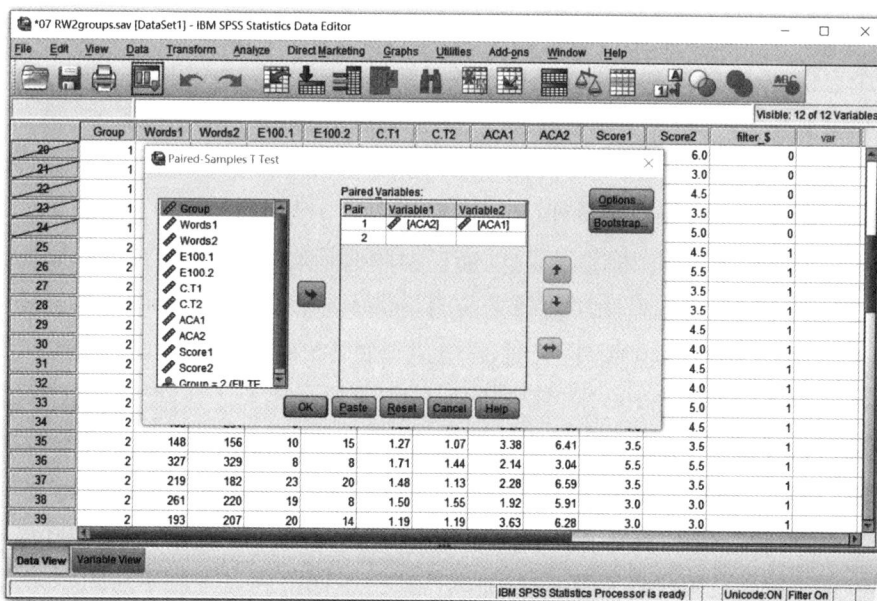

图 8.7　配对样本 t 检验对话框

8.1.3　SPSS 输出结果

图 8.8 是配对样本 t 检验输出结果，共有三个表格。

第一个表格是范文读写组后测和前测学术词比例描述统计量，由于先移入的后测，因此后测数据在前。后、前测学术词比例均值分别为 6.79% 和 3.59%，从均值上看两次测试学术词比例有很大的差异。后、前测学术词比例标准差分别为 2.50 和 1.73。

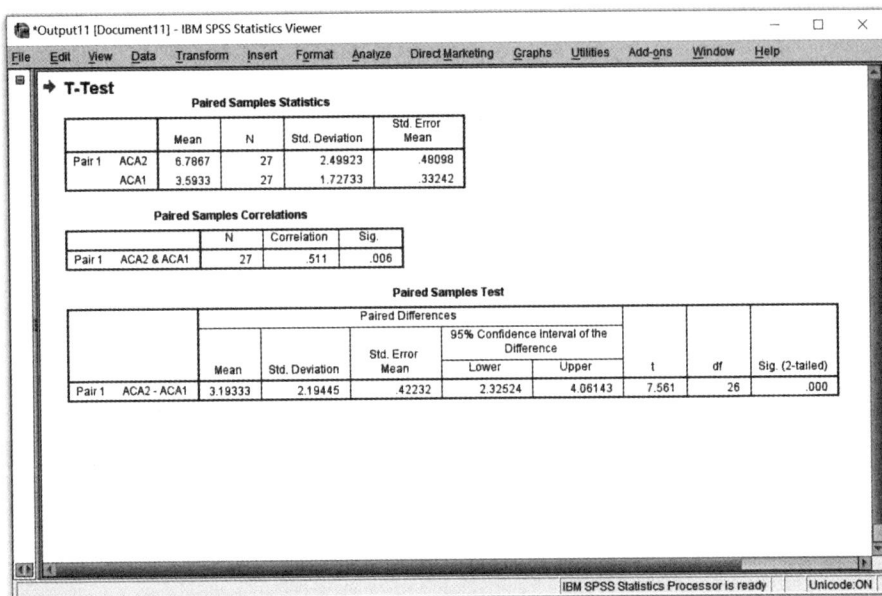

图 8.8 配对样本 t 检验输出结果

　　第二个表格是前、后测学术词比例的相关分析(Correlation),$r = 0.51$,$p = 0.006$,r 是相关分析的相关系数,表示相关关系的大小,0.51 为强相关,相关系数不可能大于 1,因此省略小数点前面的 0,$p = 0.006$ 表示两次测试学术词比例相关性具有统计显著性。通常同一个组不同测试的分数会具有较强相关性,因此配对样本 t 检验会输出相关分析结果。

　　第三个表格是配对样本 t 检验结果,前面五栏数据是均值差(Paired differences)的统计量:第一栏 Mean $=3.19$ 表示后测均值减去前测均值的差,第二栏是均值差的标准差,第三栏是均值差的标准误均值。第四、五栏是均值差的 95% 的置信区间,95% CI〔2.33,4.06〕,表示如果重复该实验 100 次,其中 95 次的均值差会在上述区间内;上述置信区间不包含 0,说明配对样本 t 检验结果会具有统计显著性。第三个表格最后三栏分别是配对样本 t 检验的统计量 t 值,自由度 df 值和显著性 p 值。$t = 7.56$ 是较大的 t 值,t 值越大检验结果更具统计显著性;$df = n - 1$,那么 $df = 26$ 表示范文读写组共有 27 人。$p = 0.000$ 表示前、后测作文学术词比例具有统计显著性差异,后测作文学术词比例显著高于前测作文学术词比例,说明阅读与写作题目相关的范文可以显著提高学生作文的学术词比例。

8.1.4 结果报告

　　表 8.1 是范文读写组前、后测学术词比例配对样本 t 检验结果。前、后测学术词比例均值分别为 3.59% 和 6.79%,具有统计显著性差异,$t = 7.56$,$p = 0.000$。

　　英文报告结果可参考 *Discovering Statistics Using* IBM SPSS *Statistics*(第五版)第 10.10.1 节"Reporting t – test"(Field,2018)。

表 8.1 范文读写组前、后侧学术词比例配对样本 t 检验结果

	人数	均值(标准差)		均值差	95%置信区间	t	p
		后测	前测				
学术词比例	27	6.79(2.50)	3.59(1.73)	3.19	[2.33, 4.06]	7.56	0.000

8.2 非参数 Wilcoxon 符号秩检验

上一节对数据文件“07 RW2groups”中范文读写组前、后测学术词比例进行了探索分析，箱图和正态检验都显示前测学术词比例不太服从正态分布。本节仍以该小组两次学术词比例数据为例，用非参数方法检验它们之间是否具有统计显著性差异。配对样本 t 检验对应的非参数检验是 Wilcoxon 符号秩检验(Wilcoxon signed - rank test)。

8.2.1 Wilcoxon 符号秩检验原理

Wilcoxon 符号秩检验与第 7.2 节介绍的 Wilcoxon 秩和检验(Wilcoxon rank - sum test)一样都是对原始数据转化后的秩进行检验，不同的是符号秩检验还会考虑秩的正负号，因此叫作符号秩检验。

下面以 Howell(2013)关于训练前后血压的例子来说明 Wilcoxon 符号秩检验的基本原理(图 8.9)。受试共 8 人，第一行数据是六个月训练前的血压值，第二行是六个月训练后的血压值，第三行是训练前血压值减去训练后血压值的差(也可用训练后血压值减去训练前血压值)；第四行是第三行血压差值从小到大的排序，即秩，这时排序忽略第三行血压差的正负号，比如 -6 忽略负号是 6，排在第 3；第五行是把负号加回到秩上后得到的有正有负的一组秩。然后把所有的正秩(Positive ranks)和负秩(Negative ranks)分别相加，$T_+ = 5 + 4 + 2 + 7 + 1 + 8 = 27$，$T_- = -6 + -3 = -9$，两者绝对值较小的即为 Wilcoxon 符号秩检验的统计量 $T = -9$。把该 T 值和 T 表 $\alpha = 0.05$ 时的临界 T 值进行比较就可以判断应该接受还是拒绝零假设。也可以把该 T 值对照转化为标准分 Z 分数，然后对照正态分布表做出判断。

Before:	130	170	125	170	130	130	125	160
After:	120	163	120	135	143	136	124	120
Difference ($B-A$):	10	7	5	35	−13	−6	1	40
Rank of Difference:	5	4	2	7	6	3	1	8
Signed Rank:	5	4	2	7	−6	−3	1	8

$$T_+ = \sum(\text{positive ranks}) = 27$$
$$T_- = \sum(\text{negative ranks}) = -9$$

© Cengage Learning 2013

图 8.9 血压 Wilcoxon 符号秩检验(Howell, 2013)

Wilcoxon 符号秩检验的原理是:如果一组受试前测和后测无统计显著性差异,其正秩和 (sum of positive ranks) 与负秩和 (sum of negative ranks) 的绝对值,即 T_+ 和 T_- 的绝对值,应该大致相等,比如有一半的受试后测分数高于前测分数,那么另一半受试后测分数就应该低于前测分数。如果 T_+ 和 T_- 的绝对值相差较大,则说明前后测之间很可能存在统计显著性差异。

8.2.2 SPSS 操作

打开数据文件"07 RW2groups",单击 Analyze→Nonparametric Tests→Legacy Dialogs→ 2 Related Samples...,如图 8.10 所示。本小节只对第二小组数据进行分析,在操作之前需要确认数据文件中的第一组数据处于被剔除状态,如第一小组数据前的编号没有画上斜线,则需使用 Data→Select Cases 菜单把第一小组数据剔除。

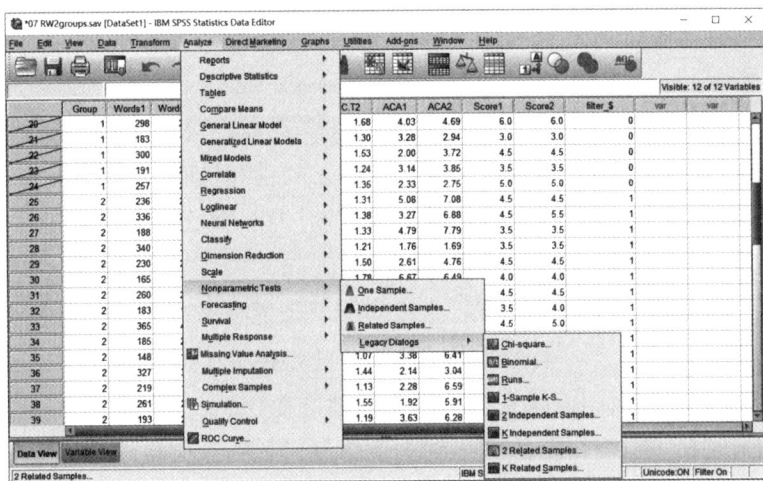

图8.10 两个配对样本非参数检验菜单

弹出的对话框和配对样本 t 检验对话框基本相同,如图 8.11 所示。不同之处在于配对样本 t 检验默认是用 Variable 1 减去 Variable 2,而两个配对样本非参数检验默认是用 Variable 2 减去 Variable 1,因此对于两个配对样本非参数检验可以先把前测学术词比例 ACA1 移入 Pair 1 后的 Variable 1,再把后测学术词比例 ACA2 移入 Pair 1 后的 Variable 2。本例研究范文读写组在后测前阅读了范文,因此 ACA2 可能大于 ACA1,这样用 ACA2 减 ACA1 得到的差异值更可能是正数,即计算出的统计量 t 值为正。当然也可以先移入 ACA2,再移入 ACA1,这样计算出的统计量 t 值很可能为负。

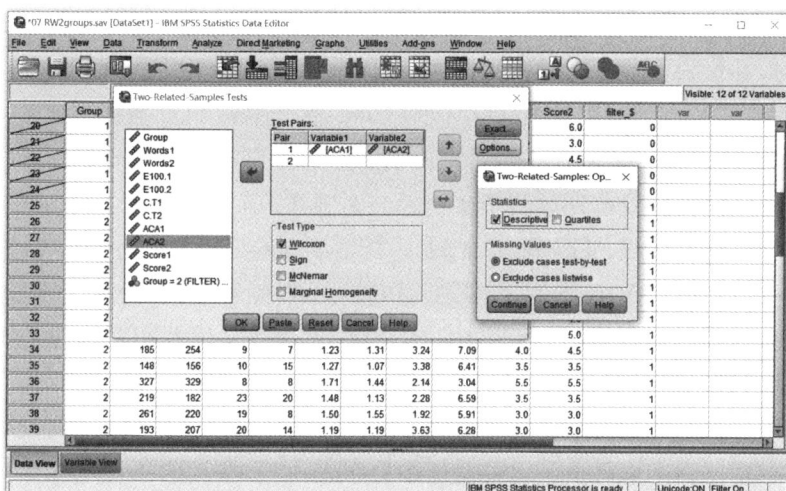

图 8.11　两个配对样本非参数检验操作

对话框下侧的 Test Type 提供了 4 种两个配对样本非参数检验方法,第 1 个 Wilcoxon 符号秩检验最为常用,保持默认即可。右上侧的按钮 Exact…不需要操作。单击 Options…按钮,勾选 Descriptive,输出范文读写组数据的均值和标准差等描述统计量。

单击"Continue"返回,最后单击"OK"运行。

8.2.3　SPSS 输出结果

图 8.12 是两个配对样本非参数检验 Wilcoxon 符号秩检验输出结果,共有三个表格。NPar Tests 是 Nonparametric Tests 的缩写。

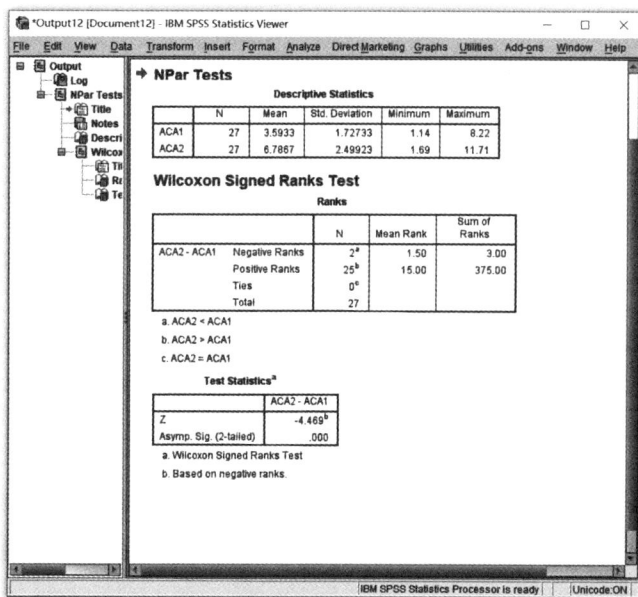

图 8.12　Wilcoxon 符号秩检验输出结果

第一个表格是范文读写组前、后测作文学术词比例描述统计量,包括受试人数、均值、标准差、最小值和最大值。

第二个表格是范文读写组数据转化为秩(ranks)后的描述统计数据。第一行是负秩,即后测作文学术词比例减去前测作文学术词比例的差异值为负,人数为2,平均秩为1.5,负秩和 $T_- = -3$。第二行是正秩,即后测作文学术词比例减去前测作文学术词比例的差异值为正,人数为25,平均秩为15,正秩和 $T_+ = 375$。第三行 Ties 表示后、前测作文学术词比例相同。正秩和 T_+ 与负秩和 T_- 中负秩和的绝对值较小,那么 $T = 3$ 即为 Wilcoxon 符号秩检验结果的统计量。正秩和与负秩和有非常大的差异,表明范文读写组的前、后测作文学术词比例极可能具有统计显著性差异。

第三个表格是 Wilcoxon 符号秩检验统计量标准分 Z 值及其显著性 p 值。Z 值是当 $T = -3$ 时按一定公式计算得出的。根据正态分布表,当显著性水平设定在 $\alpha = 0.05(5\%)$ 时进行双尾检验(即两端各取2.5%),Z 的临界值为 ± 1.96(图2.10),即 Z 值要大于 1.96 或小于 -1.96,p 值才会具有统计显著性。此例中的 Z 值是根据负秩和 $T_- = -3$ 计算出的,所以为负。$Z = -4.469$ 明显小于 -1.96,因此 SPSS 输出的显著性为 $p = 0.000$,说明范文读写组前、后测作文学术词比例具有统计显著性差异。Wilcoxon 符号秩检验结果与第 8.1 小节配对样本 t 检验结果一致。

8.2.4 结果报告

表 8.2 是范文读写组前后测作文学术词比例 Wilcoxon 符号秩检验结果。前、后测作文学术词比例均值分别为 3.59% 和 6.79%,具有统计显著性差异,$Z = -4.47$,$df = 26$,$p = 0.000$。

表 8.2 范文读写组前、后测作文学术词比例 Wilcoxon 符号秩检验结果

	人数	均值(标准差)		Z	p
		前测	后测		
学术词比例	27	3.59(1.73)	6.79(2.50)	-4.47	0.000

英文报告结果可参考 *Discovering Statistics Using* IBM SPSS *Statistics*(第五版)第 7.5.6 小节 Writing the Results(Field,2018)。

8.3 混合 t 检验简化分析

本书第 8.2 节介绍的配对样本 t 检验及其对应的非参数检验 Wilcoxon 符号秩检验其实在实际研究中很少使用,因为上述研究只涉及一个组。范文读写组前、后测学术词比例具有统计显著性差异可能是因为学生熟悉了测试题目、测试方式等产生的测试效应,前、后测之间的间隔时间也可能给测试结果带来影响,因此,只涉及一个组的配对样本 t 检验很难说明实验结果是由实验处理带来的。

这时候大多数研究者会在实验中加入一个控制组来进行对比研究,如表8.3中的第1个表。这种实验设计包括两个独立的组(独立样本 t 检验)和两次测试(配对样本 t 检验),本书称之为混合 t 检验,实际上这种实验设计是混合方差分析的最简单形式。混合方差分析操作过程和数据解读参考第13章内容,本节介绍如何简化处理混合 t 检验。在对数据进行统计分析时尽量使用简单的统计检验方法。

表8.3 混合 t 检验简化分析

	前测	后测		
控制组	分数1	分数2		
实验组	分数1	分数2		

	前测	后测		
控制组	分数1	分数2	独立 t 检验	
实验组	分数1	分数2		

	前测	后测	差异分	
控制组	分数1	分数2	差异分1	独立 t 检验
实验组	分数1	分数2	差异分2	

对于混合 t 检验,通常有两种方法对其进行简化处理。第一种方法是当控制组和实验组的前测没有统计显著性差异时,忽略前测,直接对后测进行独立样本 t 检验,如表8.3中的第2个表。一些研究者的研究只涉及一次测试,但通常会说明选取的两组受试在实验前水平相当,即实验省去了前测。

第二种方法是当控制组和实验组的前测具有统计显著性差异时,可以对前测和后测的差异分进行独立样本 t 检验,如表8.3中的第3个表,即用控制组的后测分数减去前测分数得到差异分 DScore1(Difference score),用实验组的后测分数减去前测分数得到差异分 DScore2,然后对 DScore1 和 DScore2 进行独立样本 t 检验,这种处理方法把两组受试前测差异也考虑在内。

其实在控制组和实验组前测分数没有统计显著性差异时,最好也使用第二种方法而不是忽略前测,因为两组前测没有统计显著性差异并不是说两组前测完全一样。另外,很多研究会对受试进行多维度测试,例如作文的准确性、句法复杂度和词汇复杂度等,这时两组受试实验前很难在各测试指标上均无统计显著性差异。

两种简化处理方法都是把混合 t 检验简化为独立样本 t 检验。第二种方法涉及后测减去前测的计算,该计算也可在 Excel 中完成。下面仍以数据文件"07 RW2groups"中两组学生前、后测作文学术词比例为例来说明第二种方法的操作过程。

首先对前测学术词比例进行独立样本 t 检验,检验实验前两组作文学术词比例是否具有统计显著性差异,操作过程可参考第 7.1 小节。图 8.13 是前测学术词比例独立样本 t 检验结果,方差齐性检验结果 $p = 0.196$,说明两组数据具方差齐性,后面 t 检验结果应读取第一行数据,$t = -1.02$,$p = 0.315$,这表明两组之间前测学术词比例没有统计显著性差异。

要考察阅读范文是否会对实验组学生后测学术词比例产生影响,本例可以使用第一种简化分析方法:忽略前测,直接对后测进行独立样本 t 检验。但图 8.13 显示控制组和范文读写组前测学术词比例分别为 3.15% 和 3.59%,虽无统计显著性差异,但仍有 0.44 的差异,因此最好使用第二种简化方法。

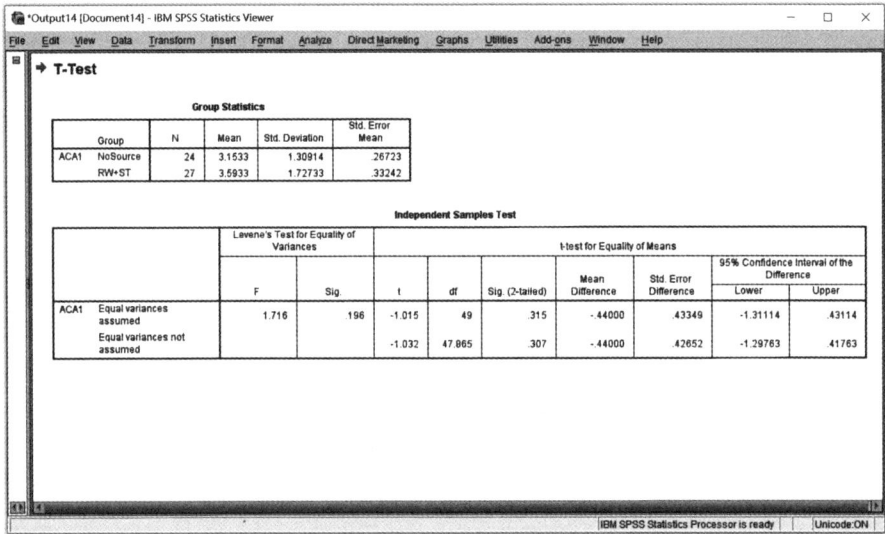

图 8.13　前测学术词比例独立样本 t 检验

首先要计算出两个组前、后测学术词比例的差异值。单击 Transform→Compute Variable…菜单,在弹出的对话框(图 8.14)左上侧目标变量 Target Variable 中给要生成的新变量命名,例如命名为"D_ACA",把后测学术词比例 ACA2 移入算术表达式 Numeric Expression 中,输入减号或鼠标单击键盘中减号,再移入前测学术词比例 ACA1,整个算术表达式为 D_ACA = ACA2 – ACA1。单击"OK",数据页面就会出现新生成的变量 D_ACA。D_ACA 值为正表示该受试后测值大于前测值,D_ACA 值为负表示该受试后测值小于前测值。

在对 D_ACA 值进行独立样本 t 检验前还需对两组 D_ACA 值是否符合正态分布进行探索分析以确定使用参数还是非参数检验。这里我们略去这一步,直接使用参数检验,即独立样本 t 检验:Analyze→Compare Means→Independent – Samples T Test。在弹出的对话框中(图 8.15),把 D_ACA 移入 Test Variable(s),Group 移入 Grouping Variable,单击"Define Groups…",输入组别 1 和 2,单击"Continue"返回,最后单击"OK"运行。

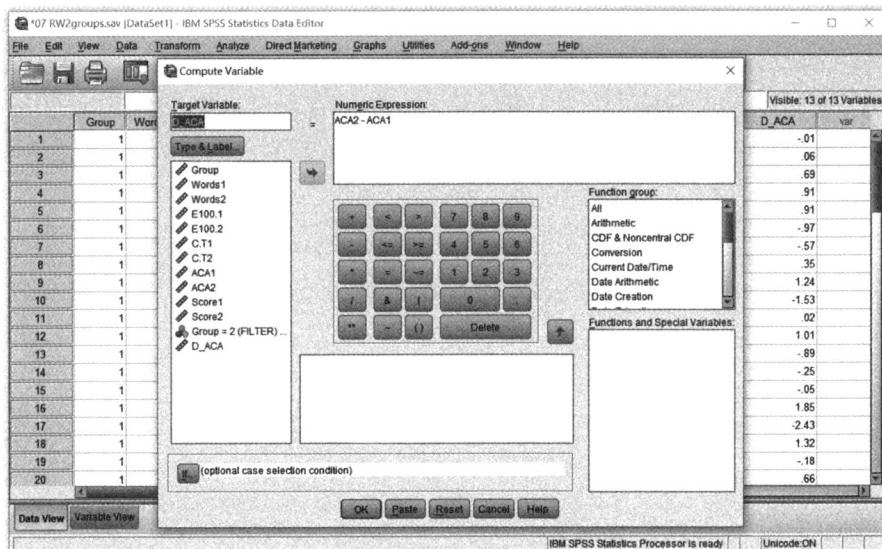

图 8.14　Compute Variable 菜单

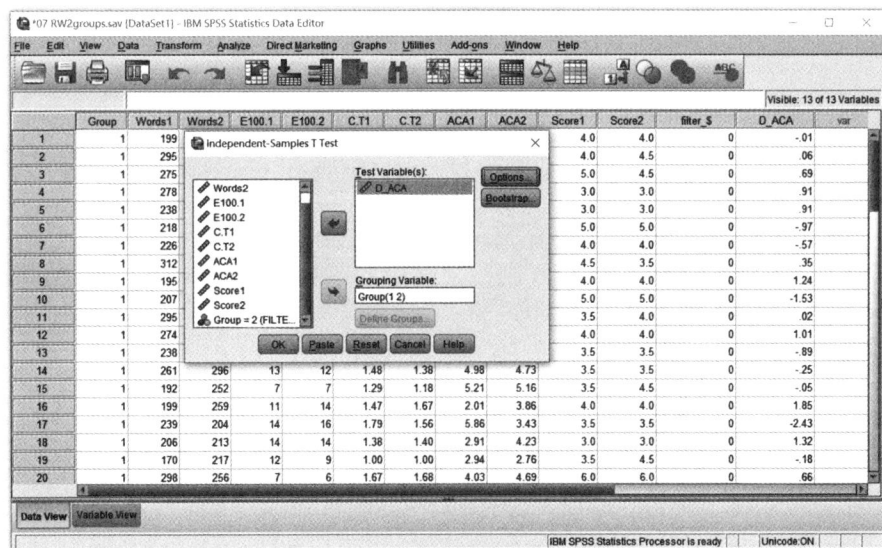

图 8.15　D_ACA 独立样本 t 检验

图 8.16 是两组前、后测学术词比例差异值 D_ACA 独立样本 t 检验结果。两组前、后测的差异值分别为 0.19% 和 3.19%，表明范文读写组前后测学术词比例差异明显。方差齐性检验结果 $p = 0.003$，表示两组方差不齐，t 检验结果应读取第二行数据，$t = -6.38$，$p = 0.000$，t 值是用无范文组前后测差异值减去范文读写组前后测差异值得到的，因此为负，$p = 0.000$ 表明两组前后测学术词比例差异值具有统计显著性差异，范文读写组差异值要显著高于无范文组差异值，即阅读范文对范文读写组后测作文的学术词比例有显著影响。

8.16 学术词比例差异值独立样本 t 检验结果

第9章 多个均值比较:单因素(组间) 方差分析

本书第7章和第8章介绍的 t 检验是用来比较两个均值之间的差异是否具有统计显著性,本章和第10章介绍的单因素方差分析(One – way ANOVA, Analysis of variance)可看作是 t 检验的扩展,用来比较三个或三个以上均值之间的差异是否具有统计显著性。方差分析也可以用来比较两个均值之间的差异,即方差分析可以代替 t 检验(Howell, 2013),本书也和大多数统计学书籍一样默认方差分析是用来比较三个或三个以上均值之间的差异。

单因素方差分析可分为单因素组间方差分析(One – way between – groups ANOVA)和单因素组内/重复测量方差分析(One – way within – groups/repeated – measures ANOVA, RM ANOVA)。前者比较三个或三个以上不同组之间均值的差异,简称为单因素方差分析,可以看作是独立样本 t 检验的扩展;后者比较同一个组三次或三次以上测试均值之间的差异,可以看作是配对样本 t 检验的扩展。本章介绍单因素组间方差分析及其非参数检验 Kruskal – Wallis test,第10章介绍单因素组内/重复测量方差分析及其非参数检验 Friedman test。

单因素方差分析只包含一个自变量,因此被称为 One – way ANOVA, one – way 表示一个自变量或因素(One independent variable/factor)。包含两个或多个自变量的方差分析叫作多因素方差分析(Factorial ANOVA)。单因素方差分析只涉及两个变量:一个表示分组或测试时间的自变量,该自变量至少有三个取值水平;另一个是表示测试分数的因变量。图9.1 是 Larson – Hall(2010)设计的单因素方差分析记忆手势,图9.1(a)中三个手指表示实验包括至少三个均值,图9.1(b)中手指交叉形成方差分析 ANOVA 的首字母 A。

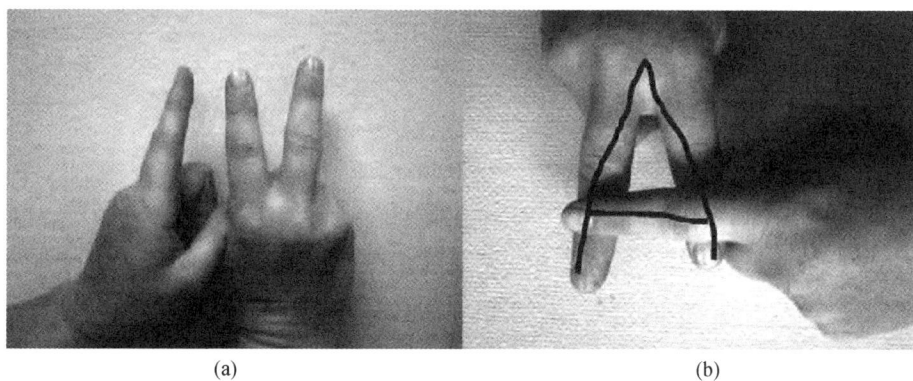

(a) (b)

图9.1 单因素方差分析记忆手势

9.1　方差分析基本原理

　　方差分析输出的检验统计量是 F 值,因此也叫 F 检验。方差分析是用来比较三个或三个以上均值之间的差异,那为什么叫方差分析呢? 实际上方差分析是通过比较组间方差与组内方差得出统计量从而对均值之间的差异做出推断。下面以 Lawson – Hall(2010)的例子来说明方差分析统计量 F 值的计算过程,该例引自 Crawley(2002)。实验受试共 14 人,分为 A、B 两组,两组均值分别 7.00 和 10.14,14 人均分为 8.57(表 9.1)。前面介绍过方差分析可以用来检验两组之间均值的差异,因此该例是以最少组的方式来说明方差分析统计量 F 值的计算过程。

表 9.1　A、B 组成绩及均值

分组	A 组	B 组
成绩	6	9
	8	11
	5	8
	9	12
	7	10
	8	11
	6	10
均值	7.00	10.14

　　图 9.2 是 14 名受试总偏差平方和(或总平方和)计算图解。偏差指一组数据中的各观测值与均值之差,如图中竖线所示。总平方和是指 14 名受试每名受试得分的偏差平方后再相加,SS 表示 Sum of squares:

$$SS_{total} = (6 - 8.57)^2 + (8 - 8.57)^2 + (5 - 8.57)^2 + (9 - 8.57)^2 + (7 - 8.57)^2 +$$
$$(8 - 8.57)^2 + (6 - 8.57)^2 + (9 - 8.57)^2 + (11 - 8.57)^2 + (8 - 8.57)^2 +$$
$$(12 - 8.57)^2 + (10 - 8.57)^2 + (11 - 8.57)^2 + (10 - 8.57)^2$$
$$= 57.429$$

　　图 9.3 是两组受试组内平方和计算图解。两组均值分别为 7.00 和 10.14。组内偏差是同一组受试个体之间存在的差异,这是实验无法解释或研究者不感兴趣的偏差,因此组内平方和可以写作 SS_{within} 或 SS_{error}。

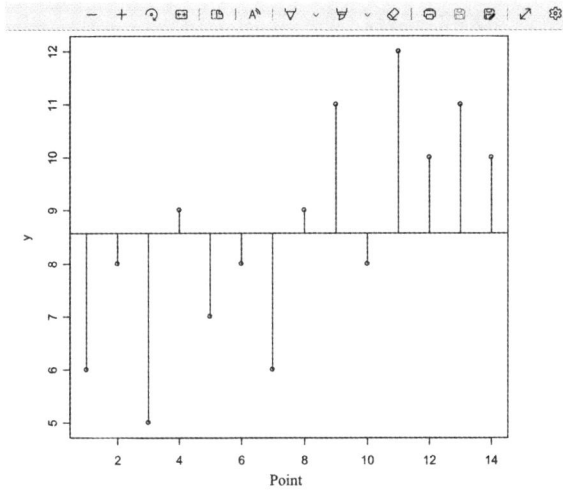

图9.2 总平方和

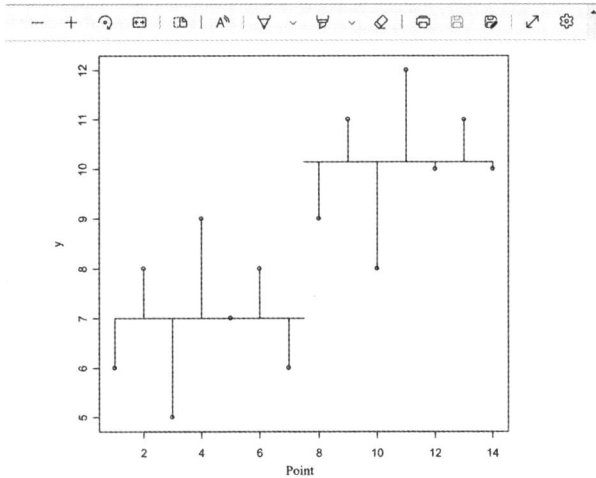

图9.3 组内平方和

$$SS_A = (6-7)^2 + (8-7)^2 + (5-7)^2 + (9-7)^2 + (7-7)^2 + (8-7)^2 + (6-7)^2$$

$$SS_B = (9-10.14)^2 + (11-10.14)^2 + (8-10.14)^2 + (12-10.14)^2 + (10-10.14)^2 +$$
$$(11-10.14)^2 + (10-10.14)^2$$

$$SS_{within/error} = SS_A + SS_B = 22.857$$

总平方和(SS_{total})由两部分组成：组内平方和($SS_{within/error}$)与组间平方和($SS_{between}$)。组间平方和是由实验处理，即分组自变量，带来的组与组之间的差异，这是研究者感兴趣的地方。计算出了总平方和及组内平方和，就可以计算出组间平方和。

$$SS_{between} = SS_{total} - SS_{within/error} = 57.429 - 22.857 = 34.572$$

图9.4是用数据文件"09 Ttest - Ftest"对 A、B 两组分数进行的单因素方差分析结果。

第一行是组间变异数据，包括组间平方和 34.571(上面人工计算出的组间平方和

34.572与该表存在细微差异是由于计算过程中保留小数位产生的)；组间自由度等于组数2减去1；均方(平均平方和，Mean Square，也叫方差)等于平方和除以自由度，由于组间自由度为1，所以组间平方和与均方相等。平方和、均方(方差)的计算方法可参考第2.2节。

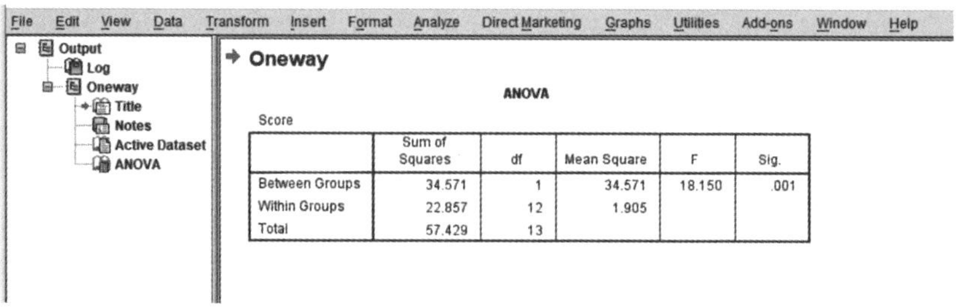

ANOVA

Score

	Sum of Squares	df	Mean Square	F	Sig.
Between Groups	34.571	1	34.571	18.150	.001
Within Groups	22.857	12	1.905		
Total	57.429	13			

图9.4　两组成绩方差分析结果

第二行为组内变异数据，包括组内平方和22.857，组内自由度 $df=(7-1)\times 2=12$，组内均方为 $22.857/12=1.905$。第三行为总平方和57.429及总自由度 $df=14-1=13$。

方差分析统计量 F 值等于组间均方(组间方差)除以组内均方(组内方差)，即实验处理带来的偏差与实验无法解释偏差的比值，$F=34.571/1.905=18.15$，结合组间自由度1和组内自由度12，对照 F 分布表，可以查到显著性水平 $\alpha=0.05$ 时，F 值的临界值。SPSS会自动输出 $F=18.15$，$df=1$、12时对应的 $p=0.001$。这表明A、B两组分数具有统计显著性差异。由于该实验只涉及两组，我们也可以用独立样本 t 检验来比较两组均值的差异，$F=t^2$，因此 $t=\sqrt{18.15}=4.26$，该结果与图9.5独立样本 t 检验结果完全一致。

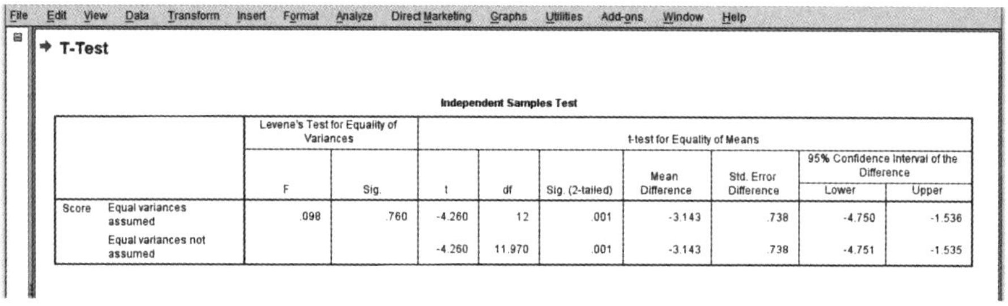

Independent Samples Test

		Levene's Test for Equality of Variances		t-test for Equality of Means					95% Confidence Interval of the Difference	
		F	Sig.	t	df	Sig. (2-tailed)	Mean Difference	Std. Error Difference	Lower	Upper
Score	Equal variances assumed	.098	.760	-4.260	12	.001	-3.143	.738	-4.750	-1.536
	Equal variances not assumed			-4.260	11.970	.001	-3.143	.738	-4.751	-1.535

图9.5　两组成绩独立样本 *t* 检验结果

9.2　单因素方差分析

单因素方差分析只涉及两个变量：一个是表示分组或测试时间的自变量，该自变量至少有三个取值；另一个是表示测试分数的因变量。单因素方差分析可分为单因素组间方差分析和单因素组内/重复测量方差分析。本节介绍单因素组间方差分析，简称单因素方差分析，用来比较三个或三个以上不同组之间均值的差异，是独立样本 t 检验的扩展。

本节使用的数据文件是“09 RW3groups”，该文件在第7章和第8章使用的数据文件“07 RW2groups”基础上增加了一个笔记读写组RW－ST。“09 RW3groups”数据研究了阅读与写作题目相关的范文如何影响专业英语学生的二稿作文。某高校英语系四年级三个班共75位同学参加了这部分为期两周的研究。第一周,三个班同学在40分钟时间里针对某一题目写了一篇议论文(一稿/前测)。第二周要求学生在40分钟时间里对一稿进行修改重写(二稿/后测)。在重写前25分钟时间里,一班同学阅读一稿(NoSource group/Control group);二班同学阅读初稿和两篇与议论文题目相关的文章,在写作二稿时可以直接参考范文(RW + ST group：Reading – to – write with source texts);三班同学阅读初稿和两篇与议论文题目相关的文章,但在写作二稿时不能直接参考范文,可参考阅读笔记(RW – ST group：Reading – to – write without source texts)。

研究问题：三个组后测作文学术词比例是否具有统计显著性差异？

该检验涉及两个变量：分组自变量(包括三个取值水平)和后测作文学术词比例因变量。本节忽略前测作文学术词比例,假定在实验开始前三组前测作文学术词比例没有统计显著性差异。如前测学术词比例具有统计显著性差异,分析方法会相对复杂一些。

9.2.1 数据探索分析

本书第4章介绍了统计分析的正确步骤,首先用 Explore 菜单对数据进行探索分析,检验各组数据是否服从正态分布,从而确定使用参数检验还是非参数检验。

单击 Analyze→Descriptive Statistics→Explore…菜单,在弹出对话框中(图9.6)把变量 ACA2 移入因变量列表 Dependent List(也可以把需要检验的多个因变量一起移入),把分组变量 Group 移入分组变量列表 Factor List;单击右侧"Plots…"按钮,勾选直方图 Histogram 和 Normality plots with tests(输出 Q – Q 图和正态分布检验结果)。单击"Continue"返回,最后单击"OK"运行。

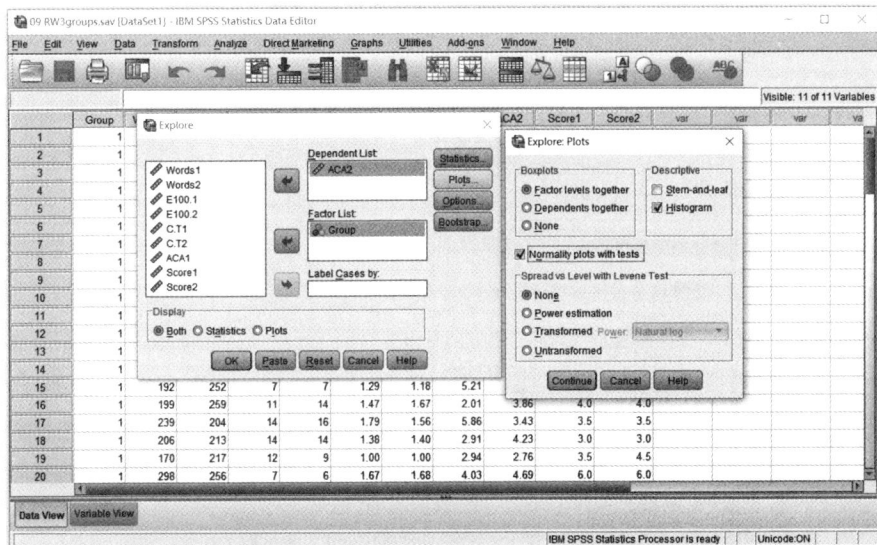

图9.6 后测作文学术词比例探索分析

探索分析会输出描述统计量、箱图、Q-Q图和正态检验结果。下面只分析其中的箱图和正态检验输出结果。

图9.7是三个组后测作文学术词比例箱图,三组数据似乎都呈正态分布,控制组有一个异常值,编号为13的受试,范文读写组RW+ST有两个异常值,编号为28和49的受试。三个组箱的长度差别较大,说明三组的方差可能有显著性差异。

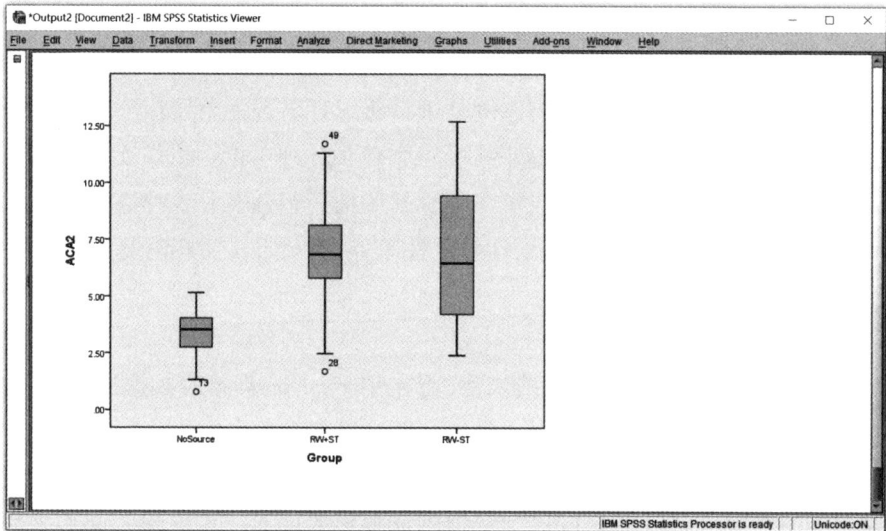

图9.7 后测作文学术词比例箱图

图9.8是三个组后测作文学术词比例正态检验结果,K-S检验和S-W检验显示三组后测作文学术词比例均呈正态分布,$p_s > 0.05$。根据探索分析结果,下面我们先使用参数检验方法,即单因素组间方差分析,来检验三组后测作文学术词比例是否存在统计显著性差异。

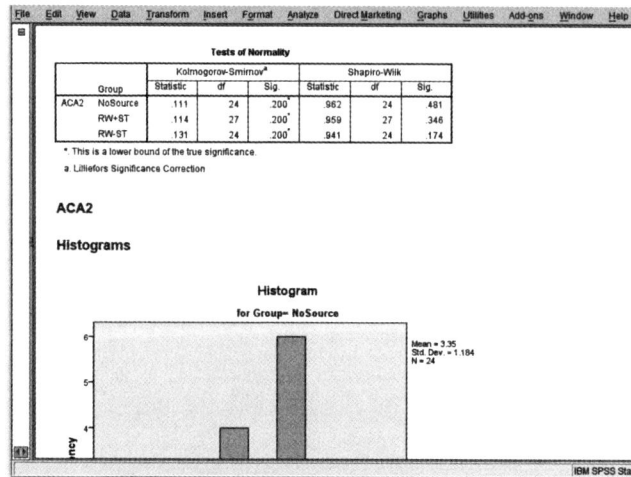

图9.8 后测作文学术词比例正态检测结果

9.2.2 SPSS 操作

单击 Analyze→Compare Means→One – Way ANOVA…菜单,如图 9.9 所示,单因素方差分析图标里有一个 F 字母,F 是单因素方差分析的检验统计量,因此也叫作 F 检验。

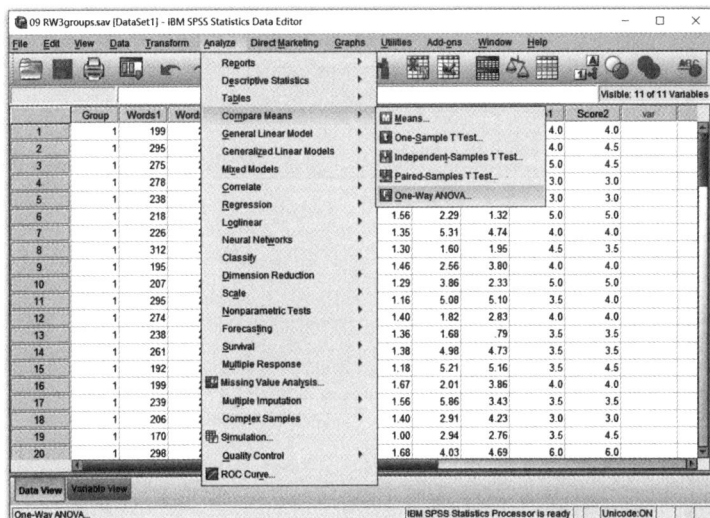

图 9.9 单因素方差分析菜单

如图 9.10 所示,在弹出的 One – Way ANOVA 对话框里把要分析的因变量 ACA2 移入因变量列表 Dependent List,把分组变量 Group 移入分组变量列表 Factor List;单击"Options…"按钮,勾选 Descriptive,Homogeneity of Variance(方差齐性检验)、Brown – Forsythe 检验、Welch 检验和 Means Plot(均值图)等选项;单击"Continue"返回,最后单击"OK"运行。

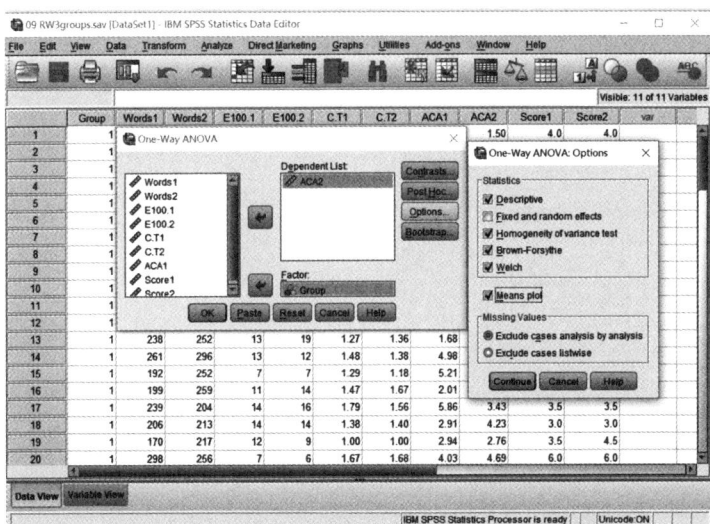

图 9.10 单因素方差分析

9.2.3 SPSS 输出结果

图 9.11 是三个组后测作文学术词比例单因素方差分析结果,包括四个表格。

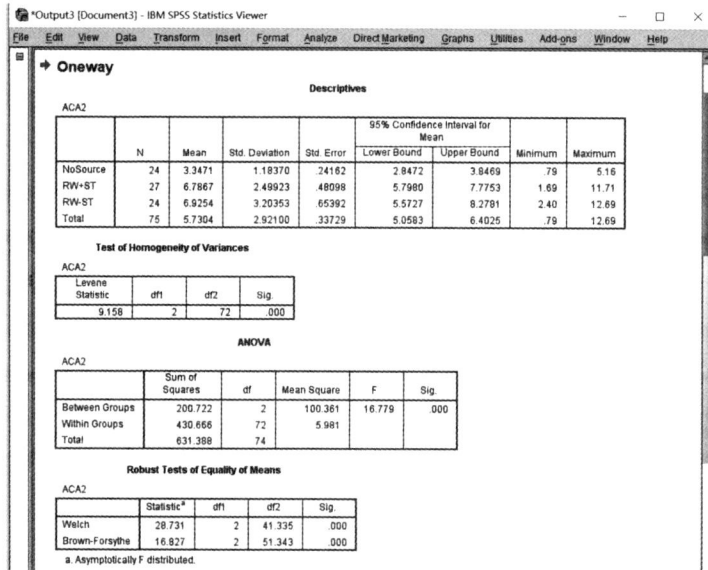

图 9.11 单因素方差分析结果

第一个表格是描述统计量,包括组别、受试人数、均值、标准差等。三个组的学术词比例均值分别为 3.35% ,6.79% 和 6.93% ,第一组最低,第三组最高,图 9.12 的均值图也清楚地显示了三组均值的高低。从三组均值来看,第一组和后两组之间差异明显。

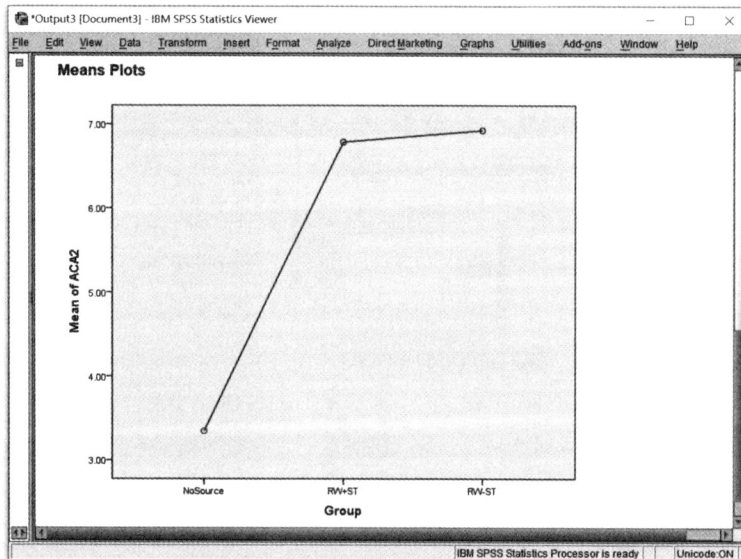

图 9.12 后测作文学术词比例均值图

第二个表格是 Levene 方差齐性检验结果，$p = 0.000$ 表明三组后测作文学术词比例方差具有统计显著性差异。

第三个表格是单因素方差分析结果，第一行是组间变异数据，组间平方和为 200.722，组间自由度等于组数 3 减去 1，均方(方差)等于平方和除以自由度，即 $200.722/2 = 100.361$。平方和、均方(方差)的计算方法可参考第 2.2 节。第二行是组内变异数据，组内平方和为 430.666，组内自由度 $df = (24-1)+(27-1)+(24-1)=72$，组内均方为 $430.666/72 = 5.981$。第三行是总平方和 631.388 和总自由度 $df = 75-1=74$。方差分析统计量 F 值等于组间均方(组间方差)除以组内均方(组内方差)，即 $F = 100.361/5.981 = 16.779$，$p = 0.000$ 表明三个组后测作文学术词比例具有统计显著性差异。

第四个表格是单因素方差分析 Welch 检验和 Brown－Forsythe 检验，这两个检验属稳健统计方法(Robust statistics)，是对方差不齐的几组数据进行的校正检验，因此组内自由度会出现小数位。检验结果显示 Welch 检验和 Brown－Forsythe 检验统计量分别为 $F = 28.731$ 和 $F = 16.827$，p 值均为 0.000，Welch 检验和 Brown－Forsythe 检验结果同第三个表格检验结果一致。由于第二个表格 Levene 方差齐性检验结果显示三组后测作文学术词比例方差具有统计显著性差异，因此对于单因素方差结果的 F 值和对应的 p 值，最好报告第四个表格，即 Welch 检验或 Brown－Forsythe 检验结果，而不是第三个表格结果。

Howell(2013)认为方差分析对于数据偏离正态分布具有很强的容忍性，因此无须太担心数据是否呈正态分布。方差分析对于方差不齐也具有一定的容忍性，在数据大致呈正态分布，各组样本容量大致相同的情况下，如果几个组中最大方差不超过最小方差的 4 倍，就可以忽略方差不齐的问题，使用常规方差分析。此例中，三个组后测作文学术词比例均呈正态分布，各组样本容量大致相同，但方差差别较大。方差是标准差的平方，探索分析 Explore 菜单输出的描述统计量中包括方差和标准差。图 9.11 的第一个表显示三组的标准差分别为 1.18，2.50 和 3.20，那么第一组的方差为 $1.184 \times 1.184 = 1.40$，第三组方差为 $3.204 \times 3.204 = 10.26$，第三组方差是第一组方差的 7 倍多，由于各组方差存在统计显著性差异，这时就不宜使用常规方差分析结果(图 9.11 第三个表格)，而应使用 Welch 检验或 Brown－Forsythe 检验输出结果。在执行方差分析操作时，可以同时勾选 Homogeneity of Variance(方差齐性检验)，Brown－Forsythe 和 Welch 三个选项，然后根据 Homogeneity of Variance 检验结果决定报告常规方差分析结果还是 Welch 或 Brown－Forsythe 校正检验结果。

在方差分析时如出现几组数据方差存在统计显著性差异时有如下应对方法：

(1)使用 Welch 或 Brown－Forsythe 校正检验。

(2)使用 Bootstrap 稳健统计方法。Brown－Forsythe、Welch 和 Bootstrap 都属于稳健统计方法，稳健统计对于数据没有正态分布和方差齐性等前提要求。SPSS22.0 对于大多数统计检验方法都提供了 bootstrap 选项。

(3)使用 Nonparametric 非参数检验。

(4)对原始数据进行转化(Transformation)，如平方根转化、倒数转化等，然后对转化后的数据进行参数检验。

9.2.4　单因素方差分析多重比较

图 9.11 单因素方差分析结果中的 $F = 28.731$，$p = 0.000$ 只是表明三个组之间的整体效应（Omnibus effect）。如果方差分析结果的整体显著性 $p > 0.05$，即多个均值之间没有统计显著性差异，那么方差分析过程就到此为止。而三组后测作文学术词比例一例中，$p = 0.000$ 表明三组之间具有统计显著性差异，那么就需要进行组间效应检验或称两两比较或多重比较（Post – hoc tests, Pairwise comparisons or Multiple comparisons），以探究整体上的差异到底是由哪些组之间的差异引起的。Post – hoc tests 是事后检验的意思，即当方差分析整体显著性 $p < 0.05$ 时再进行的多重比较。在进行方差分析操作时，整体检验和多重比较可以同时进行，没必要分两步进行，当单因素方差分析整体显著性 $p > 0.05$ 时，忽略输出的多重比较结果。

组间多重比较是在单因素方差分析主对话框里单击"Post Hoc…"按钮来设置，如图 9.13 所示。SPSS 软件提供了十多种方差分析的多重比较方法。当数据具方差齐性（Equal Variances Assumed）时，使用第一个方框中的某一个检验方法；当方差不齐（Equal Variances Not Assumed）时，第二个方框中的 Games – Howell 方法具有较好的检验效力。那么，方差齐时的 14 种检验方法如何选择呢？ Howell（2013）和 Larson – Hall（2010）认为在方差分析只包含三个组时（需要进行三次组间检验：第一组和第二组，第一组和第三组，第二组和第三组），第一个方法 LSD 具有最强的检验效力，LSD 检验就是多次 t 检验。另外 Bonferroni、Tukey 和 RGWQ 检验也具有不错的检验效力。实际上很多时候这些不同的多重比较方法输出的结果差别并不大。对于不同多重检验方法的使用条件，可参考 Larson – Hall（2010）的详细说明。

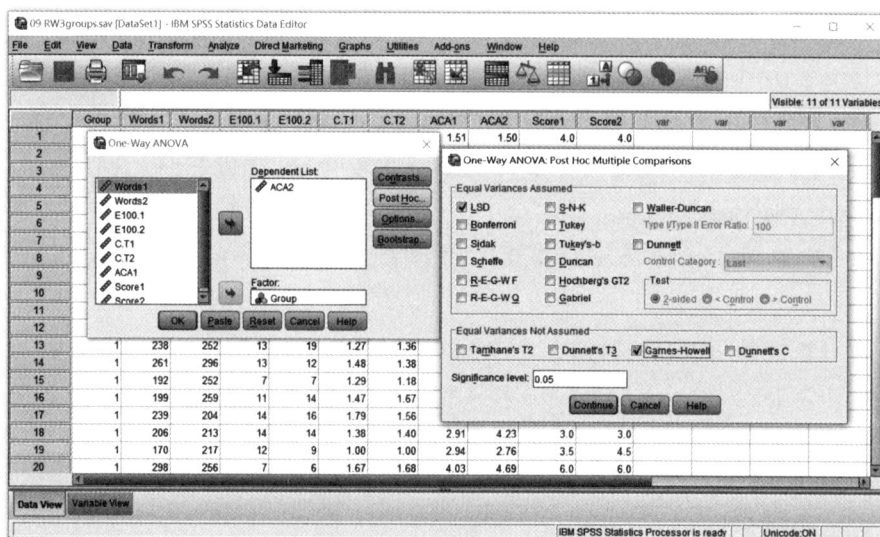

图 9.13　Post Hoc 设置

此节所举例子中,三个组后测作文学术词比例方差具有统计显著性差异,因此应勾选方差不齐(Equal Variances Not Assumed)中的 Games – Howell 方法。我们可以同时勾选方差齐性(Equal Variances Assumed)中 LSD 方法,看看两种方法输出结果是否有差异。

图 9.14 是三个组后测作文学术词比例 Post Hoc 多重比较结果。LSD 和 Games – Howell 检验结果基本相同,两个检验都显示控制组 NoSource 和另两组在后测学术词比例上具有统计显著性差异,$p_s = 0.000$,而范文读写组 RW + ST 和笔记读写组 RW – ST 之间没有统计显著性差异,LSD 检验显示 $p = 0.840$,而 Games – Howell 检验显示 $p = 0.984$。

图 9.14 Post Hoc 多重比较结果

如何读取单因素方差分析结果如图 9.15 所示。

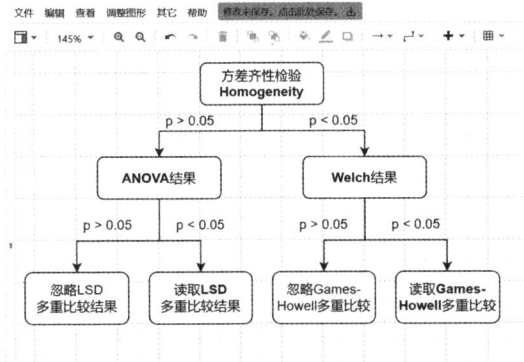

图 9.15 单因素方差分析结果读取

9.2.5 结果报告

表 9.1 是控制组、范文读写组和笔记读写组后测作文学术词比例单因素方差分析结果。三组学术词比例均值分别为 3.35% ,6.79% 和 6.93% ,标准差分别为 1.18,2.50 和 3.20,方差齐性检验显示三组方差具有统计显著性差异,$p = 0.000$。Welch 方差分析结果表明三组后测作文学术词比例在整体上具有统计显著性差异,$F(2,72) = 28.73$,$p = 0.000$。Games – Howell 多重比较显示控制组和两个读写组之间均值具有统计显著性差异,p 值均为 0.000,而范文读写组和笔记读写组之间无统计显著性差异,$p = 0.984$。

表 9.1　后测学术词比例单因素方差分析结果

组别	n	$M(SD)$	Welch F	p	Post hoc Games – Howell (p)		
					1 – 2	1 – 3	2 – 3
无范文组	24	3.35(1.18)	28.73	0.000	0.000	0.000	0.984
范文读写组	27	6.79(2.50)					
笔记读写组	24	6.93(3.20)					

注意:(1)F 后的两个数字分别表示组间自由度和组内自由度。如表 9.1 中报告了各组受试人数,F 后的自由度可不报告。

(2)除了用 Post – hoc 检验比较三组均值两两之间的差异,是否可以用多次独立样本 t 检验来比较呢? 答案是可以的,Post – hoc 检验实质上就是多次独立样本 t 检验,但两种方法又有区别。

英文报告结果可参考 *Discovering Statistics Using* IBM SPSS *Statistics*(第五版)第 12.11 小节"Reporting results from one – way indepednet ANOVA"(Field,2018)。

对同样的数据进行多次独立检验会增大犯 I 类错误(Type I error 或 Familywise error,FWE)的概率。I 类错误指实验处理实际上没有效果但研究者却得出实验处理有效果结论的错误(Field,2005;Larson – Hall,2010)。当我们只执行一次检验,显著性水平设定为 $\alpha = 0.05$ 时,犯 I 类错误的概率是 5% 。对同样的数据进行多次检验时,犯 I 类错误的概率就会增大,$FWE = 1 - (1 - \alpha)^n$,n 为执行的检验次数。如本例需执行三次独立样本 t 检验,那么犯 I 类错误的概率为 14.3% ,超过了可接受的水平(Field,2005)。比较简单的解决办法是按照执行的统计检验次数对显著性水平进行调整,$\alpha = 0.05/n$。如对数据进行三次独立样本 t 检验,拒绝或接受零假设的显著性水平就不再是 $\alpha = 0.05$,而是 $\alpha = 0.05/3 = 0.0167$。例如三次独立样本 t 检验中第 1 组和第 2 组之间的独立样本 t 检验输出结果 $p = 0.020$,结论就应该是第 1 组和第 2 组的均值没有统计显著性差异,因为 $p = 0.020$ 大于调整后的显著性水平 $\alpha = 0.0167$。

Post – hoc 检验虽然实质上是多次独立样本 t 检验,但无须对显著性水平进行调整,即仍以 $\alpha = 0.05$ 作为拒绝或接受零假设的判断标准,因为这些不同的 Post – hoc 检验方法已经对 I 类错误进行了一定的控制。当多重比较组数大于 3 时,LSD 检验需要对 p 值按检验次数进行调整(Larson – Hall,2010)。

9.3 非参数 Kruskal – Wallis 检验

本书非参数检验不依赖总体的分布,是在总体分布情况不明时,用来检验不同样本是否来自同一个总体的推断统计方法。参数检验有数据正态分布、方差齐性等前提条件,而非参数检验不受这些条件的限制,对于非正态、方差不齐以及分布形状未知的数据都适用(杜强等,2009)。

本书第9.2节对数据文件"09 RW3groups"中三组学生后测作文学术词比例 ACA2 进行了探索分析和单因素组间方差分析,箱图和正态分布检验都显示三组数据服从正态分布,但方差齐性检验显示三组方差存在统计显著性差异。本节仍以这三组数据为例,用非参数方法来检验三组数据之间是否具有统计显著性差异。

单因素组间方差分析非参数检验是 Kruskal – Wallis 检验,该检验可以看作是本书第7.2节介绍的 Wilcoxon rank – sum W 检验和 Mann – Whitney U 检验的扩展。

9.3.1 SPSS 操作

打开数据文件"09 RW3groups",单击 Analyze→Nonparametric Tests→Legacy Dialogs→K Independent Samples...(图9.16)。K 表示有三个或三个以上组。

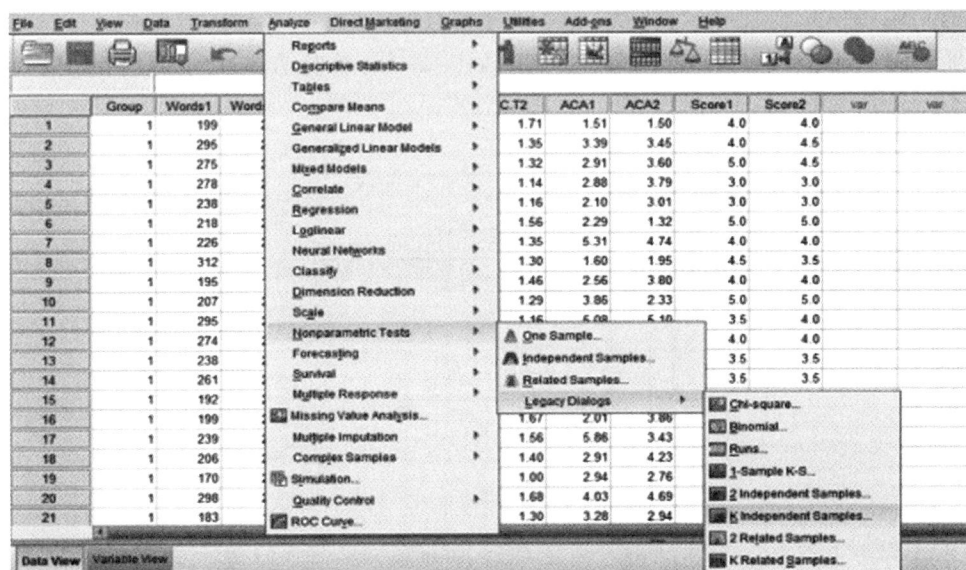

图 9.16 Kruskal – Wallis 检验菜单

如图 9.17 所示,在弹出对话框中把要检测的变量 ACA2 移入检测变量列表 Test Variable List,分组变量 Group 移入分组变量 Grouping Variable 中;单击"Define Range",在分组变量范围的最小值中输入 1,最大值中输入 3;Options 按钮中有一个 Descriptive 的选项,但没必要选择,因为该选项是把三个组作为一个整体输出均值、标准差等描述统计量,不会输出各小组的描述统计量。各小组的均值和标准差可以通过探索分析 Analyze→Descriptive Statistics→Explore 菜单或 Analyze→Compare Means→Means 菜单获取。Test Type 保持默认的 Kruskal – Wallis H 检验。单击"Continue"返回,最后单击"OK"运行。

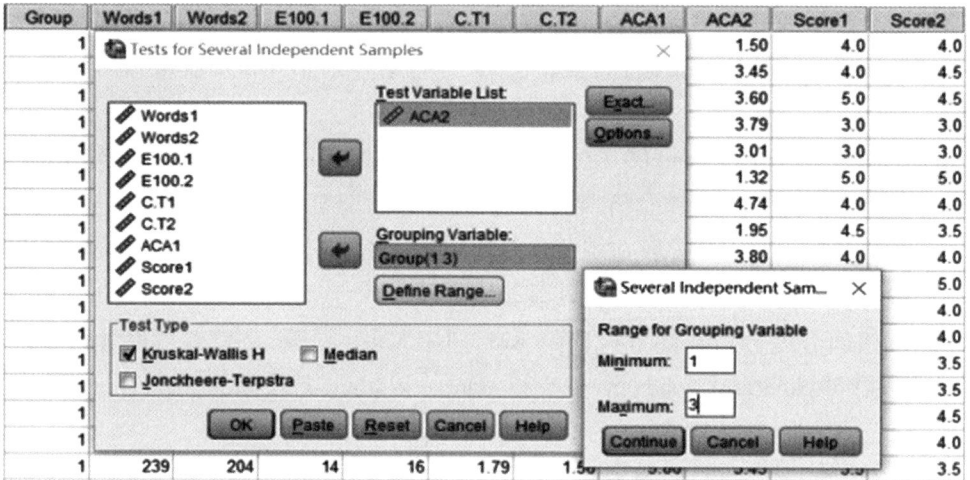

图 9.17　Kruskal – Wallis 检验设置

9.3.2　SPSS 输出结果

图 9.18 是多个均值比较非参数检验 Kruskal – Wallis 检验结果,共包括三个表格。

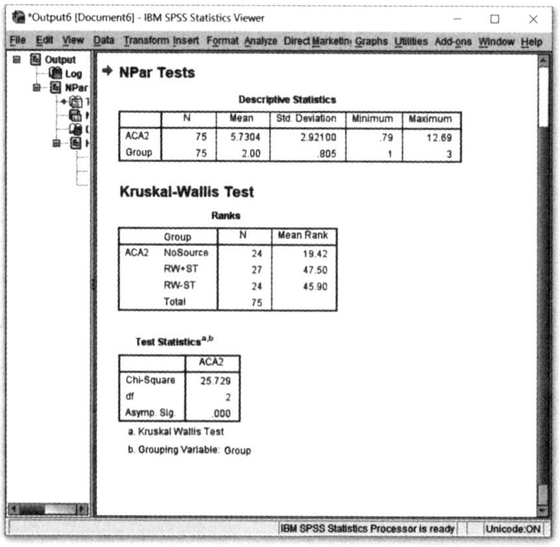

图 9.18　Kruskal – Wallis 检验结果

第一个表格是所有受试作为一组的描述统计量,基本无用。

第二个表格是三组数据排序后秩的描述统计量,SPSS 中传统的非参数检验都是对原始数据进行排序,然后对排序后的秩进行检验,该表结果也不用报告。

第三个表格是 Kruskal – Wallis 检验输出结果。统计量卡方值 $\chi^2 = 25.73$,对应的 $p = 0.000$ 表明三组后测作文学术词比例具有统计显著性差异,这和本书第9.2节参数检验结果一致。

9.3.3　Kruskal – Wallis 检验多重比较

Kruskal – Wallis 检验输出的统计量卡方值 $\chi^2 = 25.73$,$p = 0.000$ 只表明三个组之间的整体效应(Omnibus effect)。如果该检验结果的整体显著性 $p > 0.05$,即多个均值之间没有统计显著性差异,那么检验过程就到此为止。该检验结果 $p = 0.000$ 表明三组之间具有统计显著性差异,那么就需要进行组间效应检验或称两两比较或多重比较以探究整体上的差异到底是由哪些组之间的差异引起的。但 Kruskal – Wallis 检验并不像单因素方差分析那样提供了 Post hoc 多重比较的选项,因此只有进行多次两个独立样本非参数检验(Mann – Whitney U 检验)。由于涉及三个小组,需要进行三次 Mann – Whitney U 检验。

本书第7.2节介绍了 Mann – Whitney 检验的操作。如图 9.19 所示,单击 Analyze→Nonparametric Tests→Legacy Dialogs→2 Independent Samples…。把要检测的变量 ACA2 移入 Test Variable List,分组变量 Group 移入 Grouping Variable;单击"Define Groups",分别输入 1 和 2,即比较第一组和第二组;Options 按钮中的 Descriptive 选项不会输出分组描述统计量,无须选择;单击"Continue"返回,最后单击"OK"完成第一次检测操作。

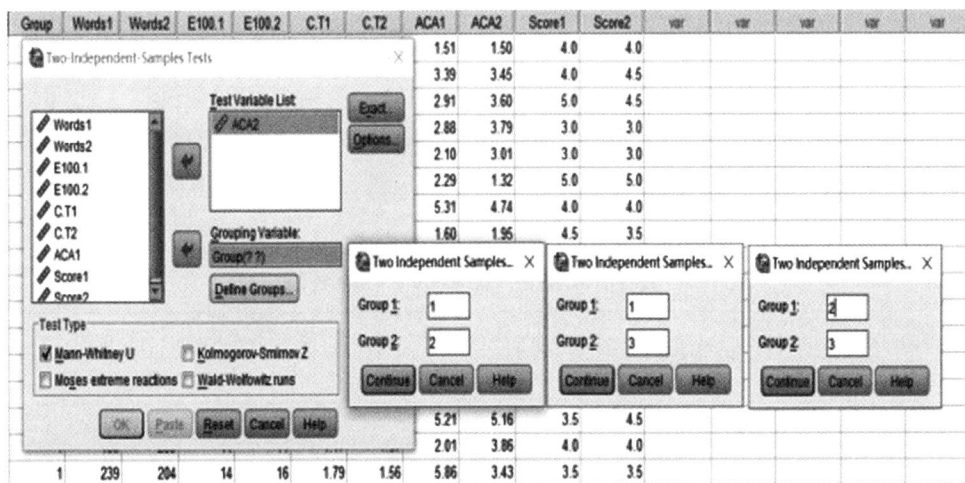

图9.19　非参数检验多重比较

重复上述步骤,在 Define Groups 里分别输入 1 和 3,比较第一组和第三组。第三次检测在 Define Groups 里分别输入 2 和 3,比较第二组和第三组。

图 9.20 是三个组后测学术词比例非参数检验多重比较结果。三次 Mann – Whitney 检验结果统计量 Z 值分别为 -4.76,-4.00 和 -0.085,对应的 p 值分别为 0.000,0.000 和 0.932,这表明第一组和后两组之间学术词比例均具有统计显著性差异,而后两组之间无统计显著性差异。这和本书第 9.2 节参数检验方法单因素方差分析的 Post hoc 多重比较结果一致。

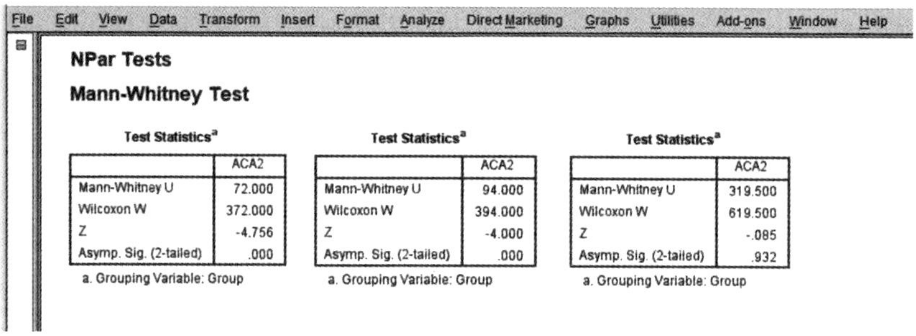

图 9.20　非参数检验多重比较结果

要注意的是本小节对同样的数据进行了三次 Mann – Whitney 检验,要按照执行的统计检验次数对显著性水平进行调整,$\alpha = 0.05/3 = 0.0167$,拒绝或接受零假设的判断标准就应该是 0.0167 而不是 0.05。

9.3.4　结果报告

表 9.2 是控制组、范文读写组和笔记读写组后测作文学术词比例 Kruskal – Wallis 检验结果。三组学术词比例均值分别为 3.35%,6.79% 和 6.93%,标准差分别为 1.18,2.50 和 3.20。Kruskal – Wallis 检验结果表明三组后测作文学术词比例整体上具有统计显著性差异,$\chi^2 = 25.73$,$p = 0.000$。三次 Mann – Whitney 检验显示控制组和两个读写组之间均值存在统计显著性差异,$p_s = 0.000 < 0.0167$,而范文读写组和笔记读写组之间无统计显著性差异,$p = 0.932$。

表 9.2　后测学术词比例 Kruskal – walls 检验结果

组别	n	$M(SD)$	χ^2	p	Post hoc Games – Howell (p)		
					$1-2$	$1-3$	$2-3$
无范文组	24	3.35(1.18)					
范文读写组	27	6.79(2.50)	25.73	0.000	0.000	0.000	0.932
笔记读写组	24	6.93(3.20)					

英文报告结果可参考 *Discovering Statistics Using* IBM SPSS *Statistics*(第五版)第 7.6.8 小节"Writing and interpreting the results"(Field,2018)。

较新版本 SPSS 非参数检验菜单"Analyze→Nonparametric Tests→Independent Samples…"提供了多重比较选项,检验原理与本小节基本相同,但操作界面有较大差异,有兴趣的读者可参考 *Discovering Statistics Using* IBM SPSS *Statistics*（第五版）第 7.6 节"Differences between several independent groups：the Kruskal – Wallis test"（Field,2018）。

第10章 多个均值比较:单因素组内/ 重复测量方差分析

单因素方差分析分为单因素(组间)方差分析(One－way between－groups ANOVA)和单因素组内/重复测量方差分析(One－way within－groups/repeated－measures ANOVA,RM ANOVA)。前者比较三个或三个以上不同组之间均值的差异,可以看作是独立样本 t 检验的扩展,后者比较同一个组三次或三次以上测试均值之间的差异,可以看作是配对样本 t 检验的扩展。本书第 9 章介绍了单因素组间方差分析及其非参数检验 Kruskal－Wallis 检验,本章介绍单因素组内/重复测量方差分析及其非参数检验 Friedman 检验。

10.1 单因素重复测量方差分析

本章使用的数据文件"10 Summary"(图 10.1)包含一个组 25 名受试三次摘要写作成绩,满分为 12 分。每两次摘要写作之间间隔两周,第一次和第二次摘要写作后任课教师就写作中存在的问题,包括常见的语言问题,进行了 20 分钟左右的讲解。

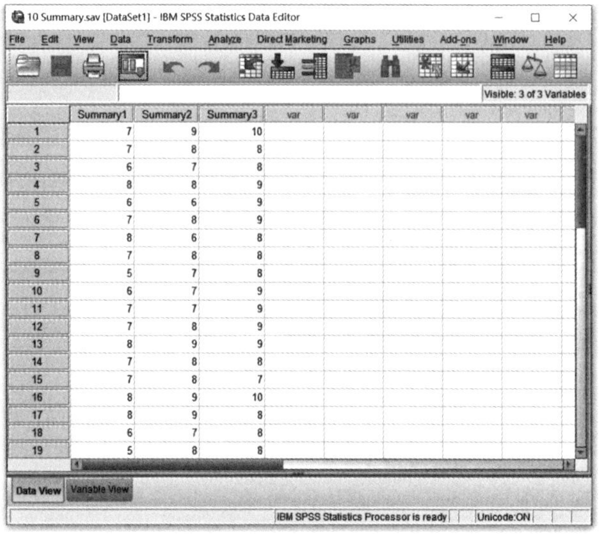

图 10.1 数据文件"10 Summary"

研究问题:该组三次摘要写作成绩之间是否具有统计显著性差异?该研究的自变量是组内变量测试时间,共有三个取值水平,因变量是摘要写作成绩。

10.1.1 摘要写作成绩探索分析

单击 Analyze→Descriptive Statistics→Explore...菜单,在弹出的对话框中(图 10.2)把 Summary1、Summary2 和 Summary3 一起移入因变量列表 Dependent List,该研究没有分组自变量, 因此 Factor List 中无须移入任何变量;单击右侧"Plots..."按钮,勾选直方图 Histogram 和 Normality plots with tests(输出 Q–Q 图和正态分布检验结果),单击"Continue"返回,最后单击 "OK"运行。

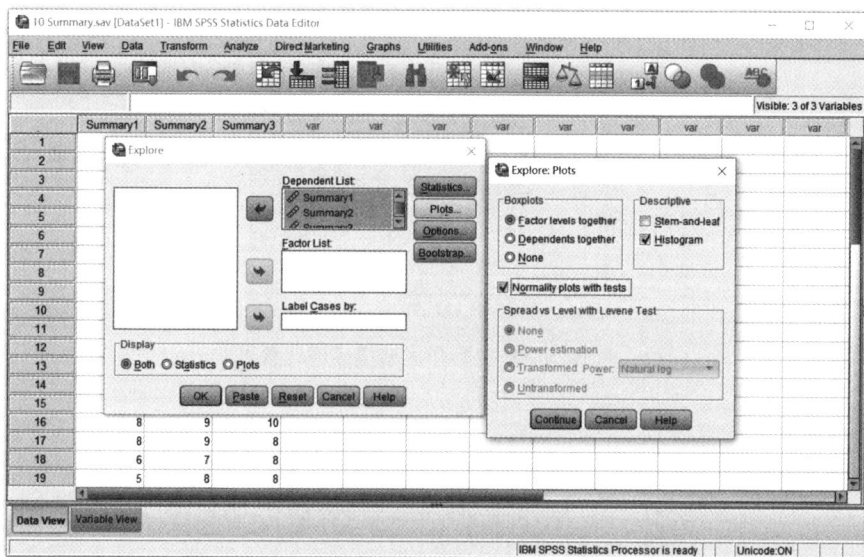

图10.2 摘要写作成绩探索分析

探索分析会输出描述统计量、箱图、Q–Q 图和正态检验结果,下面只分析描述统计量 中的方差、箱图和正态检验结果。图 10.3 是三次摘要写作成绩描述统计量,三次摘要写作 成绩方差(方框部分)分别为 0.723,0.727 和 0.590,三次成绩方差没有明显差别,最大方差 没有超过最小方差的 2 倍。对于组内研究设计,例如配对样本 t 检验和单因素组内/重复测 量方差分析,一般不用担心方差不齐的问题,因为同一组受试在不同的测试中方差通常不 会出现较大差异。

图 10.4 是三次摘要写作成绩正态检验结果,K–S 检验结果显示三次成绩均不呈正态 分布,$p_s = 0.000$,S–W 检验结果也显示三次摘要写作成绩均不服从正态分布,$p_s < 0.05$。

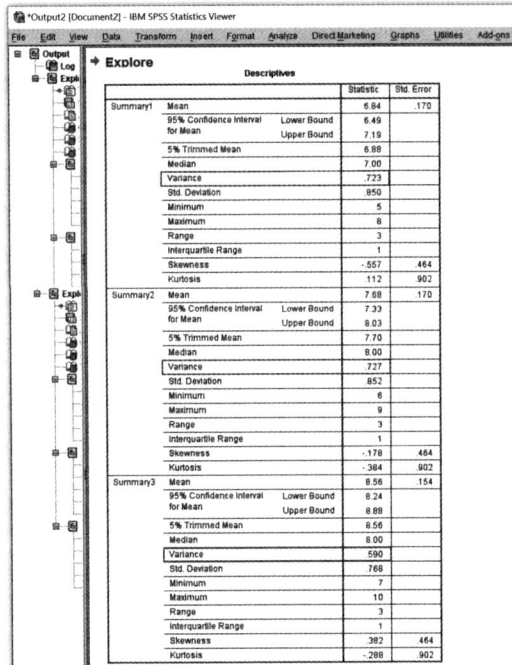

图 10.3　摘要写作成绩描述统计量

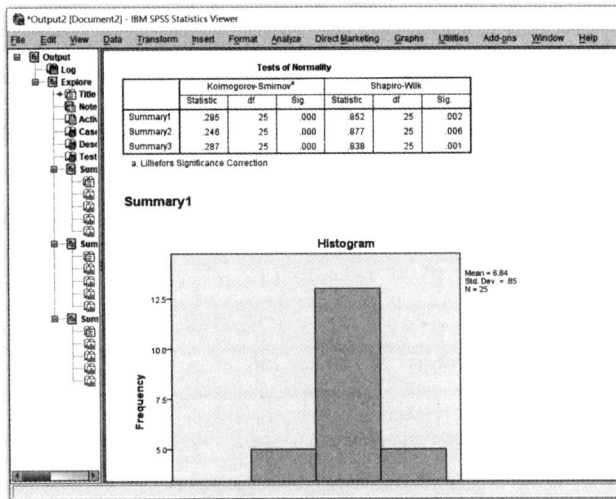

图 10.4　摘要写作成绩正态检验结果

　　探索分析结果表明三次成绩均不服从正态分布,因此最好使用非参数检验方法 Kruskal – Wallis 检验或 bootstrap 等稳健统计方法来比较三次成绩之间的差异。但 Howell(2013)认为方差分析对于数据偏离正态分布具有很强容忍性,方差分析无须太担心数据是否呈正态分布。下面先使用单因素组内/重复测量方差分析对数据进行检验,本书第 10.2 节使用 Friedman 非参数检验,以比较参数检验和非参数检验结果。

10.1.2　SPSS 操作

相比单因素组间方差分析，单因素组内/重复测量方差分析操作要复杂很多。打开数据文件"10 Summary"，单击 Analyze→General Linear Model→Repeated Measures…菜单，如图 10.5 所示。General Linear Model 表示一般线性模型。既包含组间自变量又包含组内自变量的混合方差分析也使用此菜单。

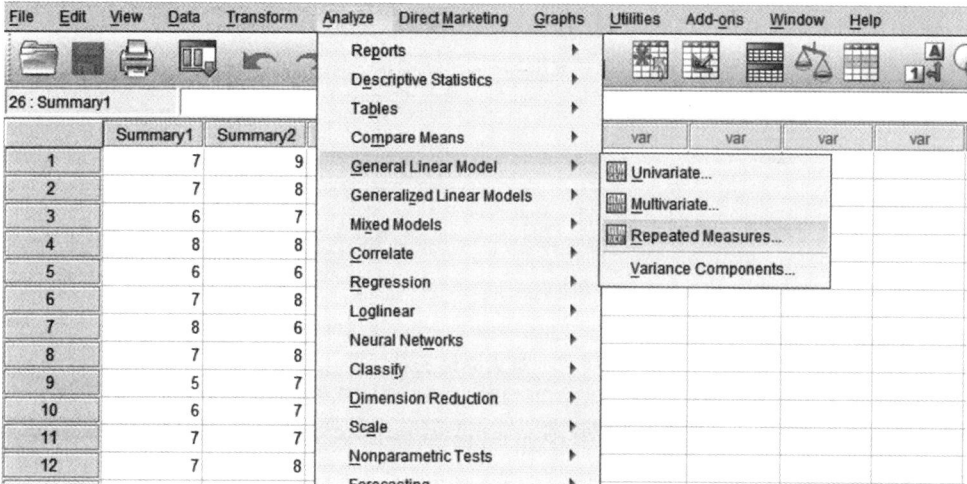

图 10.5　单因素组间/重复测量方差分析菜单

单击"Repeated Measures…"菜单后会弹出组内自变量定义对话框 Define Factor，如图 10.6(a)所示。把默认的自变量名称 factor1 改为更容易识别的 testtime 或其他名称；摘要写作一例共包括三次测试，即自变量 testtime 有三个取值水平，在取值水平数 Number of Levels 里输入 3，如图 10.6(b)所示。单击添加按钮"Add"完成对自变量的定义，如图 10.6(c)所示。最后单击最下面的"Define"进入 Repeated Measures 主对话框(如研究设计包括多个组内自变量，还可以继续对其他组内自变量进行定义)。

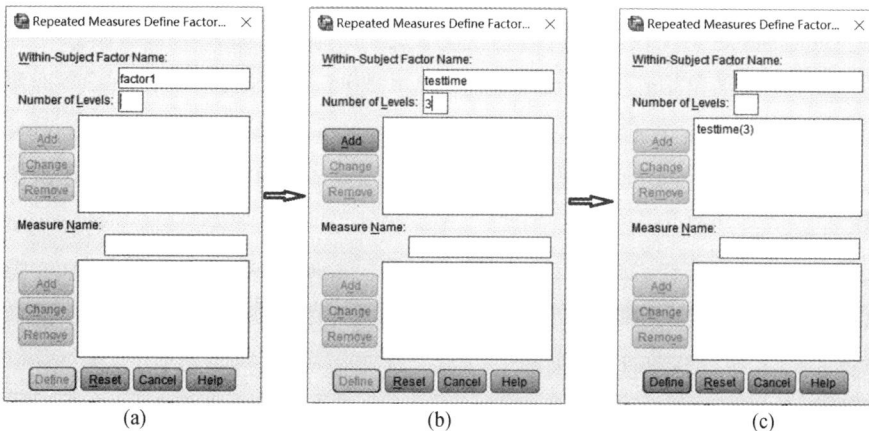

(a)	(b)	(c)

图 10.6　组内自变量定义

图 10.7 是重复测量 Repeated Measures 主对话框图 10.7(a),把左侧方框里的测试时间三个取值水平 Summary1、Summary2 和 Summary3 一起移入右侧第一个方框:组内自变量(测试时间)图 10.7(b),注意三次测试的顺序。

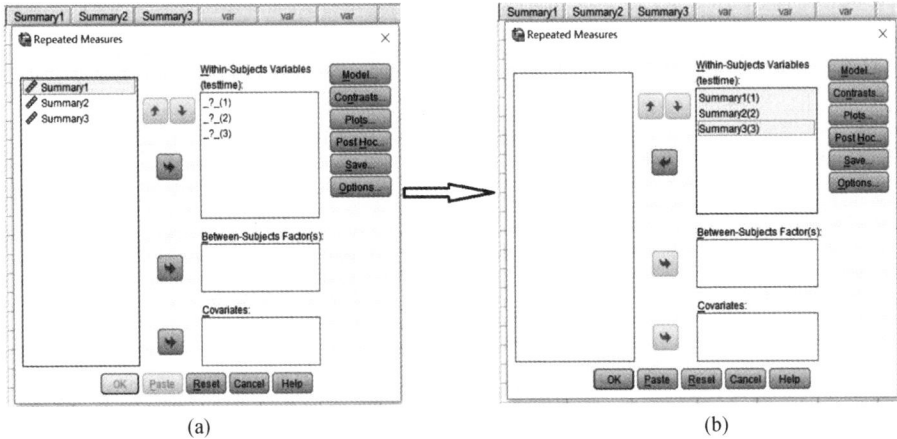

图 10.7 重复测量主对话框

如果是进行混合方差分析,需要把组间自变量移入右侧第二个方框:组间自变量 Between－Subjects Factor(s)。如果研究还包括协变量,即要排除其影响的变量,把协变量移入右侧最下面方框:协变量 Covariates。

接下来需要对主对话框右侧的几个按钮进行设置。

Model... 实验模型设置。保持默认设置。

Contrasts... 对照比较设置。比较某些组两两之间的差异,不能进行所有组之间的两两比较,该按钮可忽略。

如图 10.8 所示,Contrasts 的下拉菜单共提供了 6 种对照比较方法,多项式比较 Polynomial 是默认方法(图 10.8(a)),但一般选择重复比较 Repeated 方法,即把每一次测试与前一次测试进行比较。与单因素组间方差分析中的 Post Hoc 多重比较不同,单因素组内方差分析的 Contrasts 对照比较不能进行各次测试之间的两两比较。

在 Contrasts 下拉菜单里选择 Repeated(图 10.8(b)),单击后面的 Change 更改默认比较方法,这时上方 Factors 方框中的默认的 Polynomial 方法就变成了 Repeated 方法(图 10.8(c))。实际上 Contrasts 按钮可以忽略,因为最后一个按钮 Options 提供了两两间的多重比较。

第三、第四、第五个按钮 **Plots...**、**Post Hoc...** 和 **Save...** 都可以忽略。Plots 输出均值图;Post Hoc 是对有三个或三个以上取值水平的组间/分组自变量各取值水平进行多重比较,摘要写作一例不涉及分组变量,因此 Post Hoc 无须也无法设置。

Options... Options 设置。可输出描述统计量、方差齐性检验、效应值、残差图等结果(图 10.9)。

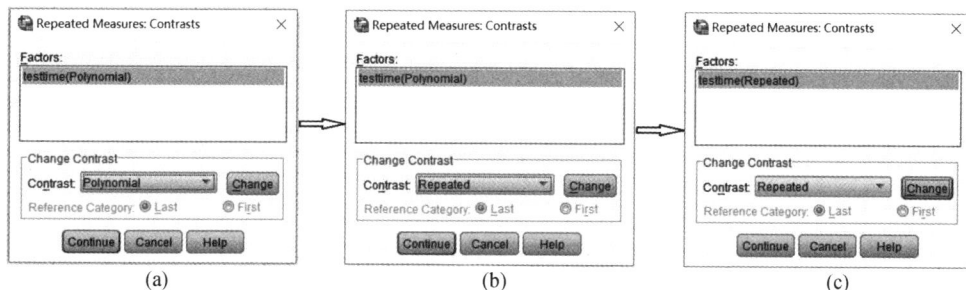

图 10.8 对照比较 Contrasts 设置

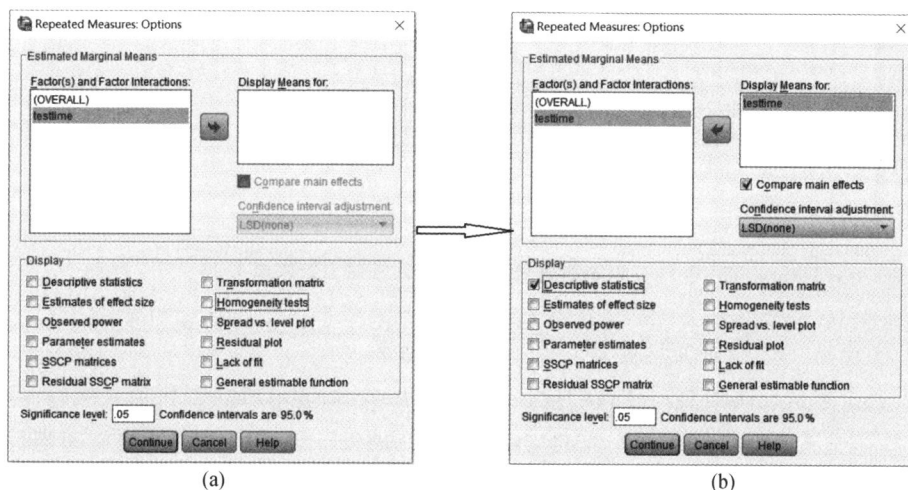

图 10.9 Options 设置

在估计边际均值 Estimated Marginal Means 中,把自变量 testtime 移入右侧方框,勾选 Compare main effects,下面的 Confidence interval adjustment 里默认的 LSD(none)是进行两两间的多重比较。在 Display 里勾选第一个选项 Descriptive Statistics,输出各组描述统计量。右边第二个选项方差齐性检验 Homogeneity tests 无须勾选,前面提过组内/重复测量设计一般不会出现方差不齐的情况,方差齐性检验用于组间设计,即不同组之间的比较,如勾选该选项,会出现警示信息。

单击"Continue"返回,最后单击"OK"运行。

单因素重复测量方差分析主对话框右侧六个按钮只需设置最后一个"Options"按钮,其他都可忽略。

10.1.3 SPSS 输出结果

SPSS 共输出了 10 个表格,由于 Analyze→General Linear Model→Repeated Measures…菜单也可以用来分析更为复杂的含组间自变量的多因素混合方差分析和含协变量的协方差分析,因此很多输出的表格对于摘要写作这一单因素重复测量方差分析无用,只需读取用粗线方框标识的四个表格。

图 10.10 是摘要写作成绩单因素重复测量方差分析输出结果的前 3 个表格。

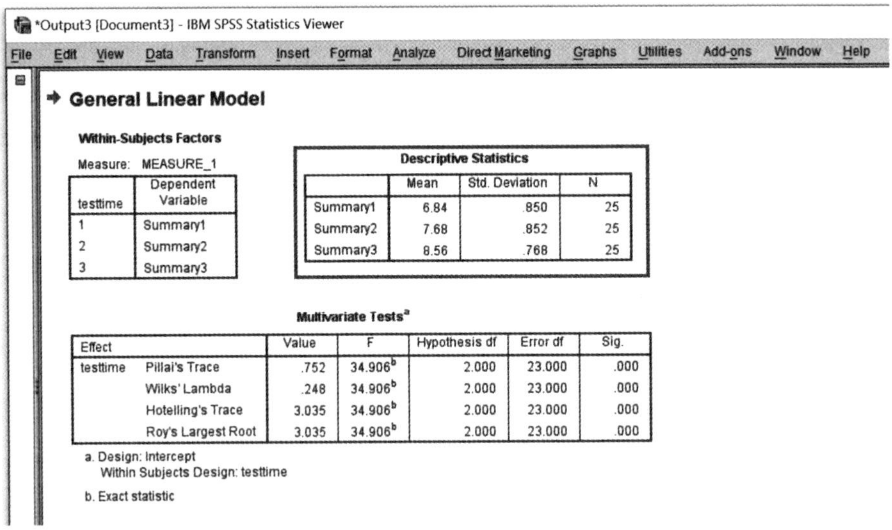

Within-Subjects Factors

Measure: MEASURE_1

testtime	Dependent Variable
1	Summary1
2	Summary2
3	Summary3

Descriptive Statistics

	Mean	Std. Deviation	N
Summary1	6.84	.850	25
Summary2	7.68	.852	25
Summary3	8.56	.768	25

Multivariate Tests[a]

Effect		Value	F	Hypothesis df	Error df	Sig.
testtime	Pillai's Trace	.752	34.906[b]	2.000	23.000	.000
	Wilks' Lambda	.248	34.906[b]	2.000	23.000	.000
	Hotelling's Trace	3.035	34.906[b]	2.000	23.000	.000
	Roy's Largest Root	3.035	34.906[b]	2.000	23.000	.000

a. Design: Intercept
Within Subjects Design: testtime

b. Exact statistic

图 10.10 单因素重复测量方差分析输出结果表 1 ~ 3

第 1 个表格(忽略)是变量定义 Define Factor 结果。

第 2 个表格是三次摘要写作成绩描述统计量 Descriptive Statistics,包括三次写作成绩均值、标准差和受试人数。三次写作成绩均值分别为 6.84,7.68 和 8.56,呈明显递增趋势,标准差分别为 0.850,0.852 和 0.768,方差是标准差的平方,可以看出三次写作成绩方差应该没有统计显著性差异。

第 3 个表格(忽略)是多元方差分析 Multivariate Tests(MANOVA)结果,多元方差分析涉及两个或两个以上因变量,且这些因变量之间互相影响(Bachman et al.,2014),应用语言学研究较少采用多元方差分析。

图 10.11 是摘要写作成绩单因素组内/重复测量方差分析输出结果的第 4 ~5 个表格。

第 4 个表格是 Mauchly 球形检验结果(Mauchly's test of sphericity)。对于组内设计方差分析,方差齐性并不是必须前提条件,但球形与正态分布一样是前提条件之一。球形类似于方差齐性,但球形不是指三次测试分数方差无统计显著性差异,而是指多次测试两两之间的差异值的方差大致相等,即 $\text{Variance}_{(\text{summary1}-\text{summary2})} \approx \text{Variance}_{(\text{summary1}-\text{summary3})} \approx \text{Variance}_{(\text{summary2}-\text{summary3})}$。球形检验会输出 4 个检验结果:Mauchly's W = 0.965, $p = 0.665$, Greenhouse – Geisser Epsilon $\varepsilon = 0.966$, Huynh – Feldt $\varepsilon = 1.000$, Lower Bound = 0.500。检验结果统计量 W 或 ε 越接近 1 表示三次测试差异值越满足球形要求,$p > 0.05$ 也表示三次测试差异值没有违反球形要求。Greenhouse – Geisser 检验和 Huynh – Feldt 检验是球形校正检验,当 $p < 0.05$ 时一般报告这两个检验结果。Howell(2013)甚至建议,无论差异值是否符合球形要求,都以 Greenhouse – Geisser 检验结果为准。

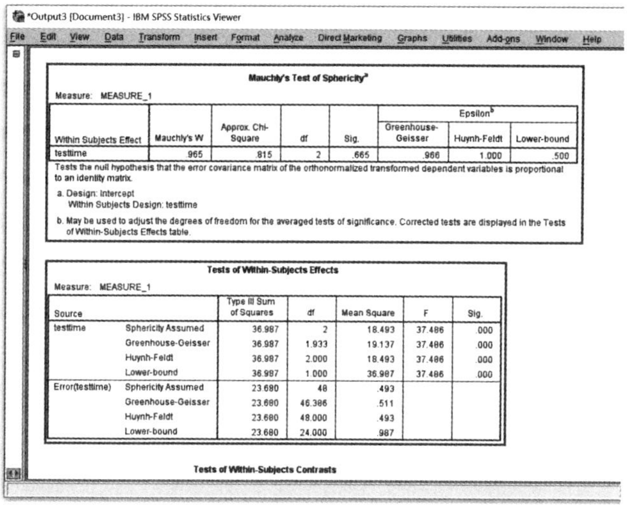

Mauchly's Test of Sphericity[a]

Measure: MEASURE_1

Within Subjects Effect	Mauchly's W	Approx. Chi-Square	df	Sig.	Epsilon[b] Greenhouse-Geisser	Huynh-Feldt	Lower-bound
testtime	.965	.815	2	.665	.966	1.000	.500

Tests the null hypothesis that the error covariance matrix of the orthonormalized transformed dependent variables is proportional to an identity matrix.

a. Design: Intercept
Within Subjects Design: testtime

b. May be used to adjust the degrees of freedom for the averaged tests of significance. Corrected tests are displayed in the Tests of Within-Subjects Effects table.

Tests of Within-Subjects Effects

Measure: MEASURE_1

Source		Type III Sum of Squares	df	Mean Square	F	Sig.
testtime	Sphericity Assumed	36.987	2	18.493	37.486	.000
	Greenhouse-Geisser	36.987	1.933	19.137	37.486	.000
	Huynh-Feldt	36.987	2.000	18.493	37.486	.000
	Lower-bound	36.987	1.000	36.987	37.486	.000
Error(testtime)	Sphericity Assumed	23.680	48	.493		
	Greenhouse-Geisser	23.680	46.386	.511		
	Huynh-Feldt	23.680	48.000	.493		
	Lower-bound	23.680	24.000	.987		

Tests of Within-Subjects Contrasts

图 10.11　单因素重复测量方差分析输出结果表 4 ~ 5

第 5 个表格是组内效应检验结果（Tests of within - subjects effects），这是重复测量方差分析最主要的结果之一。该表分上下两个部分，testtime 部分是组内变异数据，即实验处理（三次写作）带来的变异，误差 error（testtime）是实验中无法解释的变异。每个部分共有四行，第一行是三次测试差异值满足球形前提（Sphericity Assummed）时读取的数据；后三行是在违反球形前提时输出的校正结果，因此自由度可能出现小数位，一般使用第二行 Greenhouse - Geisser 检验结果。该表输出数据和本书第 9 章单因素组间方差分析输出数据类似，包括平方和、自由度、均方、F 值和对应的 p 值。F 值等于 testtime 的均方除以误差 error 的均方。第四个表格球形检验结果表明三次测试差异值满足球形前提，所以应读取第一行数据，$F(2,\ 48)=37.486$，$p=0.000$，这表明三次测试成绩在整体上存在统计显著性差异。

当然也可以遵从 Howell（2013）的建议，无论数据是否满足球形前提，都读取 Greenhouse - Geisser 检验结果，此例中四个检验结果的 F 值和 p 值完全一致。

图 10.12 是摘要写作成绩单因素组内/重复测量方差分析输出结果的 6 ~ 7 个表格。

第 6 个表格（忽略）是 Contrasts 按钮输出的组内对照比较结果（Tests of within - subjects effects）结果。第 7 个表格（忽略）是组间效应检验结果（Tests of between - subjects effects），摘要写作一例不包括组间/分组自变量，因此该表无可用信息。

图 10.13 是摘要写作成绩单因素重复测量方差分析输出结果的第 8 ~ 10 表格。

最后 3 个表格是 Options 按钮中估计边际均值 Estimated Marginal Means 设置输出的结果。第 8 个表格输出的均值与第 2 个表格一致。第 10 个表格是根据估计边际均值输出的多元方差分析结果。多元方差分析涉及两个或两个以上因变量，且这些因变量之间互相影响（Bachman et al.，2014），应用语言学研究较少采用多元方差分析，因此忽略该表。

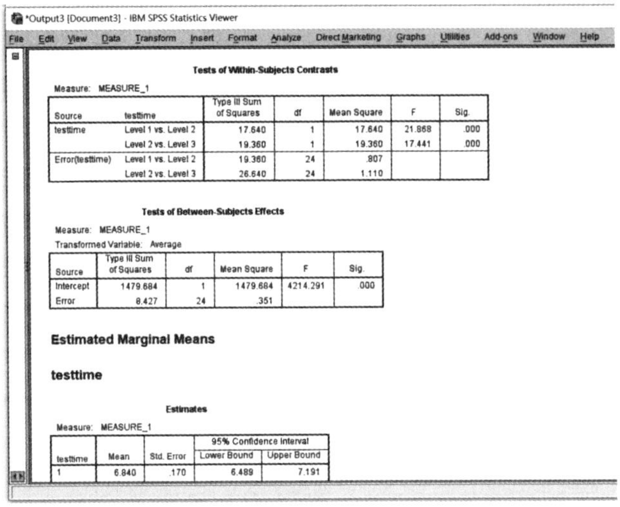

*Output3 [Document3] - IBM SPSS Statistics Viewer

File Edit View Data Transform Insert Format Analyze Direct Marketing Graphs Utilities Add-ons Window Help

Tests of Within-Subjects Contrasts

Measure: MEASURE_1

Source	testtime	Type III Sum of Squares	df	Mean Square	F	Sig.
testtime	Level 1 vs. Level 2	17.640	1	17.640	21.868	.000
	Level 2 vs. Level 3	19.360	1	19.360	17.441	.000
Error(testtime)	Level 1 vs. Level 2	19.360	24	.807		
	Level 2 vs. Level 3	26.640	24	1.110		

Tests of Between-Subjects Effects

Measure: MEASURE_1

Transformed Variable: Average

Source	Type III Sum of Squares	df	Mean Square	F	Sig.
Intercept	1479.684	1	1479.684	4214.291	.000
Error	8.427	24	.351		

Estimated Marginal Means

testtime

Estimates

Measure: MEASURE_1

testtime	Mean	Std. Error	95% Confidence Interval	
			Lower Bound	Upper Bound
1	6.840	.170	6.489	7.191

图 10.12　单因素重复测量方差分析输出结果表 6 ~ 7

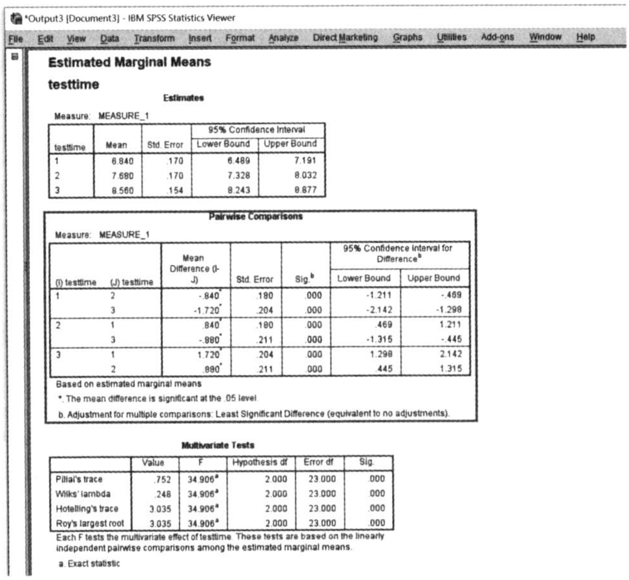

*Output3 [Document3] - IBM SPSS Statistics Viewer

File Edit View Data Transform Insert Format Analyze Direct Marketing Graphs Utilities Add-ons Window Help

Estimated Marginal Means

testtime

Estimates

Measure: MEASURE_1

testtime	Mean	Std. Error	95% Confidence Interval	
			Lower Bound	Upper Bound
1	6.840	.170	6.489	7.191
2	7.680	.170	7.328	8.032
3	8.560	.154	8.243	8.877

Pairwise Comparisons

Measure: MEASURE_1

(I) testtime	(J) testtime	Mean Difference (I-J)	Std. Error	Sig.[b]	95% Confidence Interval for Difference[b]	
					Lower Bound	Upper Bound
1	2	-.840*	.180	.000	-1.211	-.469
	3	-1.720*	.204	.000	-2.142	-1.298
2	1	.840*	.180	.000	.469	1.211
	3	-.880*	.211	.000	-1.315	-.445
3	1	1.720*	.204	.000	1.298	2.142
	2	.880*	.211	.000	.445	1.315

Based on estimated marginal means

*. The mean difference is significant at the .05 level.

b. Adjustment for multiple comparisons: Least Significant Difference (equivalent to no adjustments).

Multivariate Tests

	Value	F	Hypothesis df	Error df	Sig.
Pillai's trace	.752	34.906[a]	2.000	23.000	.000
Wilks' lambda	.248	34.906[a]	2.000	23.000	.000
Hotelling's trace	3.035	34.906[a]	2.000	23.000	.000
Roy's largest root	3.035	34.906[a]	2.000	23.000	.000

Each F tests the multivariate effect of testtime. These tests are based on the linearly independent pairwise comparisons among the estimated marginal means.

a. Exact statistic

图 10.13　单因素重复测量方差分析输出结果表 8 ~ 10

第 9 个表格是三次测试成绩两两比较或多重比较结果(Pairwise comparisons)。第 5 个表格输出的组内效应检验结果 $F = 37.486, p = 0.000$ 只表明三次写作成绩在整体上存在统计显著性差异,那么这种差异到底存在于哪几次写作之间还需进一步读取多重比较结果。多重比较结果显示,三次摘要写作成绩两两间均存在统计显著性差异,p 值均为 0.000。再结合三次测试均值呈递增趋势,可以得出结论:摘要写作练习和教师讲解可以显著提高学生的摘要写作能力。如果第 5 个表格输出的 $p > 0.05$,即三次测试整体上没有统计显著性差异,那么就可以忽略第 9 个表格结果。

10.1.4 结果报告

表 10.1 是三次摘要写作成绩单因素重复测量方差分析结果。三次摘要写作成绩均值分别为 6.84,7.68 和 8.56,呈递增趋势。三次测试数据满足球形前提,Mauchly's W 为 0.965, $p = 0.665$。组内效应检验结果显示三次测试成绩在整体上存在统计显著性差异,$F = 37.49, p = 0.000$,多重比较 LSD 检验结果显示,三次测试成绩两两间均存在统计显著性差异,$p_s = 0.000$。

英文报告结果可参考 *Discovering Statistics Using* IBM SPSS *Statistics*(第五版)第 15.12 节 "Reporting one – way repeated – measures designs"(Field,2018)。

表 10.1 摘要写作成绩单因素重复测量方差分析结果

测试时间	n	$M(SD)$	F	p	LSD(p)		
					$1-2$	$1-3$	$2-3$
摘要 1	25	6.84(0.85)	37.49	0.000	0.000	0.000	0.000
摘要 2	25	7.68(0.85)					
摘要 3	25	8.56(0.77)					

10.2 非参数 Friedman 检验

本书第 10.1 小节对数据文件"10 Summary"一个组 25 名受试三次摘要写作成绩进行了探索分析和单因素重复测量方差分析,探索分析输出的箱图和正态检验都显示三次写作成绩均不服从正态分布。本节仍以这三次写作成绩数据为例,用非参数检验方法来分析三次写作成绩之间是否具有统计显著性差异。

单因素重复测量方差分析对应的非参数检验是 Friedman 检验,该检验可以看作是本书第 8.2 节介绍的两个配对样本非参数检验 Wilcoxon 符号秩检验的扩展。

10.2.1 SPSS 操作

打开数据文件"10 Summary",单击 Analyze→Nonparametric Tests→Legacy Dialogs→K Related Samples...(图 10.14),K 表示有三次或三次以上测试。

Friedman 检验操作非常简单。如图 10.15 所示,在弹出的对话框中把左侧需要检测的三次摘要写作成绩全部移入右侧检测变量 Test Variables 方框。本书第 10.1 节介绍的单因素重复测量方差分析操作比较复杂,其菜单 Analyze→General Linear Model→Repeated Measures...不仅可以用来进行单因素重复测量方差分析,还可以进行包含一个或多个组间自变量和组内自变量及协变量的混合方差分析和协方差分析,而 Friedman 检验只能对包含一个组内自变量的数据进行非参数检验。

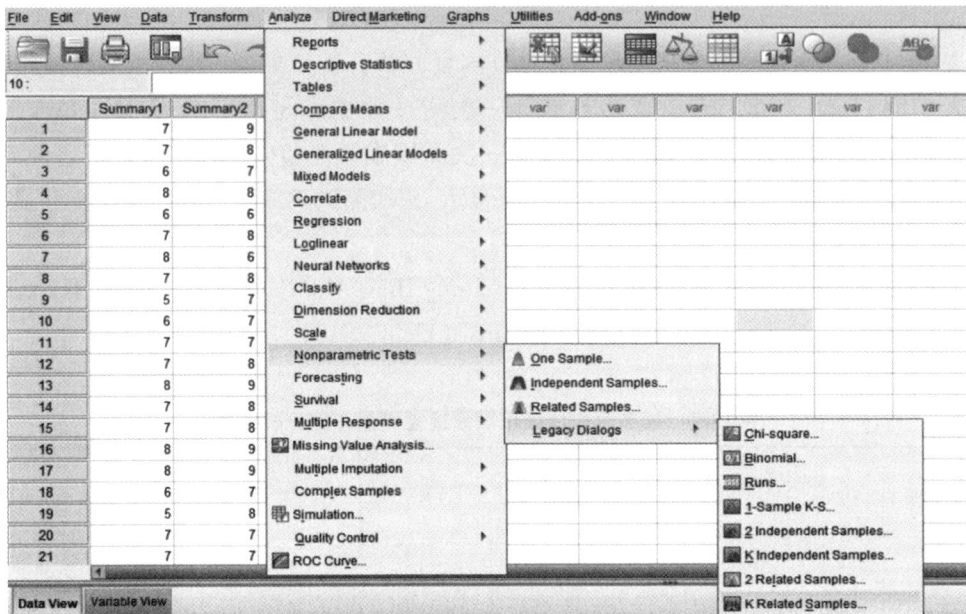

图 10.14　Friedman 检验菜单

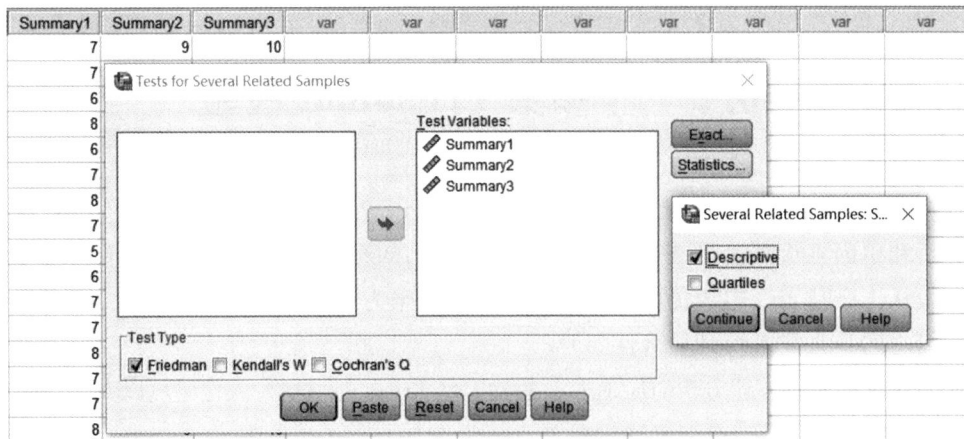

图 10.15　Friedman 检验操作

检验方法 Test Type 提供了以下三种方法。

Friedman：默认检验方法。

Kendall's W：检验不同评分者评分的一致性。假如数据文件中的三次摘要写作成绩是三位教师对该组学生某一次摘要写作的评分，那么就可以选择使用 Kendall's W 来检验三位教师评分的一致性。

Cochran's Q：检验二分数据，如果教师给学生摘要写作的分数仅分为及格和不及格，就可以使用该检验。

单击"Statistics…"按钮，勾选 Descriptive 选项，输出三次写作成绩的描述统计量。单击

“Continue”返回,最后单击“OK”运行。

10.2.2 SPSS 输出结果

图 10.16 是单因素重复测量方差分析非参数检验 Friedman 检验输出结果,共包括三个表格。

第一个表格是三次摘要写作成绩描述统计量,包括均值、标准差、最小值和最大值。

第二个表格是摘要写作成绩原始数据转化为秩(Ranks)后的平均秩,该表结果不用报告。

第三个表格是 Friedman 检验输出的统计量卡方 $\chi^2=34.26$ 和对应的显著性 $p=0.000$,说明三次摘要写作成绩之间具有统计显著性差异,这和本书第 10.1 节参数检验结果一致。

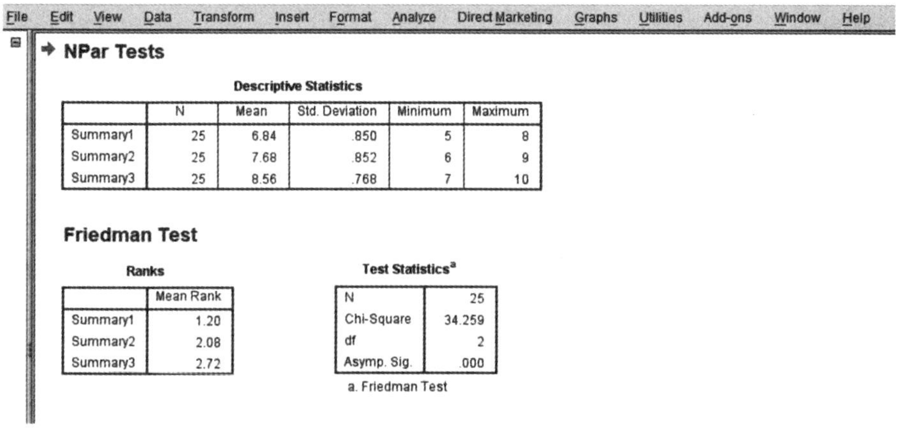

Descriptive Statistics

	N	Mean	Std. Deviation	Minimum	Maximum
Summary1	25	6.84	.850	5	8
Summary2	25	7.68	.852	6	9
Summary3	25	8.56	.768	7	10

Ranks

	Mean Rank
Summary1	1.20
Summary2	2.08
Summary3	2.72

Test Statistics[a]

N	25
Chi-Square	34.259
df	2
Asymp. Sig.	.000

a. Friedman Test

图 10.16 Friedman 检验输出结果

10.2.3 Friedman 检验多重比较

Friedman 检验输出的统计量卡方值 $\chi^2=34.26$, $p=0.000$ 只表明三次摘要写作之间的整体效应(Omnibus effect)。如果该检验结果的整体显著性 $p>0.05$,即三次写作成绩之间没有统计显著性差异,那么检验过程就到此为止。该检验结果 $p=0.000$ 表明三次写作成绩之间具有统计显著性差异,那么就需要继续进行组间效应检验或称为两两比较或多重比较以探究整体上的差异到底是由哪些测试之间的差异引起的。但 Friedman 检验并不像单因素重复测量方差分析那样提供了多重比较的选项,因此只有进行多次两个配对样本非参数检验(Wilcoxon 符号秩检验,Wilcoxon signed - rank test)。由于涉及三次写作,需要进行三个配对的 Wilcoxon 符号秩检验,Wilcoxon 符号秩检验可以同时检验多个配对,因此不需要重复检验操作。

本书第 8.2.2 小节介绍了 Wilcoxon 符号秩检验操作过程。如图 10.17 所示,对话框左侧的三次写作成绩可以重复移入右侧测试配对 Test Pairs,先把 Summary1 和 Summary2 移入 Pair 1,再把 Summary1 和 Summary3 移入 Pair 2,最后把 Summary2 和 Summary3 移入 Pair 3。

单击"Options"按钮,勾选 Descriptive 选项。检验方法 Test Type 保持默认的第一个 Wilcoxon 符号秩检验。单击"Continue"返回,最后单击"OK"运行。

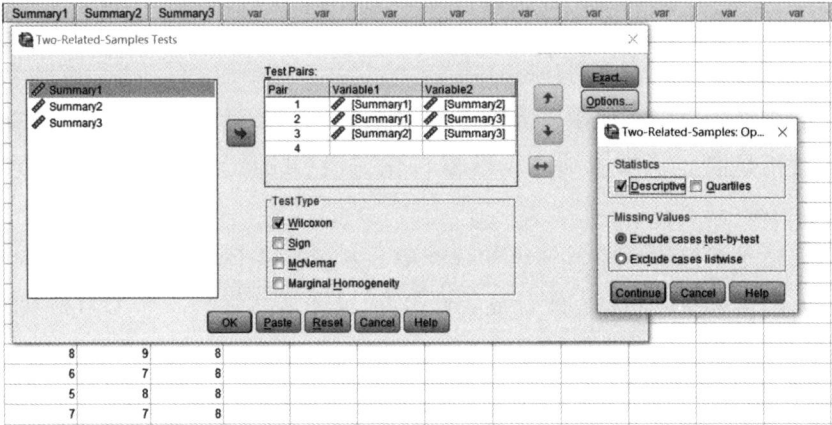

图 10.17　Wilcoxon 符号秩检验多重比较

图 10.18 是 Wilcoxon 符号秩检验多重比较结果,共三个表格。

第一个表格是三次摘要写作成绩描述统计量。

第二个表格是三个两两配对符号秩数据,如何解读可参考本书第 8.2.3 小节。

第三个表格是三个配对 Wilcoxon 符号秩检验输出的统计量标准分 Z,分别为 3.461, 4.161 和 3.275,Z 分数的正负号可以忽略,三个标准分对应的 p 值分别为 0.001,0.000 和 0.001,这表明三次摘要写作成绩两两间均具有统计显著性差异。

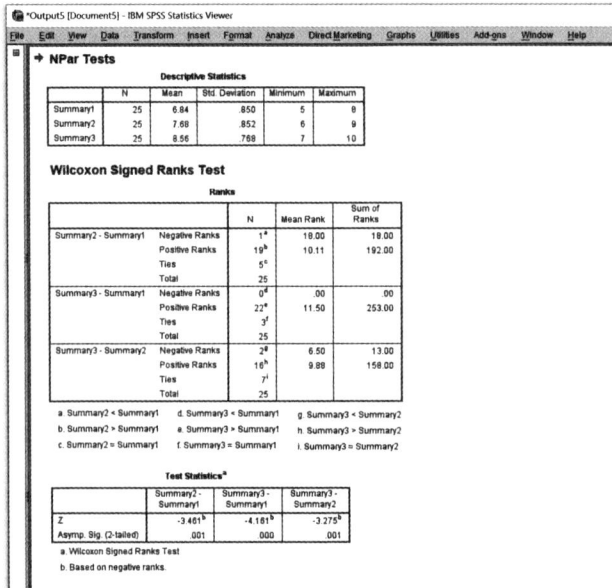

图 10.18　摘要写作成绩描述统计量

10.2.4 结果报告

表 10.2 是三次摘要写作成绩单因素重复测量非参数 Friedman 检验结果。三次测试均值分别为 6.84,7.68 和 8.56,呈递增趋势。Friedman 检验结果显示三次测试成绩在整体上存在统计显著性差异,$\chi^2 = 34.26, p = 0.000$。Wilcoxon 符号秩检验多重比较结果显示,三次测试成绩两两间均存在统计显著性差异,$Z_{1-2} = 3.46, p = 0.001, Z_{1-3} = 4.16, p = 0.000$,$Z_{2-3} = 3.28, p = 0.001$。

表 10.2 摘要写作成绩 Friedman 检验结果

测试时间	n	$M(SD)$	χ^2	p	Wilcoxon 符号秩检验 (p)		
					$1-2$	$1-3$	$2-3$
摘要 1	25	6.84 (0.85)					
摘要 2	25	7.68 (0.85)	34.26	0.000	0.001	0.000	0.001
摘要 3	25	8.56 (0.77)					

需要注意的是本小节对同组数据进行了三次 Wilcoxon 符号秩检验,需要按执行的统计检验次数对显著性水平进行调整,$\alpha = 0.05/3 = 0.0167$,拒绝或接受零假设的判断标准就应该是 0.0167 而不是 0.05。

英文报告结果可参考 *Discovering Statistics Using* IBM SPSS *Statistics*(第五版)第 7.7.7 小节"Writing and interpreting the results"(Field,2018)。

较新版本 SPSS 非参数检验菜单"Analyze→Nonparametric Tests→Related Samples…"提供了多重比较选项,检验原理与本小节基本相同,但操作界面差异较大,有兴趣的读者可参考 *Discovering Statistics Using* IBM SPSS *Statistics*(第五版)第 7.7 节"Differences between several related groups:Friedman's ANOVA"(Field,2018)。

第11章 多因素方差分析

本书第9章和第10章介绍了单因素方差分析。单因素方差分析可分为单因素组间方差分析(一般简称为单因素方差分析)和单因素组内/重复测量方差分析。前者比较三个或三个以上不同组之间均值的差异,后者比较同一个组三次或三次以上测试均值之间的差异。单因素方差分析只包含一个自变量,因此叫作 One – way ANOVA。

包含两个或两个以上自变量的方差分析称作多因素方差分析(Factorial ANOVA)。多因素方差分析用于研究多个自变量(也称为因素)对一个因变量的影响,检验多个因素取值水平的不同组合之间,因变量的均值是否存在统计显著差异。多因素方差分析既可以分析单个因素对因变量的影响(主效应,Main effect),也可以分析多个因素之间的交互作用(交互效应,Interactional Effect),还可以进行协方差分析。

包含两个自变量的方差分析称作两/双因素方差分析(Two – way ANOVA),如果两因素方差分析其中一个自变量有两个取值水平,如男和女,另外一个自变量有三个取值水平,如语言水平高、中、低,那么该设计也可以叫作 2 乘 3 多因素方差分析(2×3 ANOVA/2×3 factorial ANOVA)。以此类推,包含三个自变量的方差分析称作三因素方差分析(Three – way ANOVA),如果三因素方差分析其中一个自变量有两个取值水平,如男和女,另外一个自变量有三个取值水平,如语言水平高、中、低,第三个自变量有四个取值水平,如本科四个年级,那么该设计也可以称作 2 乘 3 乘 4 多因素方差分析(2×3×4 ANOVA/2×3×4 factorial ANOVA)。

按照自变量的类型(组间/分组变量和组内/重复测量自变量),多因素方差分析又可分为以下三类:独立样本多因素方差分析(Independent factorial ANOVA)、重复测量多因素方差分析(Related/Repeated – measures factorial ANOVA)和混合方差分析(Mixed design/Mixed ANOVA)(Field,2005)。独立样本多因素方差分析一般简称为多因素方差分析,是指研究设计包含的多个自变量均为组间/分组自变量,如性别、年级、语言水平、实验处理方法等,这些变量都把研究受试分为互相独立的小组。重复测量多因素方差分析是指研究设计包含的多个自变量均为组内/重复测量自变量,即所有受试均接受几次试验处理,如不同时间的多次测试或同一时间多个互相关联的测试。重复测量多因素方差分析在应用语言学研究领域使用较少,本书不做介绍。混合方差分析是指研究设计包含的多个自变量既有组间自变量又有组内自变量,例如本书第8.3小节介绍的混合 t 检验包含两个自变量:组间分组自变量(2个组)和组内测试时间自变量(2次测试),这是最简单的混合方差分析设计(第8.3节称之为混合 t 检验),也可以称作两因素混合方差分析 Two – way mixed ANOVA 或 2×2 mixed ANOVA。

方差分析分类见图11.1。

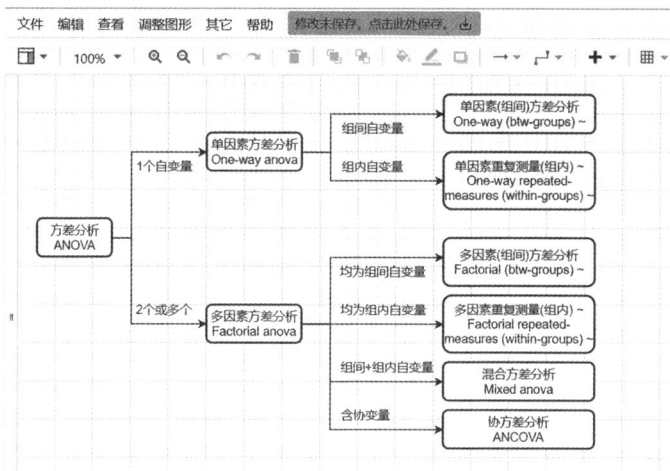

图 11.1 方差分析分类

本章介绍(独立样本)多因素方差分析,第 12 章介绍混合方差分析。本章使用数据文件"11 RW3groups. 2grades"包括两个组间/分组自变量(图 11.2):实验处理方法 Treatment,有三个取值水平,分别为控制组 NoSource,范文读写组 RW + ST,笔记读写组 RW - ST(注:实验处理方法 Treatment 即为前面章节数据文件中的组别 Group 变量,由于本章会在数据文件中增加一个 Subgroup 的变量,为避免混淆,组别 Group 被更改为实验处理方法 Treatment);学生年级 Grade,有两个取值水平,分别为三年级和四年级。

图 11.2 数据文件"11 RW3groups. 2grades"

研究问题:实验处理和学生年级对学生后测作文学术词比例 ACA2 是否有显著影响。

这是一个 2×3(独立样本)多因素方差分析,共有 6 个小组,每组 20 名受试(注:由于实验受试总人数较多,每组只保留了前 20 名受试)。另外,本章忽略前测学术词比例。

11.1 交 互 效 应

多因素方差分析不仅包括主效应分析还包括交互效应分析,这也是多因素方差分析的优点之一。主效应(Main effect)是每个自变量或因素单独对因变量产生的影响,即不考虑其他因素的影响。交互效应(Interaction)也叫作交互作用、交互影响,是指多个自变量或因素共同对因变量产生的影响。当实验研究中两个或两个以上自变量之间存在交互作用时,其中一个自变量的影响在另一个或多个自变量每一取值水平上会表现出不一致的现象。

Howell(2013)用图 11.3 阐述了多因素方差设计中各因素是否存在交互作用。该例包括两个变量 A 和 B,假设 A 代表实验处理方法自变量,A_1 表示控制组,A_2 表示范文读写组,A_3 表示笔记读写组;B 代表学生年级自变量,B_1 表示四年级,B_2 表示三年级,那么这是一个两因素或 2×3 方差分析,两个因素可以把所有受试分为 $2 \times 3 = 6$ 个小组,各小组受试互相独立。图 11.3 的横轴代表实验处理方法自变量,直线和虚线代表年级自变量,纵轴代表测试分数,即因变量,6 个点分别表示 6 个小组测试分数的均值。

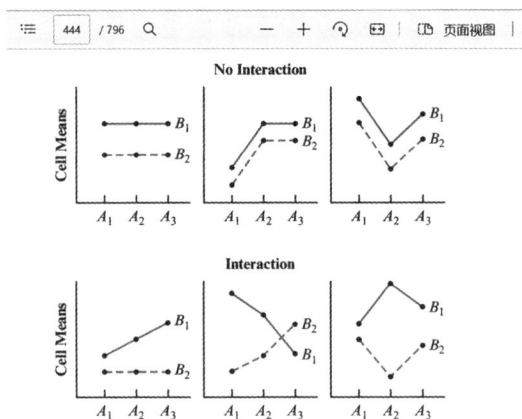

图 11.3 交互效应(Howell, 2013)

如果 6 个均值点连接成的两条直线或折线呈平行状态,如图 11.3 上三图,无论线条是什么形状或走势,两个因素 A 和 B 之间均无交互作用。对于三种实验处理 A_1、A_2 和 A_3,四年级组 B_1 均值都高于三年级组 B_2,而且两个年级之间的差异在三种实验处理上都相同,即 A 因素的效果在 B 因素的两个取值上的表现一致。

如果 6 个均值点连接成的两条直线或折线不呈平行状态,如图 11.3 下三图,那么两个因素 A 和 B 之间就具有交互作用,即 A 因素的效果在 B 因素的两个取值上的表现不一致。如下一图,两个年级在 A_1 实验处理上差别很小,而在 A_3 实验处理上差别较大;又如下二图,在 A_1 和 A_2 实验处理上,四年级组 B_1 均值高于三年级组 B_2,但在 A_3 实验处理上,四年级组 B_1 均值低于三年级组 B_2。

一般来说，多因素方差分析中两个或多个因素之间完全没有交互作用，即线条完全平行的情况很少，因素之间都具有或大或小的交互作用。交互作用的大小是根据多因素方差分析输出的交互作用统计量 F 值来判断。对于两因素方差分析，只存在一种交互作用，即 $A*B$，三因素方差分析存在以下四种交互作用：$A*B$、$A*C$、$B*C$ 和 $A*B*C$，以此类推。多因素方差分析包含的因素越多，输出的结果和结果的解读也就越复杂，因此，多因素方差分析不宜包含过多自变量，2～3 个自变量较为合适。

11.2　数据探索分析

11.2.1　Explore 探索分析

数据文件“11 RW3groups. 2grades”包括两个组间自变量：实验处理和学生年级，分别有 3 个和 2 个取值水平，因此共有 $2\times3=6$ 个小组。探索分析要检验每个小组的数据是否服从正态分布和各组数据方差齐性。但 SPSS 的探索分析菜单 Analyze→Descriptive Statistics→Explore 只能根据单个自变量将受试进行分组，不能根据两个自变量对受试进行分组。如本例，Explore 可以输出实验处理自变量三个组或者学生年级自变量两个组的探索分析结果，不能输出 3 个实验处理方法乘以 2 个年级共 6 个小组的探索分析结果。比较简单的解决办法是在数据文件中增加一个自变量，例如命名为“SubGroup”（图 11.4），用数字 1～6 来代替这 6 个小组，并在变量窗口 Variable View 中为 SubGroup 自变量的取值赋以值标签（图 11.5），然后按 SubGroup 的分组对 6 个小组后测作文学术词比例进行探索分析。

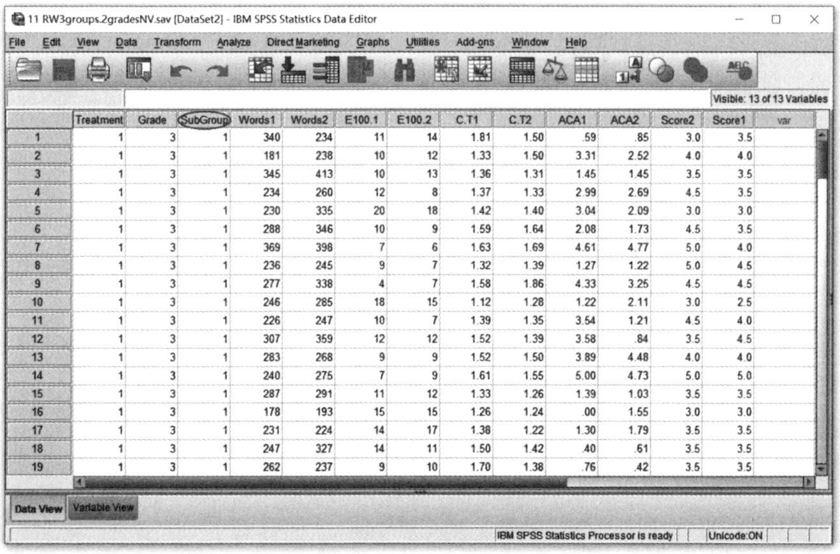

	Treatment	Grade	SubGroup	Words1	Words2	E100.1	E100.2	C.T1	C.T2	ACA1	ACA2	Score2	Score1	var
1	1	3	1	340	234	11	14	1.81	1.50	.59	.85	3.0	3.5	
2	1	3	1	181	238	10	12	1.33	1.50	3.31	2.52	4.0	4.0	
3	1	3	1	345	413	10	13	1.36	1.31	1.45	1.45	3.5	3.5	
4	1	3	1	234	260	12	8	1.37	1.33	2.99	2.69	4.5	3.5	
5	1	3	1	230	335	20	18	1.42	1.40	3.04	2.09	3.0	3.0	
6	1	3	1	288	346	10	9	1.59	1.64	2.08	1.73	4.5	3.5	
7	1	3	1	369	398	7	6	1.63	1.69	4.61	4.77	5.0	4.0	
8	1	3	1	236	245	9	7	1.32	1.39	1.27	1.22	5.0	4.5	
9	1	3	1	277	338	4	7	1.58	1.86	4.33	3.25	4.5	4.5	
10	1	3	1	246	285	18	15	1.12	1.28	1.22	2.11	3.0	2.5	
11	1	3	1	226	247	10	7	1.39	1.35	3.54	1.21	4.5	4.0	
12	1	3	1	307	359	12	12	1.52	1.39	3.58	.84	3.5	4.5	
13	1	3	1	283	268	9	9	1.52	1.50	3.89	4.48	4.0	4.0	
14	1	3	1	240	275	7	9	1.61	1.55	5.00	4.73	5.0	5.0	
15	1	3	1	287	291	11	12	1.33	1.26	1.39	1.03	3.5	3.5	
16	1	3	1	178	193	15	15	1.26	1.24	.00	1.55	3.0	3.0	
17	1	3	1	231	224	14	17	1.38	1.22	1.30	1.79	3.5	3.5	
18	1	3	1	247	327	14	11	1.50	1.42	.40	.61	3.5	3.5	
19	1	3	1	262	237	9	10	1.70	1.38	.76	.42	3.5	3.5	

图 11.4　新增自变量 SubGroup

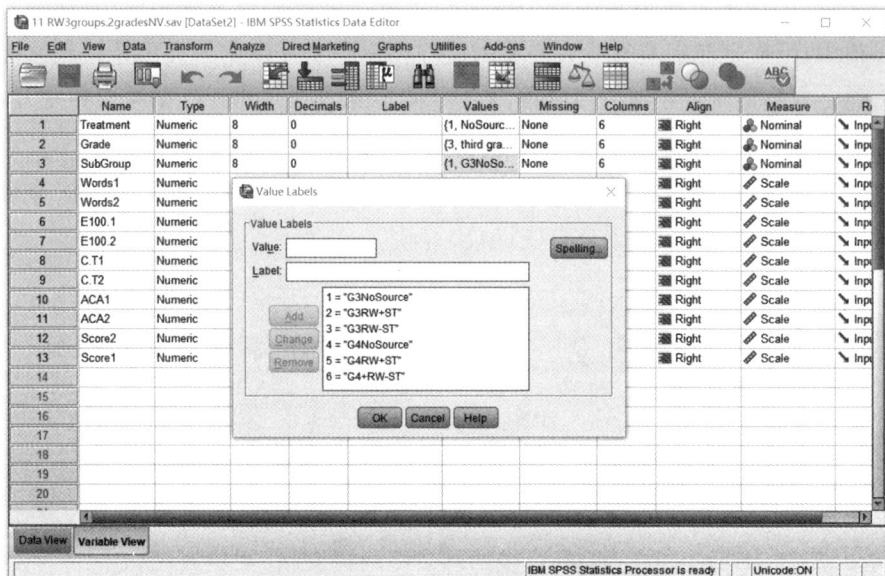

图 11.5　SubGroup 变量值标签

单击 Analyze→Descriptive Statistics→Explore，在弹出对话框中(图 11.6)把因变量 ACA2 移入因变量列表 Dependent List，把新增加的自变量 SubGroup 移入自变量列表 Factor List；单击右侧"Plots…"按钮，勾选直方图 Histogram 和 Normality plots with tests(输出 Q－Q 图和正态分布检验结果)和 Levene Test 下的 Untranstormed(输入方差齐性检验结果)。单击"Continue"返回，最后单击"OK"运行。

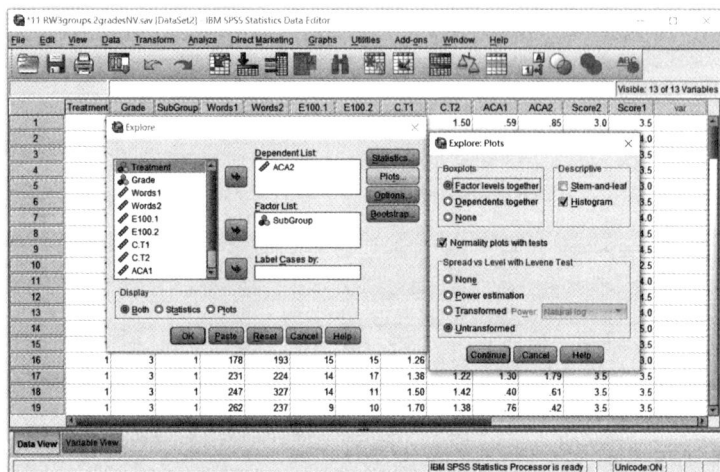

图 11.6　后测学术词比例探索分析

探索分析会输出描述统计量、箱图、Q－Q 图、正态检验和方差齐性检验结果，下面只分析正态检验、方差齐性检验和箱图结果。

图 11.7 是 6 个组后测作文学术词比例正态检验和方差齐性检验结果。K－S 检验结果显示六组数据均呈正态分布，$p_s > 0.05$，S－W 检验结果显示第一组数据不服从正态分布，$p = 0.041$。方差齐性检验结果显示 6 个组方差具有统计显著性差异，$p = 0.044$。

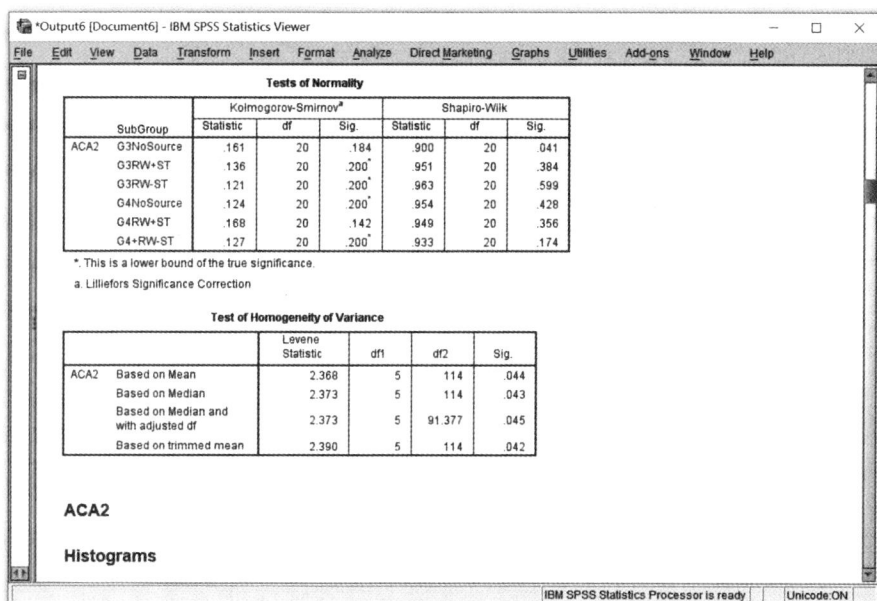

图 11.7　后测学术词比例正态检验和方差齐性检验结果

图 11.8 是 6 个组后测作文学术词比例箱图。从箱图判断，六组数据大致呈正态分布。最后一组箱的长度明显大于其他几组，表明六组数据方差具有较大差异。

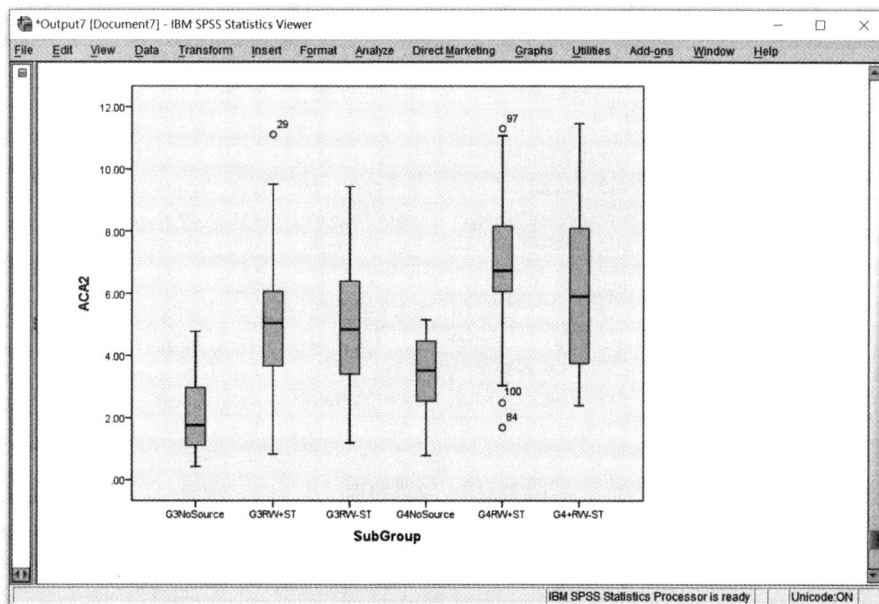

图 11.8　后测学术词比例箱图

11.2.2　Boxplot 探索分析

上节使用的 Analyze→Descriptive Statistics→Explore…菜单只能根据单个自变量将受试进行分组,不能根据两个或两个以上自变量对受试进行分组,因此我们新增了一个自变量"SubGroup"把受试分为 6 个小组,然后用 Explore 菜单进行探索分析。制图菜单 Graphs 可以同时处理多个自变量,不用新增自变量。下面介绍如何用 Graphs→Boxplot…箱图菜单对6 个小组后测作文学术词比例进行图形探索分析。

单击 Graphs→Legacy Dialogs→Boxplot…(图 11.9)。Graphs→Legacy Dialogs 可以制作柱状图、折线图、面积图、饼图、高低图、箱图、散点图、直方图等十多种图形。在弹出的对话框中(图 11.10)有两个选项,"Simple"表示制作简单箱图,即只有一个自变量,"Clustered"表示制作分类/聚类箱图,即包含多个自变量。单击"Clustered",再单击"Define"。

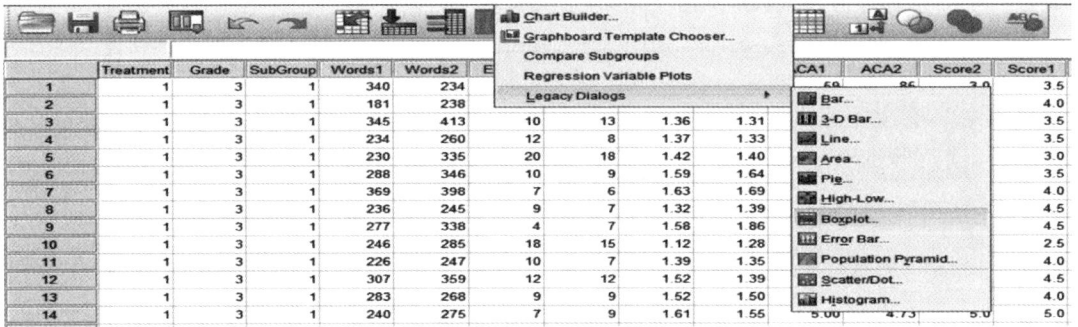

图 11.9　制图菜单

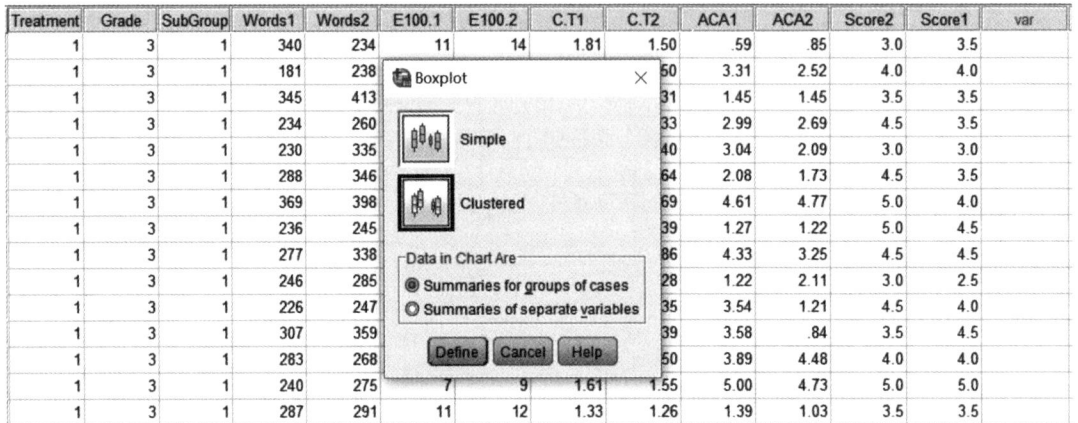

图 11.10　分类箱图

在弹出的对话框中(图 11.11)对要制作的分类箱图进行定义,把因变量后测学术词比例 ACA2 移入右侧第一个方框 Variable 中,把实验处理方法自变量 Treatment 移入 Category Axis 方框,这表示把受试首先按照实验处理方法分为三组(NoSource、RW + ST 和 RW – ST),然后把学生年级自变量 Grade 移入第三个方框 Define Clusters by,这表示对 Treatment

分组按照 Grade 进一步分组,即每个 Treatment 组按年级分为两个小组。当然也可以把 Treatment 和 Grade 位置互换,先按照 Grade 分组,再按 Treatment 进一步分组。最后单击 "OK"运行。

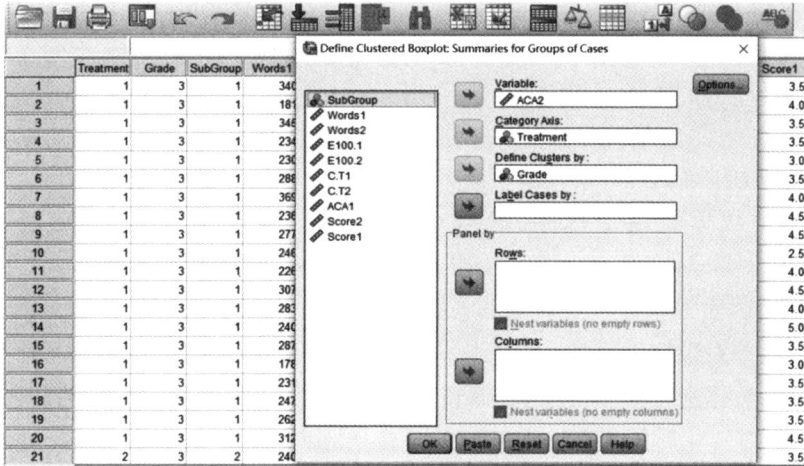

图 11.11 定义分类箱图

图 11.12 是制图菜单 Graphs→Legacy Dialogs→Boxplot...输出的 6 个小组后测作文学术词比例箱图,同图 11.8 一样,只是排列顺序不同,图 11.12 是把每一种实验处理方法下的两个年级箱图并排放在一起并用不同颜色加以区分。

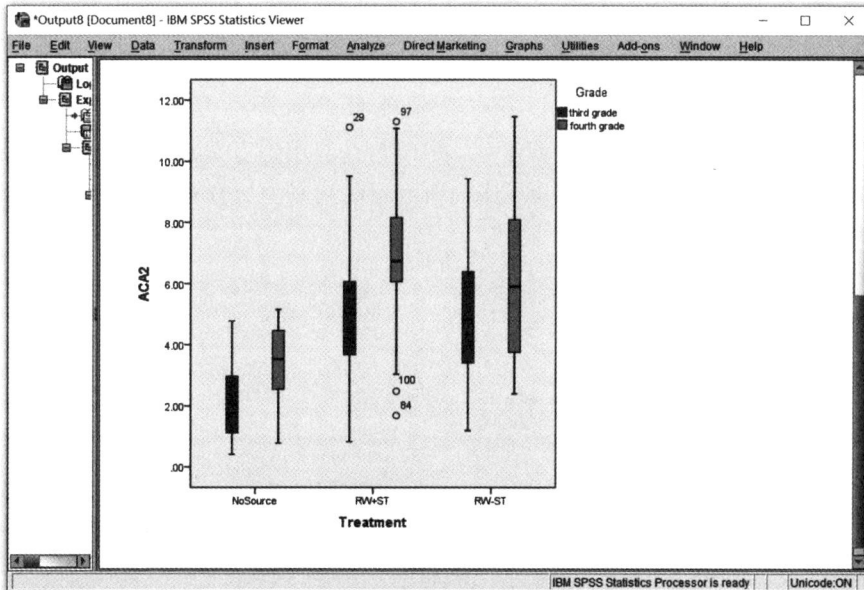

图 11.12 后测学术词比例分类箱图

探索分析结果显示六组后测作文学术词比例数据大致呈正态分布,但方差具有较大差异。Howell(2013)认为方差分析对于数据偏离正态分布具有很强的容忍性,对于方差不齐也具有一定的容忍性,在数据大致呈正态分布,各组样本容量大致相同的情况下,如果几个组中最大方差不超过最小方差的 4 倍,就可以忽略方差不齐的问题,使用常规方差分析。Howell 还认为如果各组人数基本相同,方差不齐不会对方差分析产生大的影响。此例中 6 个小组人数完全相同,因此,下面使用多因素方差分析对数据进行检验。

与 t 检验和单因素方差分析不同,对于多因素方差分析,SPSS 软件的 Analyze → Nonparametric Tests 菜单并没有提供对应的非参数检验方法。如果担心数据偏离正态分布或方差不齐影响检验结果,可以采用下面方法。

(1)给原始数据赋秩即排序,然后对"秩"进行多因素方差分析(Akritas, 1990; Conover, 1999; Conover & Iman, 1981; 申希平, 2013),这也是 Nonparametric Tests 菜单提供的 t 检验和单因素方差分析对应的非参数检验的基本原理。SPSS 中可使用 Transfrom → Rank Cases…菜单对数据进行排序。

(2)对原始数据进行平方根、倒数等转化,方差不齐一般进行平方根转化,缩小方差之间的差异,然后对转化后的数据进行多因素方差分析。转化后的数据是否呈正态分布和方差齐性还需探索分析。

(3)使用 SPSS 软件提供的稳健统计方法 Bootstrapping,稳健统计方法属于非参数检验,对数据没有正态分布和方差齐性要求。

11.3 SPSS 操作

打开数据文件"11 RW3groups. 2grades",单击 Analyze → General Linear Model → Univariate…菜单,如图 11.13 所示。General Linear Model 表示一般线性模型,Univariate…表示一元方差分析,即只包含一个因变量/结果变量的方差分析(该菜单也可以进行协方差分析及第八章介绍的单因素方差分析)。第二个菜单 Multivariate…是进行多元方差分析,即 MANOVA。多元方差分析涉及多个因变量/结果变量,在应用语言学研究领域使用非常少。第三个菜单 Repeated Measures…是进行含有组内自变量的重复测量方差分析或混合方差分析。

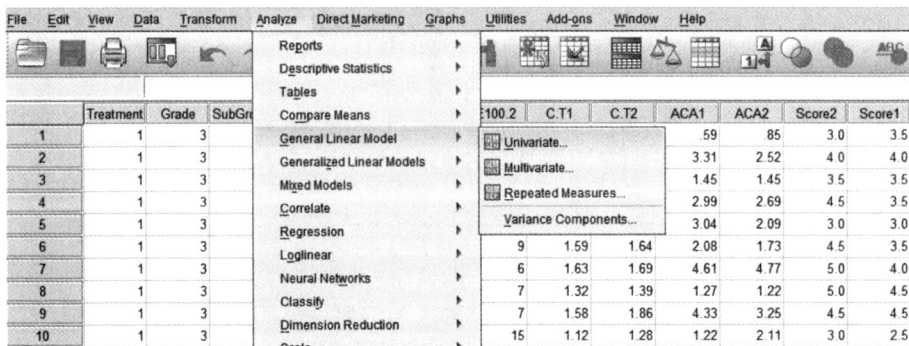

图 11.13　多因素方差分析菜单

单击"Univariate…"就会弹出多因素方差分析主对话框(图11.14)。把要分析的因变量后测学术词比例 ACA2 移入因变量 Dependent Variable 方框,该方框只能移入一个因变量,因为 Univariate…是一元方差分析。把两个组间/分组变量实验处理方法 Treatment 和学生年级 Grade 一起移入固定变量即分组变量 Fixed Factor(s)方框,此方框可移入一个或多个组间自变量,如只移入一个组间自变量就是单因素(组间)方差分析,移入两个或两个以上组间自变量就是多因素(组间)方差分析。第四个方框是协变量 Covairate(s),协变量是其影响需要控制或消除的变量,该方框如果移入了某个变量就是协方差分析。所以,Univariate…菜单不仅可以进行多因素方差分析,还可以进行协方差分析和单因素方差分析。

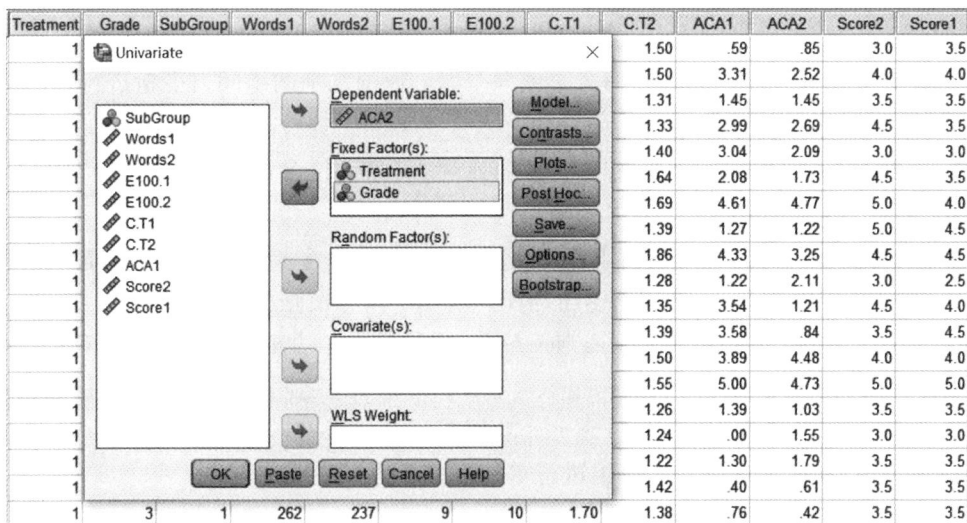

图11.14 多因素方差分析主对话框

接下来需要对主对话框右侧的几个按钮进行设置。

Model… 实验模型设置。保持默认设置。

Contrasts… 对照比较设置。比较某些组两两之间的差异,不能进行所有组之间的两两比较,因此可忽略。

Plots… 图形设置。输出均值折线图,帮助判断多个自变量之间是否存在交互效应。单击 Plots…按钮,如图11.15所示,把实验处理方法自变量 Treatment 移入横轴 Horizontal Axis 方框,把学生年级 Grade 移入分类线 Separate Lines 方框(两个自变量也可以互换位置),即用不同折线表示不同年级,然后单击下端的 Add,最下面的 Plots 方框里就会出现 Treatment * Grade,星号 * 表示交互作用。单击"Continue"返回主对话框。

如果实验设计还包含第三个自变量,把该自变量移入第三个方框 Separate Plots,即用不同图来代表这个变量的不同取值水平。

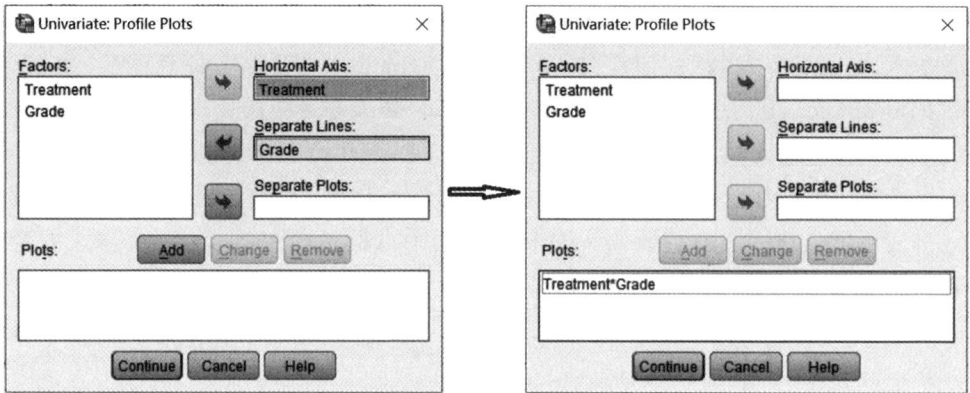

图 11.15   Plots 图形设置

Post Hoc... 多重比较设置。对有3个或3个以上取值水平的组间自变量进行两两比较，和单因素方差分析中的多重比较一样。年级自变量 Grade 只有两个取值水平，不用进行多重比较。实验处理方法 Treatment 有3个取值水平，可以进行多重比较。单击该按钮，在弹出对话框中把 Treatment 移入右侧多重检验方框(图11.16)。方差分析在数据具方差齐性(Equal Variances Assumed)时，使用第一个方框中的某一个检验方法；Howell(2013)和 Larson – Hall(2010)认为在只有3个组的情况下，LSD 具有最强的检验效力，因此勾选 LSD 选项。当方差不齐时(Equal Variances Not Assumed)，第二个方框中的 Games – Howell 方法具有较好的检验效力。交互作用(Treatment * Grade)6个组之间的多重比较多因素方差分析菜单无法实现，只能使用 SPSS 的 Syntax 功能或用 Analyze→Compare Means→One – Way ANOVA 菜单对 SubGroup 的6个小组进行单因素方差分析多重比较。

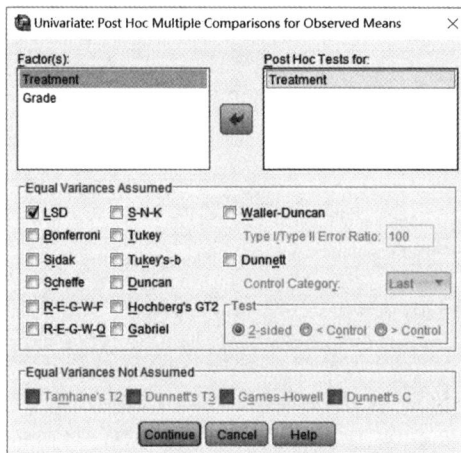

图 11.16   Post Hoc 设置

Save... 保存设置。可忽略。

Options... Options 设置。输出描述统计量、方差齐性检验、效应值、残差图等结果。单击"Options"会弹出如图11.17所示的对话框。对话框上半部分的估计边际均值 Estimated

Marginal Means 可忽略。在 Display 中勾选描述统计量 Descriptive Statistics 和方差齐性检验 Homogeneity tests,其他选项可根据需要勾选。

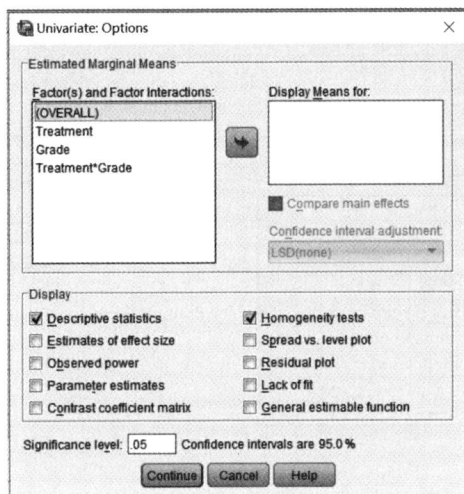

图 11.17　Options 设置

Bootstrap... Bootstrap 设置。Bootstrap 属于稳健统计方法,对数据的正态分布和方差齐性没有要求,Bootstrap 方法默认进行 1 000 次抽样,单击"Bootstrap",勾选 Perform bootstrapping 就可以了。

在这 7 个按钮中,只需要对 Plots、Post Hoc 和 Options 进行设置,设置后单击"OK"完成多因素方差分析操作。

11.4　SPSS 输出结果

图 11.18 是后测作文学术词比例多因素方差分析输出结果表 1~3。第 1 个表格是组间自变量总结,共有两个组间自变量:实验处理方法自变量 Treatment 有 3 个取值水平,学生年级自变量有 2 个取值水平。

第 2 个表格是后测作文学术词比例描述统计量。两个自变量实验处理方法和学生年级把受试分为了 6 个小组,学术词比例均值分别为 2.15% ,3.35% ,5.18% ,6.75% ,5.08% 和 6.13% 。

第 3 个表格是 Levene 方差齐性检验结果,$p=0.044$ 表明 6 个小组之间方差具有统计显著性差异,这和探索分析结果一致。

图 11.19 是学生后测作文学术词比例多因素方差分析输出结果表 4~5。

Univariate Analysis of Variance

Between-Subjects Factors

		Value Label	N
Treatment	1	NoSource	40
	2	RW+ST	40
	3	RW-ST	40
Grade	3	third grade	60
	4	fourth grade	60

Descriptive Statistics

Dependent Variable: ACA2

Treatment	Grade	Mean	Std. Deviation	N
NoSource	third grade	2.1485	1.37100	20
	fourth grade	3.3535	1.28373	20
	Total	2.7510	1.44599	40
RW+ST	third grade	5.1830	2.35628	20
	fourth grade	6.7450	2.47131	20
	Total	5.9640	2.51114	40
RW-ST	third grade	5.0840	2.11652	20
	fourth grade	6.1320	2.82544	20
	Total	5.6080	2.52056	40
Total	third grade	4.1385	2.41891	60
	fourth grade	5.4102	2.69866	60
	Total	4.7743	2.63049	120

Levene's Test of Equality of Error Variances a

Dependent Variable: ACA2

F	df1	df2	Sig.
2.368	5	114	.044

Tests the null hypothesis that the error variance of the dependent variable is equal across groups.

a. Design: intercept + Treatment + Grade + Treatment * Grade

图 11.8　多因素方差分析输出结果表 1～3

Tests of Between-Subjects Effects

Dependent Variable: ACA2

Source	Type III Sum of Squares	df	Mean Square	F	Sig.
Corrected Model	298.069a	5	59.614	12.936	.000
Intercept	2735.311	1	2735.311	593.561	.000
Treatment	248.167	2	124.084	26.926	.000
Grade	48.514	1	48.514	10.528	.002
Treatment * Grade	1.388	2	.694	.151	.860
Error	525.347	114	4.608		
Total	3558.727	120			
Corrected Total	823.416	119			

a. R Squared = .362 (Adjusted R Squared = .334)

Post Hoc Tests

Treatment

Multiple Comparisons

Dependent Variable: ACA2

LSD

(I) Treatment	(J) Treatment	Mean Difference (I-J)	Std. Error	Sig.	95% Confidence Interval	
					Lower Bound	Upper Bound
NoSource	RW+ST	-3.2130*	.48002	.000	-4.1639	-2.2621
	RW-ST	-2.8570*	.48002	.000	-3.8079	-1.9061
RW+ST	NoSource	3.2130*	.48002	.000	2.2621	4.1639
	RW-ST	.3560	.48002	.460	-.5949	1.3069
RW-ST	NoSource	2.8570*	.48002	.000	1.9061	3.8079
	RW+ST	-.3560	.48002	.460	-1.3069	.5949

Based on observed means.
The error term is Mean Square(Error) = 4.608.
*. The mean difference is significant at the .05 level.

图 11.19　多因素方差分析输出结果表 4～5

第 4 个表格是多因素方差分析输出的最重要结果,输出的数据与单因素方差分析基本相同,包括平方和、自由度、均方(方差)、F 值和 p 值。主要读取第三行至第五行 Treatment, Grade 和 Treatment * Grade 结果。

第三行是 Treatment 主效应结果,主效应是排除其他因素影响后某个因素单独对因变量产生的影响,实质上就是单因素方差分析。在此例中,Treatment 把受试分为三组,每组各 40 人(三、四年级各 20 人)。$F=26.93, p=0.000$ 表明三组之间后测学术词比例具有统计显著性差异。

第 5 个表格是对 Treatment 三个组进行的多重比较,结果显示控制组和两个读写组之间存在统计显著性差异,$p_s=0.000$,而两个读写组之间无统计显著性差异,$p=0.460$。如果 Treatment 主效应无统计显著性差异就无须读取第 5 个表格多重比较结果。

第四行是 Grade 主效应结果。$F=10.53, p=0.002$ 表明学生年级对后测作文学术词比例也具有显著影响。由于年级只有两个组,没必要进行多重比较,通过第 2 个表格的描述统计量可以判断四年级学生学术词比例明显高于三年级学生。

第五行是 Treatment * Grade 交互效应结果。$F=0.15, p=0.860$ 表明两个因素之间交互作用很小且不具有统计显著性。图 11.20 的均值图中两条折线基本平行也表明两个因素之间交互作用较弱。

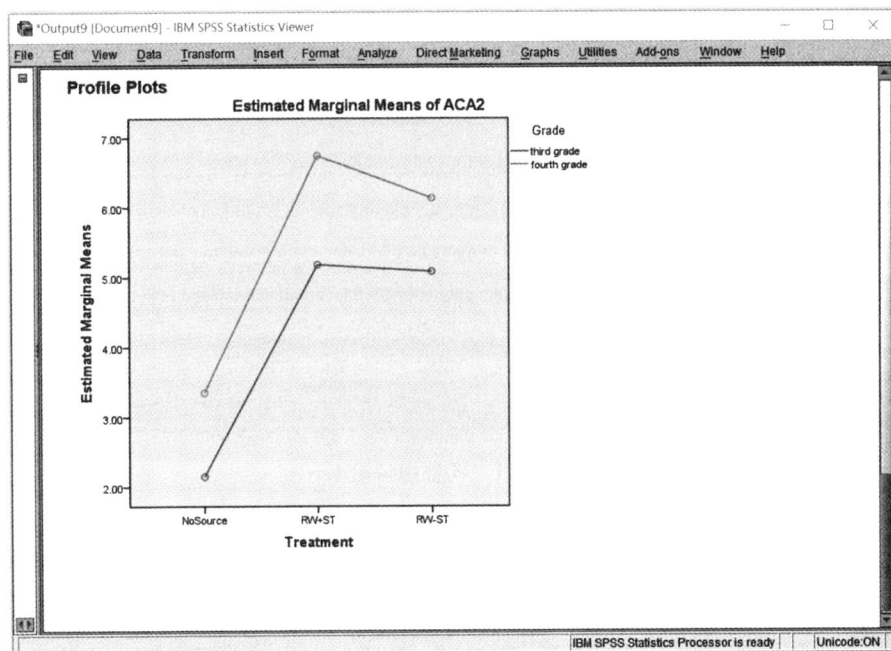

图 11.20 均值图

如果交互作用具有统计显著性,即 $p<0.05$,就可以对 6 个小组进行多重比较,以确定哪些小组之间后测作文学术词比例存在统计显著性差异。SPSS 软件的菜单没有交互作用多重比较功能,但在本书第 11.1 节探索分析时新增了一个自变量 SubGroup,把所有受试分为了 6 个小组,可以对这 6 个小组进行单因素方差分析多重比较。但六个小组需要进行 $5+4+3+2+1=15$ 次两两比较,因此在组数较多的情况下多重比较就变得不那么有意义。

11.5 图 形 编 辑

图 11.20 的均值图有两条折线,上面一条代表四年级,下面一条代表三年级。在黑白印刷时很难看出哪条线代表哪个年级。这时我们可以对输出的图形进行编辑。在 SPSS 输出结果页面鼠标双击需要编辑的图形就会弹出图形编辑 Chart Editor 页面(图 11.21)。如果要更改三年级折线类型,那么把鼠标箭头放在右上侧图形文字说明 Third Grade 前的短线上,然后双击鼠标会弹出 Properties 页面(图 11.22),在 Lines 下把直线粗度 Weight 由 1 改为 2,把直线的类型 Style 由实线改为虚线。单击 Apply 应用修改,再单击"Close"关闭 Properties 页面。关闭 Chart Editor 页面,均值图就会变成编辑之后的均值图,即三年级用加粗的虚线表示(图 11.23)。

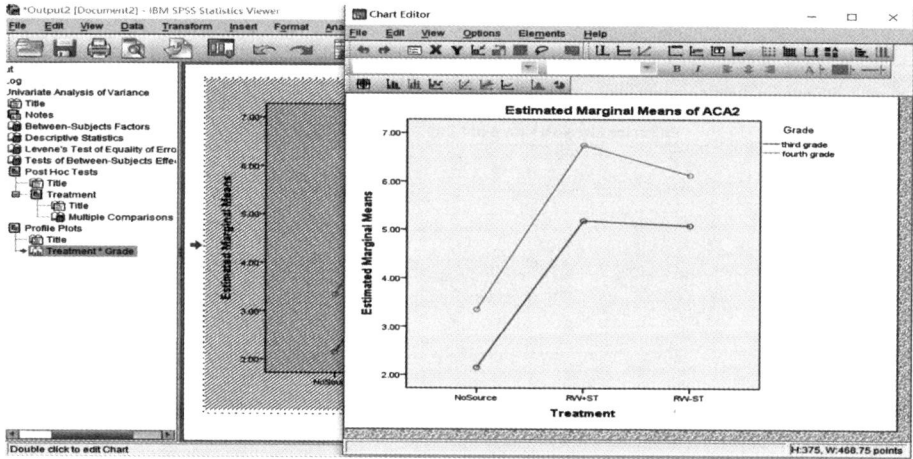

图 11.21　均值图编辑 1

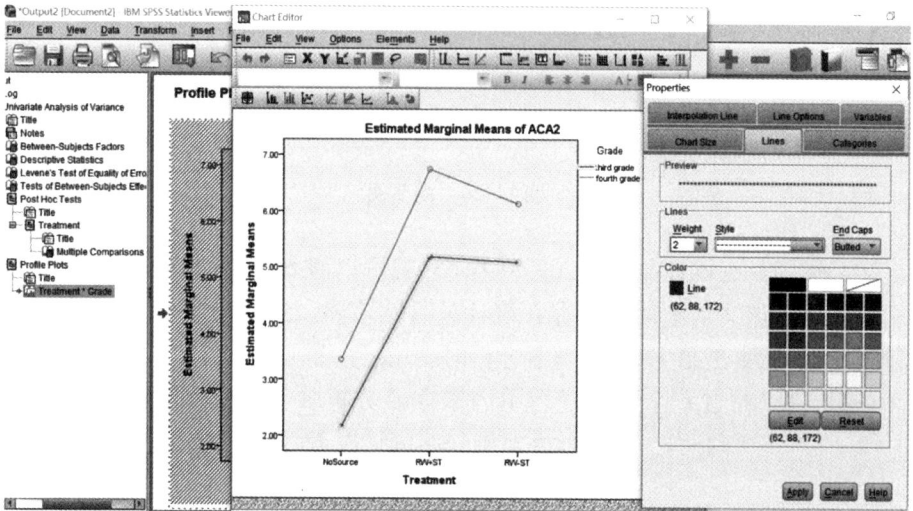

图 11.22　均值图编辑 2

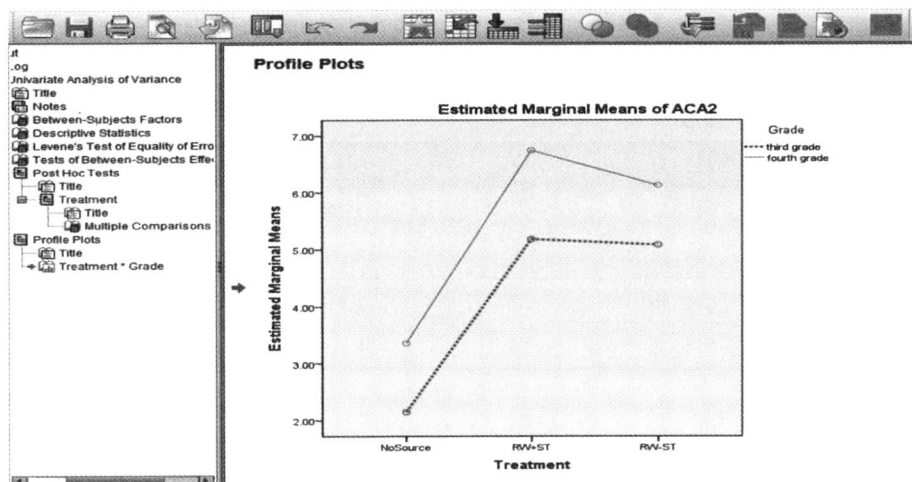

图 11.23 均值图编辑 3

11.6 结果报告

表 11.1 和表 11.2 是 6 个小组后测作文学术词比例描述统计量和多因素方差分析结果。6 个小组学术词比例均值分别为 2.15%，3.35%，5.18%，6.75%，5.08% 和 6.13%。多因素方差分析结果显示试验处理方法对学生后测作文学术词比例具有显著影响，$F = 26.93$，$p = 0.000$。对实验处理方法三个组进行多重比较发现控制组和两个读写组之间存在统计显著性差异，$p_s = 0.000$，而两个读写组之间无统计显著性差异，$p = 0.460$。学生年级主效应也具有统计显著性，$F = 10.53$，$p = 0.002$，四年级学生后测作文学术词比例显著高于三年级学生。实验处理方法和学生年级之间无显著交互作用，$F = 0.15$，$p = 0.860$。

表 11.1 后测学术词比例描述统计量

实验处理	年级	人数/人	均值	标准差
无范文组	三年级	20	2.15	1.37
	四年级	20	3.35	1.28
范文读写组	三年级	20	5.18	2.36
	四年级	20	6.75	2.47
笔记读写组	三年级	20	5.08	2.12
	四年级	20	6.13	2.83

表 11.2　后测作文学术词比例多因素方差分析结果

	平方和	自由度	均方	F	p
校正模型	298.07	5	59.61	12.94	0.000
截距	2735.31	1	2735.31	593.56	0.000
实验处理	248.17	2	124.08	26.93	0.000
年级	48.51	1	48.51	10.53	0.002
实验处理 * 年级	1.39	2	0.69	0.15	0.860
误差	525.35	114	4.61		

英文报告结果可参考 *Discovering Statistics Using* IBM SPSS *Statistics*(第五版)第 14.11 节 "Reporting the results of factorial designs"(Field,2018)。

第 12 章　混合方差分析

多因素方差分析(Factorial ANOVA)是指包含两个或两个以上自变量的方差分析。多因素方差分析既可以分析单个因素对因变量的影响(主效应,Main effect),也可以分析各因素之间的交互作用(交互效应,Interactional effect),还可以进行协方差分析。多因素方差分析包含的自变量越多,每个自变量包含的取值水平越多,分析过程和输出结果解读就越复杂。因此,多因素方差分析不宜包含过多自变量。

按自变量数量,多因素方差分析可分为两/双因素方差分析(Two-way ANOVA)、三因素方差分析等。

按自变量的类型(组间/分组自变量和组内/重复测量自变量),多因素方差分析可分为独立样本多因素方差分析(Independent factorial ANOVA)、重复测量多因素方差分析(Related/Repeated-measures factorial ANOVA)和混合方差分析(Mixed design/Mixed ANOVA)(Field,2005)。第 11 章介绍的独立样本多因素方差分析,简称多因素方差分析,是指研究设计包含的多个自变量均为组间/分组自变量,如性别、年级、语言水平,实验处理方法等。重复测量多因素方差分析是指研究设计包含的多个自变量均为组内/重复测量自变量,即所有受试接受几次试验处理,如不同时间的多次测试或同一时间多个互相关联的测试。重复测量多因素方差分析在应用语言学研究领域使用较少,本书不做介绍。

混合方差分析是指研究设计包含的多个自变量既有组间自变量又有组内自变量。例如本书第 8.3 小节介绍的混合 t 检验包含两个自变量:一个组间/分组自变量(2 个组)和一个组内/重复测量自变量(2 次测试),这是最简单的混合方差分析设计(本书称之为混合 t 检验),也可称作两因素混合方差分析 Two-way mixed ANOVA 或 2×2 mixed ANOVA。混合方差分析也可包括 2 个组间/分组自变量和 1 个组内/重复测量自变量,或者 1 个组间/分组自变量和 2 个组内/重复测量自变量,或者多个组间/分组自变量和多个组内/重复测量自变量。

12.1　数　据　文　件

本章仍使用第 11 章数据文件"11 RW3groups.2grades"。

研究问题:三种实验处理方法是否对学生作文学术词比例有显著影响?

这是一个 2×3 的两因素混合方差设计(图 12.1)。实验处理方法是组间/分组自变量,有三个取值水平:控制组 NoSource,范文读写组 RW+ST 和笔记读写组 RW-ST。测试时间是组内/重复测量自变量,有两个取值水平:前测和后测。由于 SPSS 数据输入格式的要求,前测和后测是当作两个变量来输入的。研究的因变量或结果变量是学生作文学术词比例。

如果再加上学生年级(三年级和四年级),那么就是一个 $2 \times 2 \times 3$ 的三因素混合方差设计。

	Treatment	Grade	SubGroup	Words1	Words2	E100.1	E100.2	C.T1	C.T2	ACA1	ACA2	Score2	Score1
19	1	3	1	262	237	9	10	1.70	1.38	.76	.42	3.5	3.5
20	1	3	1	312	331	12	9	1.46	1.46	3.53	3.63	4.5	4.5
21	2	3	2	240	276	15	7	1.40	1.47	2.50	4.71	4.0	3.5
22	2	3	2	231	295	10	9	1.41	1.38	2.16	2.03	4.0	4.0
23	2	3	2	185	185	5	6	1.36	1.38	4.86	5.95	5.0	5.0
24	2	3	2	177	225	10	10	1.41	1.37	3.95	5.33	4.5	4.5

图 12.1　数据文件"11 RW3groups. 2grades"

12.2　SPSS 操 作

由于混合方差分析包含至少一个组内/重复测量自变量,因此其操作菜单和第 10 章单因素组内/重复测量方差分析操作菜单相同:Analyze→General Linear Model→Repeated Measures…,如图 12.2 所示,General Linear Model 表示一般线性模型。

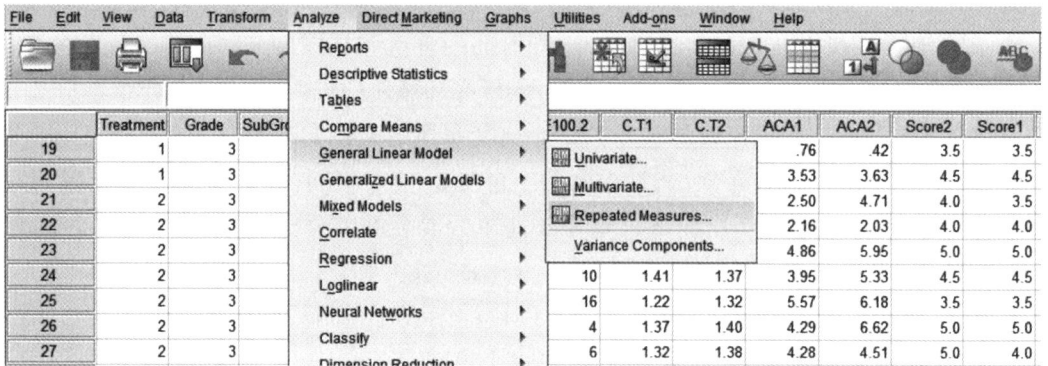

图 12.2　混合方差分析菜单

单击 Repeated Measures…菜单后会弹出组内自变量(Within-subject factor)定义对话框,如图 12.3 所示。首先把自变量名称更改为更容易辨识的 Testtime,该自变量共有两个取值水平,因此在 Number of levels 里填 2,单击 Add 按钮把定义添加到下方方框里,如果研究设计还包含其他组内自变量,则需要继续定义和添加。最后单击 Define 按钮进入混合方差分析主对话框。

如图 12.4 所示,把左侧变量列表里前、后测作文学术词比例 ACA1 和 ACA2 一起移入右侧第一个已经定义好的组内自变量 Within-Subjects Variables 方框,要注意前后测移入顺序。把试验处理方法 Treatment 变量移入右侧第二个组间/分组自变量方框 Between-Subjects Factor(s)。如果研究还包含协变量,即需要剔除其影响的自变量,把协变量移入右侧第三个协变量 Covariates 方框。混合方差分析可以包含多个组内自变量,多个组间自变量或多个协变量,因此这三个方框都可以移入多个自变量。

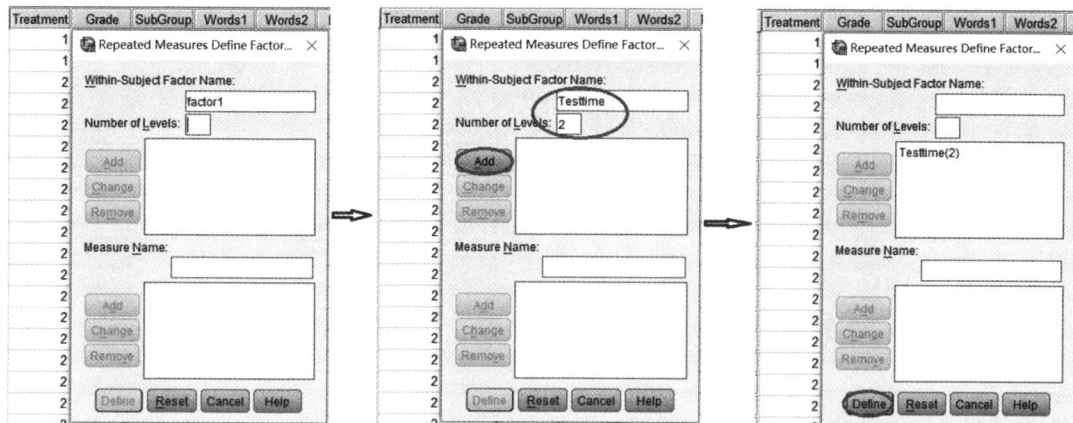

图 12.3 组内自变量定义

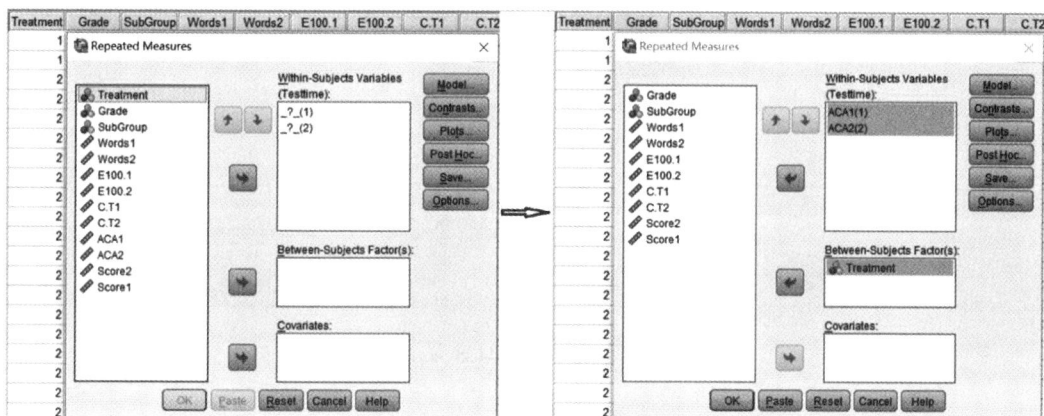

图 12.4 混合方差分析主对话框

接下来需要对主对话框右上方六个按钮中的三个按钮进行设置,包括 Plots、Post Hoc 和 Options。其余三个 Model、Contrasts 和 Save 保持默认设置即可(参考本书第 11.3 小节)。

Plots... 图形设置。输出均值折线图,帮助判断多个自变量之间是否存在交互效应。单击 Plots…按钮,如图 12.5 所示,把实验处理方法 Treatment 移入横轴 Horizontal Axis 方框,把测试时间 Testtime 移入分类线 Separate Lines 方框,即用不同折线表示不同测试时间,然后单击下面的"Add",最下面的 Plots 方框里就会出现 Treatment * Testtime,星号 * 表示交互作用。单击"Continue"返回主对话框。

我们再以 Testtime 为横轴,Treatment 为分类线输出均值折线图,看看两个均值折线图哪一个更方便理解。操作过程基本相同:把测试时间 Testtime 移入横轴 Horizontal Axis 方框,把实验处理方法 Treatment 移入分类线 Separate Lines 方框,然后单击下端的"Add",最下面的 Plots 方框里就增加了 Testtime * Treatment。单击"Continue"返回主对话框。

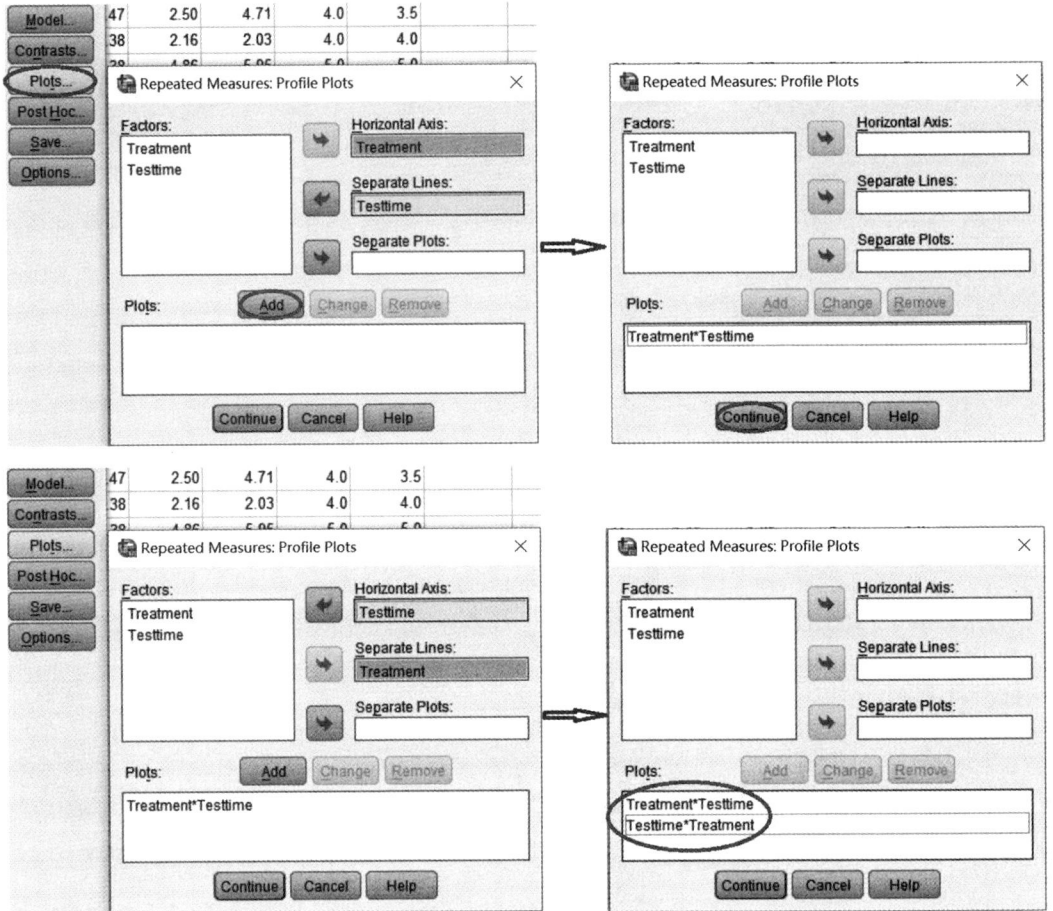

图 12.5 **Plots** 设置

如果实验设计还包含第三个自变量,把该自变量移入第三个方框 Separate Plots,即用不同图来代表这个变量的不同取值水平。

Post Hoc.. 组间自变量多重比较设置。对有三个或三个以上取值水平的组间自变量进行两两比较,和单因素方差分析中的多重比较一样。测试时间 Testtime 是组内自变量,且只有两个取值水平,无法也无须进行多重比较。组间自变量实验处理方法 Treatment 有三个取值水平,可以进行多重比较。

单击"Post Hoc…"按钮,在弹出的对话框里把 Treatment 移入右侧多重检验方框,如图 12.6 所示。勾选 LSD 和 Games – Howell。单击"Continue"返回主对话框。方差分析在数据具方差齐性(Equal Variances Assumed)时,使用第一个方框中的某一个检验方法;Howell (2013)和 Larson – Hall(2010)认为在只有三个组的情况下,LSD 具有最强的检验效力。当方差不齐时(Equal Variances Not Assumed),第二个方框中的 Games – Howell 方法具有较好的检验效力。(交互作用 Treatment ∗ Testtim 6 个组之间的多重比较混合方差分析菜单无法实现,只能使用 SPSS 的 syntax 功能或用 Analyze→Compare Means→One – Way ANOVA 菜单

对 SubGroup 的 6 个小组进行单因素方差分析多重比较)

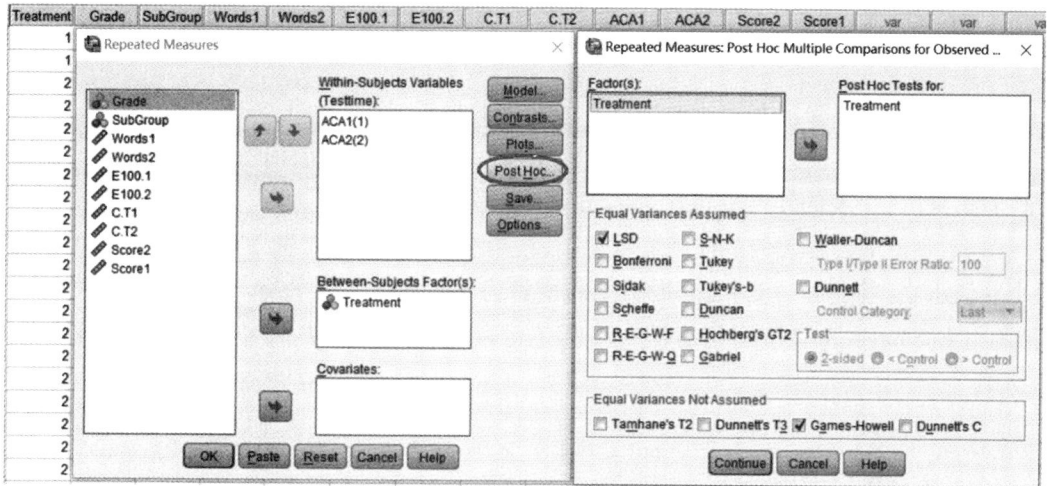

图 12.6　Post Hoc 多重比较设置

Options... Options 设置。输出描述统计量、方差齐性检验、效应值、残差图等结果,如图 12.7 所示。对话框上半部分的估计边际均值 Estimated Marginal Means 可忽略(组内自变量 Testtime 只有两个取值水平,无须进行多重比较,组间自变量实验处理方法三个取值水平的多重比较结果 Post Hoc 按钮设置可输出)。在 Display 中勾选描述统计量 Descriptive Statistics 和方差齐性检验 Homogeneity tests,其他选项可根据需要勾选。单击"Continue"返回主对话框,最后单击"OK"运行。

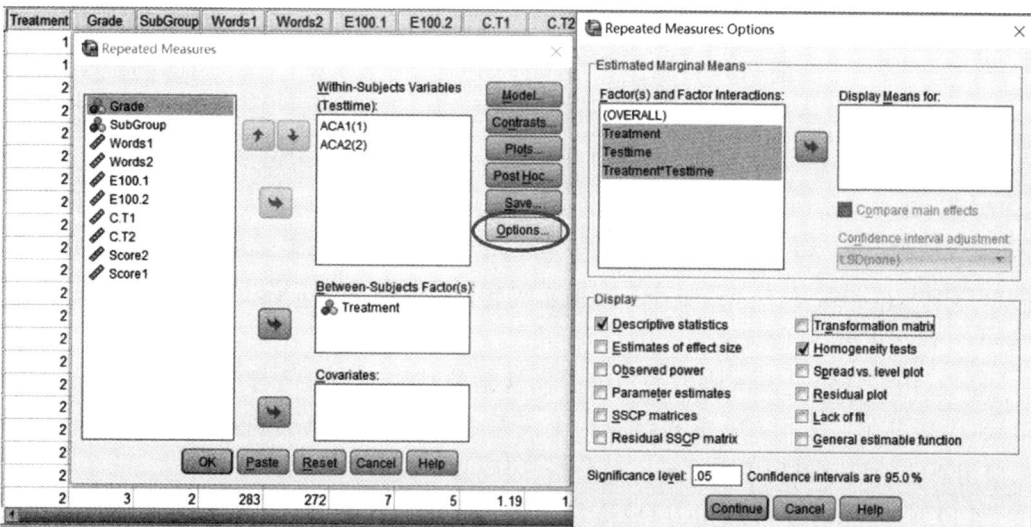

图 12.7　Options 设置

12.3 SPSS 输出结果

本书 12.3 节对混合方差分析进行了最基本的设置,这些最基本的设置会输出至少 10 个图表,我们需要读懂其中最为重要的四个图表:描述统计量、组内效应检验结果、组间效应检验结果(三个表的外框用粗线条标注)和均值折线图。

图 12.8 是混合方差分析涉及变量总结,组内/重复测量自变量为测试时间 Testtime,有两个取值水平(前测和后测);组间/分组自变量为实验处理方法 Treatment,有三个取值水平(控制组 NoSource,范文读写组 RW + ST 和笔记读写组 RW - ST,每组 40 人,三、四年级各 20 人)。

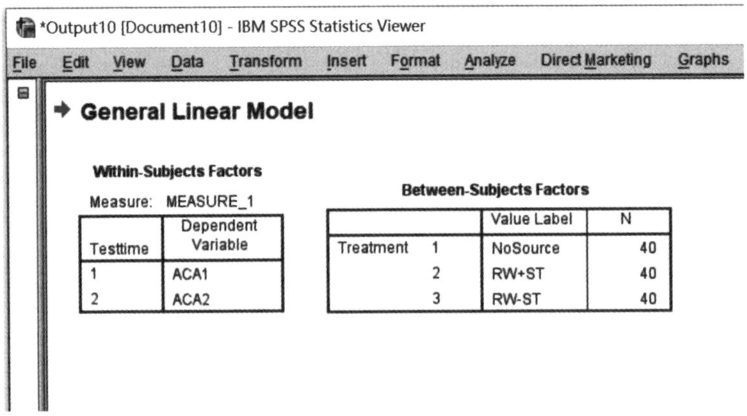

Within-Subjects Factors

Measure: MEASURE_1

Testtime	Dependent Variable
1	ACA1
2	ACA2

Between-Subjects Factors

		Value Label	N
Treatment	1	NoSource	40
	2	RW+ST	40
	3	RW-ST	40

图 12.8 变量总结

图 12.9 是三个组前测和后测作文学术词比例描述统计量。三个组前测学术词比例 ACA1 均值分别为 2.83%,3.63% 和 2.45%,标准差分别为 1.51,1.58 和 1.45,无明显差异。三个组后测学术词比例 ACA2 均值和标准差有明显差异,均值分别为 2.75%,5.96% 和 5.61%,标准差分别为 1.45,2.51 和 2.52。6 个标准差中最小值是 1.45,最大值是 2.52,其方差分别为 $1.45 \times 1.45 = 2.10$ 和 $2.52 \times 2.52 = 6.35$,最大方差是最小方差的 3 倍左右。Howell(2013,p. 344)认为在各组样本容量大致相同的情况下,如果几个组中最大方差不超过最小方差的 4 倍,可以忽略方差不齐的问题。

图 12.10(忽略)是 Box 协方差矩阵等同性检验结果和多元方差分析 Multivariate Tests (MANOVA)结果。多元方差分析涉及两个或两个以上因变量,且这些因变量之间互相影响,应用语言学研究很少采用多元方差分析,因此忽略该表。

图 12.11(忽略)是 Mauchly 球形检验结果(Mauchly's test of sphericity)。对于组内设计方差分析,球形是前提条件之一。球形检验类似于方差齐性,但球形不是指三次测试分数的方差无显著性差异,而是指三次测试两两之间的差异值方差大致相等,即差异值的方差齐性,Variance(test1 - test2) ≈ Variance(test1 - test3) ≈ Variance(test2 - test3)。但本章的混

合方差分析组内自变量测试时间只有两个取值水平，只有一组差异值，因此球形检验前提不成立，输出结果球形检验统计量为最大值1，显著性 sig 无结果。如何读取球形检验结果可参考第10.1节。

*Output10 [Document10] - IBM SSPS Statistics Viewer

File Edit View Data Transform Insert Format Analyze Direct Marketing

Descriptive Statistics

	Treatment	Mean	Std. Deviation	N
ACA1	NoSource	2.8302	1.50998	40
	RW+ST	3.6303	1.57604	40
	RW-ST	2.4547	1.45307	40
	Total	2.9718	1.57975	120
ACA2	NoSource	2.7510	1.44599	40
	RW+ST	5.9640	2.51114	40
	RW-ST	5.6080	2.52056	40
	Total	4.7743	2.63049	120

图 12.9　描述统计量

*Output10 [Document10] - IBM SPSS Statistics Viewer

File Edit View Data Transform Insert Format Analyze Direct Marketing Graphs Utilities Add-ons Window Help

Box's Test of Equality of Covariance Matrices[a]

Box's M	32.162
F	5.228
df1	6
df2	341172.000
Sig.	.000

Tests the null hypothesis that the observed covariance matrices of the dependent variables are equal across groups.

a. Design: Intercept + Treatment
Within Subjects Design: Testtime

Multivariate Tests[a]

Effect		Value	F	Hypothesis df	Error df	Sig.
Testtime	Pillai's Trace	.492	113.396[b]	1.000	117.000	.000
	Wilks' Lambda	.508	113.396[b]	1.000	117.000	.000
	Hotelling's Trace	.969	113.396[b]	1.000	117.000	.000
	Roy's Largest Root	.969	113.396[b]	1.000	117.000	.000
Testtime * Treatment	Pillai's Trace	.360	32.850[b]	2.000	117.000	.000
	Wilks' Lambda	.640	32.850[b]	2.000	117.000	.000
	Hotelling's Trace	.562	32.850[b]	2.000	117.000	.000
	Roy's Largest Root	.562	32.850[b]	2.000	117.000	.000

a. Design: Intercept + Treatment
Within Subjects Design: Testtime

b. Exact statistic

图 12.10　协方差矩阵等同性检验和多元方差分析结果

*Output10 [Document10] - IBM SPSS Statistics Viewer

File Edit View Data Transform Insert Format Analyze Direct Marketing Graphs Utilities Add-ons Window Help

Mauchly's Test of Sphericity[a]

Measure: MEASURE_1

					Epsilon[b]		
Within Subjects Effect	Mauchly's W	Approx. Chi-Square	df	Sig.	Greenhouse-Geisser	Huynh-Feldt	Lower-bound
Testtime	1.000	.000	0	.	1.000	1.000	1.000

Tests the null hypothesis that the error covariance matrix of the orthonormalized transformed dependent variables is proportional to an identity matrix.

a. Design: Intercept + Treatment
Within Subjects Design: Testtime

b. May be used to adjust the degrees of freedom for the averaged tests of significance. Corrected tests are displayed in the Tests of Within-Subjects Effects table.

图 12.11　球形检验结果

图12.12是组内效应及交互效应检验结果(Tests of within－subjects effects)。该表是混合方差分析输出的最重要的两个表格之一，另一个是组间效应检验结果。混合方差分析涉及组内自变量，因此交互效应结果也包含在此表格里。Source：Testtime 表示组内自变量测

试时间的主效应,即不考虑组间自变量试验处理方法 Treatment,仅按照测试时间把所有受试分为两组(前测和后测),每组 120/2 = 60 人,检验这两组之间是否存在统计显著性差异。第一行是数据满足球形(Sphericity Assumed)的结果,第二行到第四行是数据不满足球形的校正结果,由于本章的混合方差分析球形检验前提不成立,因此直接读取第一行结果。$F = 113.40, p = 0.000$ 表明测试时间对于学生作文学术词比例具有显著影响,后测作文学术词比例显著高于前测作文学术词比例。F 值是用表格第一行 Testtime 的均方值除以第九行 Error(Testtime)的均方值得到的,$194.958/1.719 = 113.414$(由于数据保留小数位的问题,计算出的 F 值和表格中的 F 值小数位有细微差异)。

Tests of Within-Subjects Effects

Measure: MEASURE_1

Source		Type III Sum of Squares	df	Mean Square	F	Sig.
Testtime	Sphericity Assumed	194.958	1	194.958	113.396	.000
	Greenhouse-Geisser	194.958	1.000	194.958	113.396	.000
	Huynh-Feldt	194.958	1.000	194.958	113.396	.000
	Lower-bound	194.958	1.000	194.958	113.396	.000
Testtime * Treatment	Sphericity Assumed	112.955	2	56.477	32.850	.000
	Greenhouse-Geisser	112.955	2.000	56.477	32.850	.000
	Huynh-Feldt	112.955	2.000	56.477	32.850	.000
	Lower-bound	112.955	2.000	56.477	32.850	.000
Error(Testtime)	Sphericity Assumed	201.155	117	1.719		
	Greenhouse-Geisser	201.155	117.000	1.719		
	Huynh-Feldt	201.155	117.000	1.719		
	Lower-bound	201.155	117.000	1.719		

图 12.12　组内效应检验结果

Testtime * Treatment 是组内自变量测试时间和组间自变量实验处理方法的交互效应。$F = 32.85, p = 0.000$ 表明测试时间和实验处理方法两个因素对于学生作文的学术词比例具有显著的交互作用,输出结果中的均值折线图也显示了相同的结果。

图 12.13(忽略)是组内效应对照比较结果,由 Contrasts 按钮默认设置输出。本章混合方差分析的组内自变量只有两个取值水平(前测和后测),没必要进行对照比较。所以,图 12.13 结果与图 12.12 每个方框的第一行结果完全一致。

Tests of Within-Subjects Contrasts

Measure: MEASURE_1

Source	Testtime	Type III Sum of Squares	df	Mean Square	F	Sig.
Testtime	Linear	194.958	1	194.958	113.396	.000
Testtime * Treatment	Linear	112.955	2	56.477	32.850	.000
Error(Testtime)	Linear	201.155	117	1.719		

图 12.13　组内效应对照比较结果

图 12.14 是误差的方差齐性检验结果,前测 ACA1 和后测 ACA2 三个组误差的方差齐性显著性分别为 $p = 0.664$ 和 $p = 0.020$,这表示三个组后测学术词比例的误差具有统计显著性差异。

*Output10 [Document10] - IBM SPSS Statistics Viewer

File Edit View Data Transform Insert Format Analyze

Levene's Test of Equality of Error Variances[a]

	F	df1	df2	Sig.
ACA1	.411	2	117	.664
ACA2	4.060	2	117	.020

Tests the null hypothesis that the error variance of the dependent variable is equal across groups.

a. Design: Intercept + Treatment
Within Subjects Design: Testtime

图 12.14　误差的方差齐性检验结果

图 12.15 是组间效应检验结果，该表是混合方差分析输出的最重要的两个表格之一。Source：Treatment 表示组间自变量实验处理方法的主效应，即不考虑组内自变量测试时间 Testtime，仅按照实验处理方法把所有受试分为三组（控制组 NoSource，范文读写组 RW + ST 和笔记读写组 RW - ST），每组 120/3 = 40 人（前测、后测各 20 人），检验这三组之间整体上是否存在显著性差异。

*Output10 [Document10] - IBM SPSS Statistics Viewer

File Edit View Data Transform Insert Format Analyze Direct Marketing Graphs Utilities Add-ons Window Help

Tests of Between-Subjects Effects

Measure: MEASURE_1
Transformed Variable: Average

Source	Type III Sum of Squares	df	Mean Square	F	Sig.
Intercept	3600.108	1	3600.108	655.857	.000
Treatment	164.050	2	82.025	14.943	.000
Error	642.232	117	5.489		

Post Hoc Tests

Treatment

Multiple Comparisons

Measure: MEASURE_1

	(I) Treatment	(J) Treatment	Mean Difference (I-J)	Std. Error	Sig.	95% Confidence Interval	
						Lower Bound	Upper Bound
LSD	NoSource	RW+ST	-2.0065*	.37044	.000	-2.7401	-1.2729
		RW-ST	-1.2408*	.37044	.001	-1.9744	-.5071
	RW+ST	NoSource	2.0065*	.37044	.000	1.2729	2.7401
		RW-ST	.7657*	.37044	.041	.0321	1.4994
	RW-ST	NoSource	1.2408*	.37044	.001	.5071	1.9744
		RW+ST	-.7657*	.37044	.041	-1.4994	-.0321
Games-Howell	NoSource	RW+ST	-2.0065*	.36886	.000	-2.8893	-1.1237
		RW-ST	-1.2408*	.34338	.002	-2.0617	-.4198
	RW+ST	NoSource	2.0065*	.36886	.000	1.1237	2.8893
		RW-ST	.7657	.39714	.138	-.1834	1.7149

IBM SPSS Statistics Processor is ready　Unicode:ON

图 12.15　组间效应检验结果

该图的读取方法同图 12.12。第二行结果 $F = 14.94$，$p = 0.000$ 表明把前、后测合在一起，3 个组的学术词比例整体上具有统计显著性差异。

要弄明白 3 个组到底哪些组两两之间具有统计显著性差异则需要读取图 12.16 组间效应多重比较结果，该结果由 Post Hoc 按钮设置输出。在设置 Post Hoc 时，我们勾选了两个多重比较检验方法，LSD 和 Games - Howell，前者是在方差齐性时使用的方法，后者是在方差不齐时使用的方法。图 12.19 的描述统计量显示三组后测学术词比例方差具有较大差异，

Games – Howell 更具有检验效力。Games – Howell 检验结果显示控制组和两个读写组作文学术词比例均具有统计显著性差异，均值差分别为 $MD = -2.01$，$MD = -1.24$，显著性分别为 $p = 0.000$，$p = 0.002$，结果与 LSD 检验方法结果基本相同；范文读写组 RW + ST 和笔记读写组 RW – ST 之间学术词比例无统计显著性差异，$MD = 0.77$，$p = 0.138$，该结果与 LSD 检验方法结果不同。

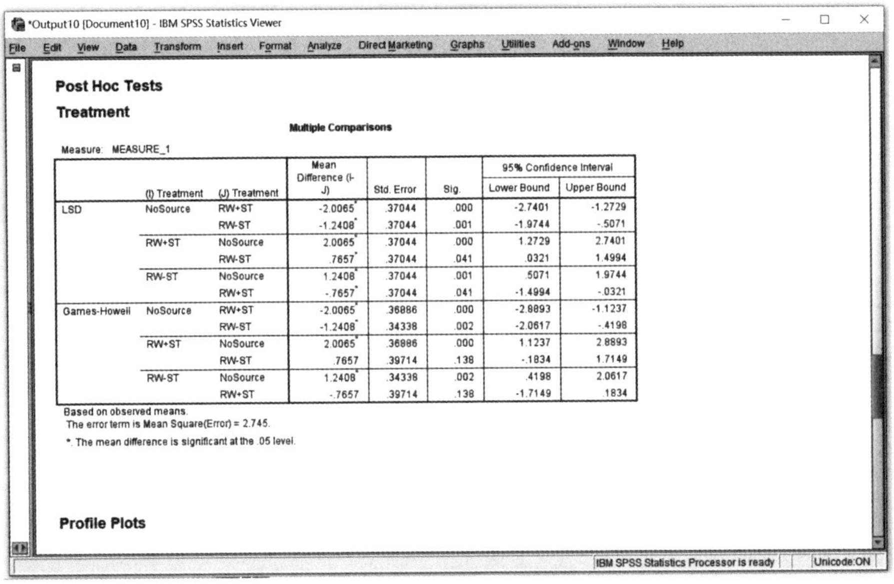

Post Hoc Tests

Treatment

Multiple Comparisons

Measure: MEASURE_1

	(I) Treatment	(J) Treatment	Mean Difference (I-J)	Std. Error	Sig.	95% Confidence Interval Lower Bound	95% Confidence Interval Upper Bound
LSD	NoSource	RW+ST	-2.0065*	.37044	.000	-2.7401	-1.2729
		RW-ST	-1.2408*	.37044	.001	-1.9744	-.5071
	RW+ST	NoSource	2.0065*	.37044	.000	1.2729	2.7401
		RW-ST	.7657*	.37044	.041	.0321	1.4994
	RW-ST	NoSource	1.2408*	.37044	.001	.5071	1.9744
		RW+ST	-.7657*	.37044	.041	-1.4994	-.0321
Games-Howell	NoSource	RW+ST	-2.0065*	.36886	.000	-2.8893	-1.1237
		RW-ST	-1.2408*	.34338	.002	-2.0617	-.4198
	RW+ST	NoSource	2.0065*	.36886	.000	1.1237	2.8893
		RW-ST	.7657	.39714	.138	-.1834	1.7149
	RW-ST	NoSource	1.2408*	.34338	.002	.4198	2.0617
		RW+ST	-.7657	.39714	.138	-1.7149	.1834

Based on observed means.
The error term is Mean Square(Error) = 2.745.
*. The mean difference is significant at the .05 level.

Profile Plots

图 12.16 组间效应多重比较结果

图 12.17 是 Plots 按钮输出的均值折线图。在 Plots 设置时，我们分别以 Treatment 和 Testtime 为横轴进行了两次设置，看输出的图形哪个更好理解。左图横轴为三种实验处理方法，实线代表前测，虚线代表后测（作者对后测线条进行了编辑，把实线更改成了虚线，如何对图形进行编辑参考第 11.5 节）。从左图可以看出，控制组前后测学术词比例基本相同，后测甚至略低于前测，而两个读写组后测学术词比例都高于前测学术词比例，两条线不平行也证明两个因素之间具有交互作用。

右图横轴为测试时间，实线代表控制组，最上面的粗虚线代表范文读写组 RW + ST，中间细虚线代表笔记读写组。前测 3 个组学术词比例由高到低的排序是：范文读写组、控制组、笔记读写组，后测的排序是范文读写组、笔记读写组、控制组，也就是说在前测和后测时，3 个组的学术词比例排序不一样，这也表明两个因素之间存在交互影响。

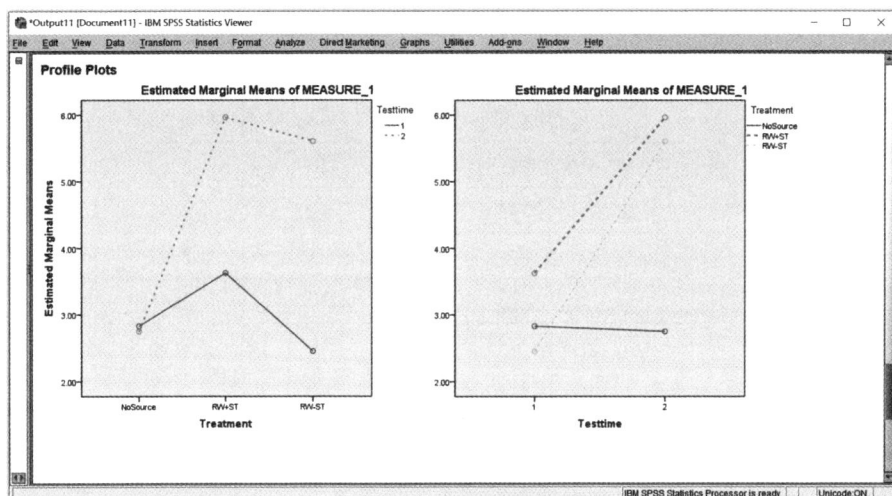

图 12.17　均值折线图

12.4　结果报告

混合方差分析需要报告的结果包括:描述统计量、组内效应检验结果、组间效应检验结果、交互效应检验结果和均值折线图。组内效应、组间效应、交互效应检验输出的统计量相同,因此可以把图 12.12 组内效应及交互效应检验结果和图 12.15 组间效应检验结果合并成一个表格。

结果报告:

表 12.1 是 3 个组前测和后测作文学术词比例描述统计量。3 个组前测学术词比例均值分别为 2.83% ,3.63% 和 2.45% ,标准差无明显差异。3 个组后测学术词比例均值和标准差有明显差异,均值分别为 2.75% ,5.96% 和 5.61% ,标准差分别为 1.45,2.51 和 2.52。

表 12.2 是学术词比例混合方差分析结果。组内自变量测试时间对学生作文学术词比例具有显著影响,$F = 113.40$,$p = 0.000$,后测作文学术词比例(4.77%)显著高于前测作文学术词比例(2.97%)。组间自变量实验处理方法对学生作文学术词比例也具有显著影响,$F = 14.94$,$p = 0.000$,Games – Howell 多重检验结果显示控制组和两个读写组作文学术词比例均具有统计显著性差异,均值差分别为 $MD = -2.01$,$MD = -1.24$,显著性分别为 $p = 0.000$ 和 $p = 0.002$。测试时间和实验处理方法两个因素的交互作用也具有统计显著性,$F = 32.85$,$p = 0.000$。图 12.8 的均值折线图也显示两个因素之间具有较强的交互作用。

英文报告结果可参考 *Discovering Statistics Using* IBM SPSS *Statistics*(第五版)第 16.8 节 "Reporting the results of mixed designs"(Field,2005)。

表 12.1　学术词比例混合方差分析结果

实验处理		人数	均值	标准差
学术词比例 1	无范文组	40	2.83	1.51
	范文读写组	40	3.63	1.58
	笔记读写组	40	2.45	1.45
	总计	120	2.97	1.58
学术词比例 2	无范文组	40	2.75	1.45
	范文读写组	40	5.96	2.51
	笔记读写组	40	5.61	2.52
	总计	120	4.77	2.63

表 12.2　学术词比例混合方差分析结果

	平方和	自由度	均方	F	p
组间效应					
测试时间	194.96	1	194.96	113.40	0.000
测试时间 * 实验处理	112.96	2	56.48	32.85	0.000
误差（测试时间）	201.16	117	1.72		
组内效应					
实验处理	164.05	2	82.03	14.94	0.000
误差	642.23	117	5.49		

第 13 章 混合方差设计简化分析

本书第 8.3 节介绍了混合 t 检验的简化分析方法,该实验设计包括两个独立的组(独立样本 t 检验)和两次测试(配对样本 t 检验),本书称之为混合 t 检验,实际上是混合方差分析的最简单形式:2×2 混合方差分析,因此可以用第 12 章介绍的混合方差分析直接进行检验。混合 t 检验简化分析的思路是把两次测试数据(前测值和后测值)简化为一组数据(前后测差异值),从而把混合 t 检验简化为独立样本 t 检验。如果实验设计包括三次测试(前测、后测和延时后测 Delayed posttest),即 2×3 混合方差分析,简化思路是一样的,可以用延时后测减去前测得到两者间的差异值,然后对该差异值进行独立样本 t 检验。

混合方差分析涉及组内/重复测量自变量,而且有不同的实验设计,如 2×2 混合方差分析、2×3 混合方差分析、2×3×4 混合方差分析等,其操作过程、输出结果和数据解读都比较复杂。在进行定量数据统计分析时,如有简单的统计检验方法就不使用复杂的方法。因此,本章介绍如何简化分析比 2×2 混合方差分析更复杂的研究设计。根据实验设计的不同(自变量数量和自变量取值水平),混合方差分析可以简化为独立样本 t 检验(第 8.3 节),单因素(组间)方差分析(第 9 章),(独立样本)多因素方差分析(第 11 章)和协方差分析(第 13.3 节)。前三个简化方法原理相同,都是对组内/重复测量自变量进行简化,把两次测试成绩转化为一组数据,即两次测试差异值;而协方差分析则是剔除前测成绩(或其他组间自变量)的影响。

13.1 方法一:单因素方差分析

对于 $3^+ \times 2^+$ 类型的两因素混合方差分析,可以将其简化为单因素方差分析:前一个数字表示组间/分组自变量,有 3 个或 3 个以上取值水平,即 3 个或 3 个以上分组;后一个数字表示组内/重复测量自变量,有 2 个或 2 个以上取值水平,即两次或两次以上测试。

本节使用第 11 章数据文件"11 RW3groups. 2grades"。

研究问题:三种实验处理方法是否对学生作文学术词比例有显著影响?

该研究问题与第 12 章研究问题相同,是一个 2×3 两因素混合方差设计,如图 13.1 所示。实验处理方法是组间/分组自变量,有三个取值水平:控制组 NoSource,范文读写组 RW + ST 和笔记读写组 RW − ST;测试时间是组内/重复测量自变量,有两个取值水平:前测和后测。研究的因变量或结果变量是学生作文学术词比例。

	Treatment	Grade	SubGroup	Words1	Words2	E100.1	E100.2	C.T1	C.T2	ACA1	ACA2	Score2	Score1
19	1	3	1	262	237	9	10	1.70	1.38	.76	.42	3.5	3.5
20	1	3	1	312	331	12	9	1.46	1.46	3.53	3.63	4.5	4.5
21	2	3	2	240	276	15	7	1.40	1.47	2.50	4.71	4.0	3.5
22	2	3	2	231	295	10	9	1.41	1.38	2.16	2.03	4.0	4.0
23	2	3	2	185	185	5	6	1.36	1.38	4.86	5.95	5.0	5.0
24	2	3	2	177	225	10	10	1.41	1.37	3.95	5.33	4.5	4.5

图 13.1　数据文件"11 RW3groups. 2grades"

第 8.3 节介绍了混合 t 检验(2×2 混合方差分析)的两种简化处理方法。第一、当控制组和实验组的前测数据没有统计显著性差异时,可以忽略前测,直接对后测进行独立样本 t 检验。第二、当控制组和实验组的前测数据具有统计显著性差异时,对两个组后测和前测的差异分进行独立样本 t 检验。两组前测数据即使没有统计显著性差异也不可能完全相等,有必要把前测数据差异考虑在内。因此,无论前测数据是否具有统计显著性差异,都最好使用第二种简化处理方法。

在 SPSS 中对变量值进行计算使用 Transform→Compute Variable…菜单,计算过程可参考第 8.3 节。后测学术词比例 ACA2 减前测学术词比例 ACA1 生成的新变量可命名为 ACAgain,如图 13.2 所示。这样实验设计就只剩一个组间/分组自变量 Treatment,从而把 2×3 的两因素混合方差设计简化成了单因素方差分析:自变量为 Treatment,因变量为 ACAgain。

	Treatment	Grade	SubGroup	Words1	Words2	E100.1	E100.2	C.T1	C.T2	ACA1	ACA2	Score2	Score1	ACAgain
19	1	3	1	262	237	9	10	1.70	1.38	.76	.42	3.5	3.5	-.34
20	1	3	1	312	331	12	9	1.46	1.46	3.53	3.63	4.5	4.5	.10
21	2	3	2	240	276	15	7	1.40	1.47	2.50	4.71	4.0	3.5	2.21
22	2	3	2	231	295	10	9	1.41	1.38	2.16	2.03	4.0	4.0	-.13
23	2	3	2	185	185	5	6	1.36	1.38	4.86	5.95	5.0	5.0	1.09
24	2	3	2	177	225	10	10	1.41	1.37	3.95	5.33	4.5	4.5	1.38

图 13.2　数据文件新增变量 ACAgain

单因素(组间)方差分析的操作过程和结果解读可参考第九章。单击 Analyze→Compare Means→One - Way ANOVA 菜单,在弹出的主对话框里,如图 13.3 所示,把要分析的因变量 ACAgain 移入因变量列表 Dependent List,把分组自变量 Treatment 移入分组变量 Factor List。单击多重比较"Post hoc"按钮,勾选 LSD 和 Games - Howell 检验。单击"Options"按钮,勾选 Descriptive、Homogeneity of Variance(方差齐性检验)、Brown - Forsythe 检验、Welch 检验和 Means Plot(均值图)等选项;单击"Continue"返回,最后单击"OK"运行。

图 13.4 至图 13.7 为学术词比例差异值单因素方差分析输出结果。

图 13.4 是三组学术词比例差异值 ACAgain 描述统计量和方差齐性检验结果。均值分别为 -0.08%,2.33% 和 3.15%,这表明控制组后测学术词比例略低于前测,另外两组都有所增加,笔记读写组增加最多。均值折线图也直观地显示了 3 个组均值的差异。

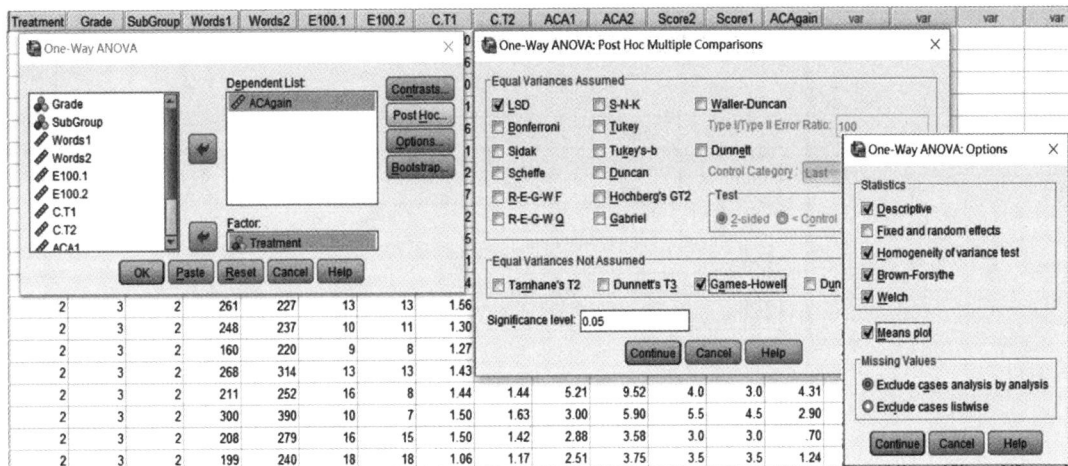

图13.3 单因素方差分析设置

图13.4 学术词比例差异值描述统计量和方差齐性检验结果

3个组学术词比例差异值标准差分别为1.02,1.87和2.40,这表明3个组数据的方差有明显差异,第3组方差为第1组方差的5.54倍,$2.40 \times 2.40/1.02 \times 1.02 = 5.54$。图13.4 Levene方差齐性检验也显示3个组的方差具有统计显著性差异,$p = 0.000$。

图13.5是学术词比例差异值ACAgain单因素方差分析结果,包括3个检验结果:上表的常规单因素方差分析结果和下图的稳健单因素方差分析Welch检验和Brown – Forsythe检验结果。由于3个组数据方差具有统计显著性差异,应读取下表稳健统计方法的结果。Welch $F = 47.00, p = 0.000$表明3个组学术词比例差异值在整体上具有统计显著性差异。

*Output2 [Document2] - IBM SPSS Statistics Viewer

File Edit View Data Transform Insert Format Analyze Direct Marketing Graphs Utilities

ANOVA

ACAgain

	Sum of Squares	df	Mean Square	F	Sig.
Between Groups	225.909	2	112.955	32.850	.000
Within Groups	402.309	117	3.439		
Total	628.219	119			

Robust Tests of Equality of Means

ACAgain

	Statistic[a]	df1	df2	Sig.
Welch	46.997	2	68.729	.000
Brown-Forsythe	32.850	2	89.018	.000

a. Asymptotically F distributed.

图 13.5　学术词比例差异值单因素方差分析结果

图 13.6 多重比较应读取 Games – Howell 检验结果。检验结果显示控制组和两个读写组之间学术词比例差异值存在统计显著性差异，$MD = -2.41$，$p = 0.000$ 和 $MD = -3.23$，$p = 0.000$。两个读写组之间学术词比例差异值无统计显著性差异，$MD = -0.82$，$p = 0.211$。如三个组学术词比例差异值在整体上不具有统计显著性差异则忽略 Post Hoc 多重比较结果。

*Output2 [Document2] - IBM SPSS Statistics Viewer

File Edit View Data Transform Insert Format Analyze Direct Marketing Graphs Utilities Add-ons Window Help

Multiple Comparisons

Dependent Variable: ACAgain

	(I) Treatment	(J) Treatment	Mean Difference (I-J)	Std. Error	Sig.	95% Confidence Interval Lower Bound	95% Confidence Interval Upper Bound
LSD	NoSource	RW+ST	-2.41300*	.41464	.000	-3.2342	-1.5918
		RW-ST	-3.23250*	.41464	.000	-4.0537	-2.4113
	RW+ST	NoSource	2.41300*	.41464	.000	1.5918	3.2342
		RW-ST	-.81950	.41464	.050	-1.6407	.0017
	RW-ST	NoSource	3.23250*	.41464	.000	2.4113	4.0537
		RW+ST	.81950	.41464	.050	-.0017	1.6407
Games-Howell	NoSource	RW+ST	-2.41300*	.33736	.000	-3.2236	-1.6024
		RW-ST	-3.23250*	.41249	.000	-4.2273	-2.2377
	RW+ST	NoSource	2.41300*	.33736	.000	1.6024	3.2236
		RW-ST	-.81950	.48148	.211	-1.9712	.3322
	RW-ST	NoSource	3.23250*	.41249	.000	2.2377	4.2273
		RW+ST	.81950	.48148	.211	-.3322	1.9712

*. The mean difference is significant at the 0.05 level.

Means Plots

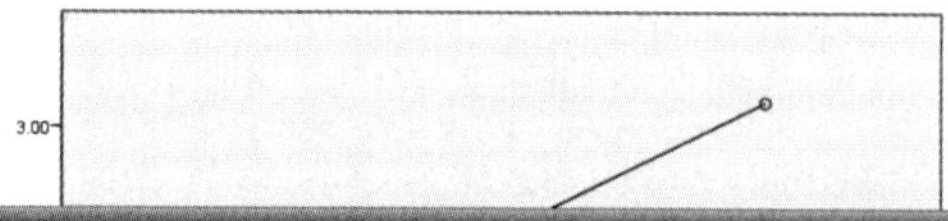

IBM SPSS Statistics Processor is ready　Unicode:ON

图 13.6　学术词比例差异值多重比较结果

因此可以得出结论：阅读与写作题目相关的范文可以显著提高学生作文的学术词比例。学术词比例差异值均值折线图如图 13.7 所示。

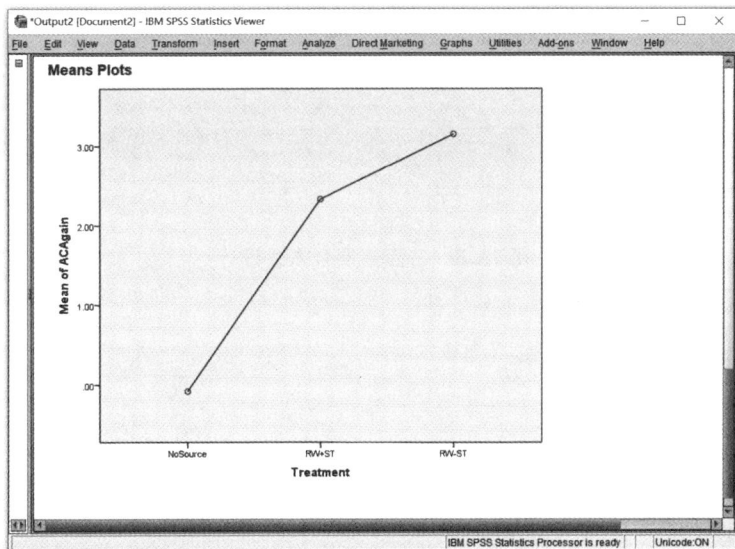

图 13.7 学术词比例差异值均值折线图

13.2 方法二:多因素方差分析

第 11 章利用数据文件"11 RW3groups.2grades"介绍了(独立样本)多因素方差分析,研究了两个组内/分组自变量实验处理方法 Treatment 和学生年级 Grade 对学生后测作文学术词比例 ACA2 的影响,这是一个 2×3 多因素方差分析设计,当时分析时没有考虑各组前测作文学术词比例 ACA1 之间的差异或假定前测作文学术词比例没有统计显著性差异。

如果要考虑不同组前测作文学术词比例之间的差异,研究设计就变成了 $2 \times 3 \times 2$ 三因素混合方差设计,如图 13.8 所示:第一个数字为组间自变量学生年级,第二个数字为组间自变量实验处理方法,第三个数字为组内自变量测试时间。这一小节简化的思路与前一小节相同:把两次测试两组数据转化为一组数据,即前后测差异值,这样就可以把 $2 \times 3 \times 2$ 三因素混合方差设计转化为 2×3 (独立样本)两因素方差设计,如图 13.9 所示。

对于 $2^+ \times 2^+ \times 2^+$ 类型只包含一个组内/重复测量自变量的三因素或更多因素的混合方差分析,可以将其简化为(独立样本)多因素方差分析。

研究问题: 实验处理方法和学生年级对学生作文学术词比例是否有显著影响?

组间/分组自变量:

(1)实验处理方法:三个取值水平;

(2)学生年级:两个取值水平。

组内/重复测量自变量:测试时间,两个取值水平。通过简化处理,求出后、前测学术词比例差异值,从而去掉组内自变量测试时间。

因变量:学术词比例。

	Treatment	Grade	SubGroup	Words1	Words2	E100.1	E100.2	C.T1	C.T2	ACA1	ACA2	Score2	Score1	ACAgain	var
1	1	3	1	340	234	11	14	1.81	1.50	.59	.85	3.0	3.5	.26	
2	1	3	1	181	238	10	12	1.33	1.50	3.31	2.52	4.0	4.0	-.79	
3	1	3	1	345	413	10	13	1.36	1.31	1.45	1.45	3.5	3.5	.00	
4	1	3	1	234	260	12	8	1.37	1.33	2.99	2.69	4.5	3.5	-.30	
5	1	3	1	230	335	20	18	1.42	1.40	3.04	2.09	3.0	3.0	-.95	
6	1	3	1	288	346	10	9	1.59	1.64	2.08	1.73	4.5	3.5	-.35	
7	1	3	1	369	398	7	6	1.63	1.69	4.61	4.77	5.0	4.0	.16	

图 13.8　三因素混合方差设计

	Treatment	Grade	SubGroup	Words1	Words2	E100.1	E100.2	C.T1	C.T2	ACA1	ACA2	Score2	Score1	ACAgain	var
1	1	3	1	340	234	11	14	1.81	1.50	.59	.85	3.0	3.5	.26	
2	1	3	1	181	238	10	12	1.33	1.50	3.31	2.52	4.0	4.0	-.79	
3	1	3	1	345	413	10	13	1.36	1.31	1.45	1.45	3.5	3.5	.00	
4	1	3	1	234	260	12	8	1.37	1.33	2.99	2.69	4.5	3.5	-.30	
5	1	3	1	230	335	20	18	1.42	1.40	3.04	2.09	3.0	3.0	-.95	
6	1	3	1	288	346	10	9	1.59	1.64	2.08	1.73	4.5	3.5	-.35	
7	1	3	1	369	398	7	6	1.63	1.69	4.61	4.77	5.0	4.0	.16	

图 13.9　(独立样本)两因素方差设计

本小节的多因素方差分析操作过程和数据解读与第 11 章基本一样,区别在于第 11 章研究设计的因变量是后测学术词比例,即忽略了几个组前测学术词比例的差异,而本小节研究设计的因变量是后、前测学术词比例的差异值 ACAgain。该差异值在前一小节已经用 Transform→Compute Variable...菜单计算出,因此下面可以直接进行多因素方差分析。

单击 Analyze→General Linear Model→Univariate...菜单。如图 13.10 所示。在弹出的主对话框里把要分析的因变量学术词比例差异值 ACAgain 移入因变量 Dependent Variable 方框,把两个组间/分组变量实验处理方法 Treatment 和学生年级 Grade 一起移入固定变量即分组变量 Fixed Factor(s)方框。

图 13.10　多因素方差分析操作

主对话框右测的按钮在第 11 章只设置了其中 3 个:Plots、Post Hoc 和 Options。Post Hoc 是对含有三个或以上取值水平的组间自变量进行多重比较,但多因素方差分析含有多个组间自变量,对某一个自变量的分组进行多重比较没有太大意义,因此本节忽略 Post Hoc 按钮,只对 Plots 和 Options 按钮进行设置,如图 13.11 和图 13.12 所示。

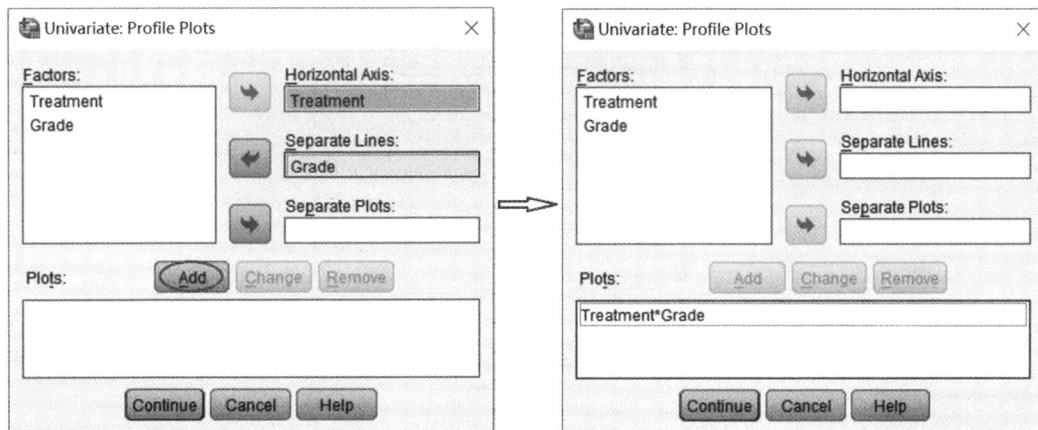

图 13.11　Plots 设置

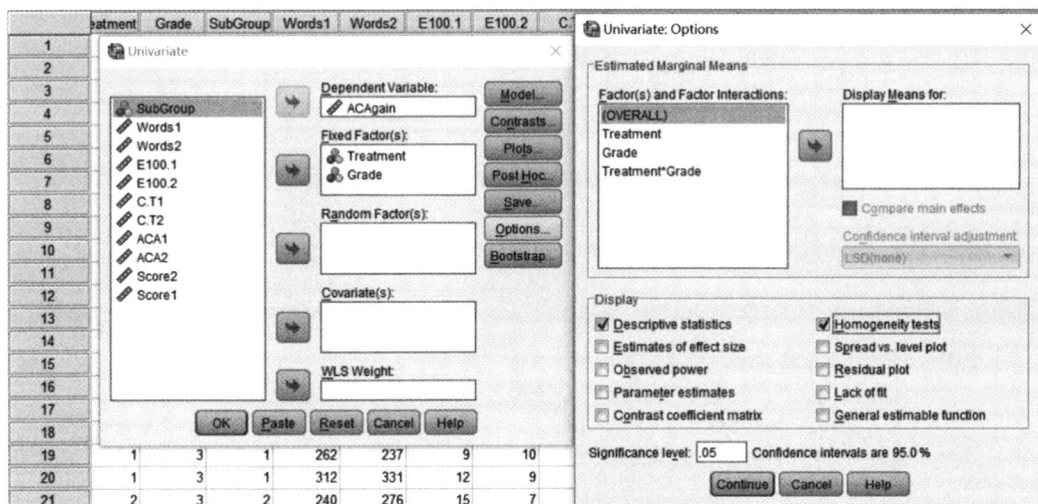

图 13.12　Options 设置

图 13.13 和图 13.14 是学术词比例差异值 ACAgain 多因素方差分析输出的两个最重要表格。图 13.14 主要读取第 3-5 行数据结果。Source:Treatment 表示试验处理方法对学术词比例差异值的主效应,即不考虑学生年级影响或把两个年级合并在一起,$F=33.42,p=0.000$ 表明实验处理方法对学生后、前测作文学术词比例差异值具有显著影响。学生年级 Grade 的主效应没有统计显著性,$F=3.38,p=0.069$。试验处理方法和学生年级之间的交互作用也不具有统计显著性,$F=0.83,p=0.437$。

图 13.15 是学术词比例差异值均值折线图,该图已经过编辑,把代表四年级的实线更改成了虚线(图形编辑参考第 11.5 节)。均值折线图也显示试验处理方法和学生年级之间存在一定的交互作用(两条线不平行),但交互作用不明显。交互作用主要体现在范文读写组

RW＋ST 学术词比例差异值 ACAgain 两个年级学生之间的差异要大于另外两个组。

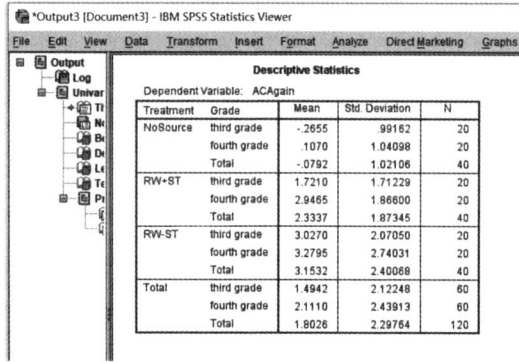

Descriptive Statistics

Dependent Variable: ACAgain

Treatment	Grade	Mean	Std. Deviation	N
NoSource	third grade	-.2655	.99162	20
	fourth grade	.1070	1.04098	20
	Total	-.0792	1.02106	40
RW+ST	third grade	1.7210	1.71229	20
	fourth grade	2.9465	1.86600	20
	Total	2.3337	1.87345	40
RW-ST	third grade	3.0270	2.07050	20
	fourth grade	3.2795	2.74031	20
	Total	3.1532	2.40068	40
Total	third grade	1.4942	2.12248	60
	fourth grade	2.1110	2.43913	60
	Total	1.8026	2.29764	120

图 13.13　学术词比例差异值描述统计量

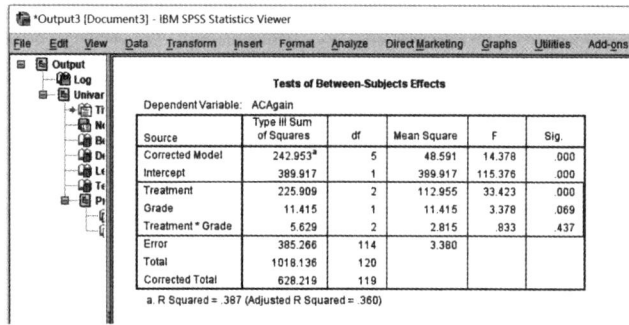

Tests of Between-Subjects Effects

Dependent Variable: ACAgain

Source	Type III Sum of Squares	df	Mean Square	F	Sig.
Corrected Model	242.953a	5	48.591	14.378	.000
Intercept	389.917	1	389.917	115.376	.000
Treatment	225.909	2	112.955	33.423	.000
Grade	11.415	1	11.415	3.378	.069
Treatment * Grade	5.629	2	2.815	.833	.437
Error	385.266	114	3.380		
Total	1018.136	120			
Corrected Total	628.219	119			

a. R Squared = .387 (Adjusted R Squared = .360)

图 13.14　学术词比例差异值多因素方差分析结果

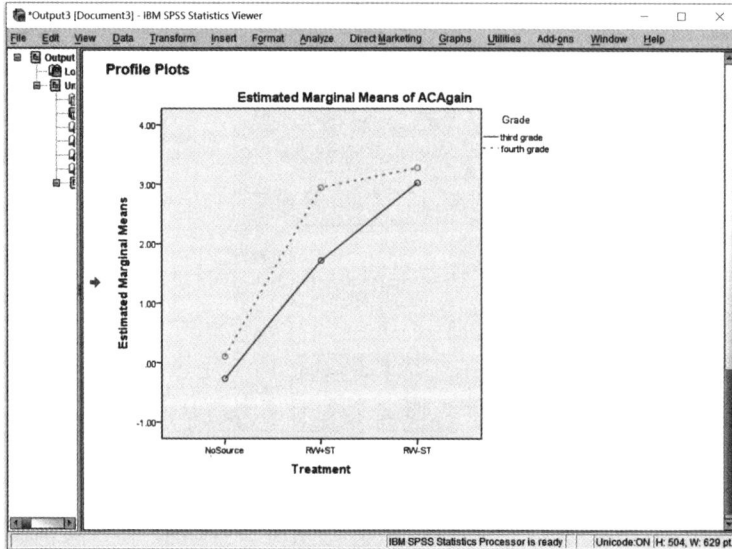

图 13.15　学术词比例差异值均值折线图

13.2 方法三:协方差分析

协方差分析(Analysis of covariance,ANCOVA))是含有协变量的方差分析,是线性回归与方差分析的结合。协变量(Covariate)是指对因变量/结果变量产生影响但研究者对其影响不感兴趣或想要控制其影响的自变量,协变量一般为连续变量。在应用语言学研究领域,协方差分析常用来控制各组前测成绩对后测成绩的影响。根据组间/分组自变量和协变量的个数,协方差分析可以分为:单因素协方差分析(只包括一个自变量)、多因素协方差分析和多协变量协方差分析。

本小节仍以图13.16数据为例,不同的是本小节不计算后、前测差异值而是把前测学术词比例作为协变量。

	Treatment	Grade	SubGroup	Words1	Words2	E100.1	E100.2	C.T1	C.T2	ACA1	ACA2	Score2	Score1
19	1	3	1	262	237	9	10	1.70	1.38	.76	.42	3.5	3.5
20	1	3	1	312	331	12	9	1.46	1.46	3.53	3.63	4.5	4.5
21	2	3	2	240	276	15	7	1.40	1.47	2.50	4.71	4.0	3.5
22	2	3	2	231	295	10	9	1.41	1.38	2.16	2.03	4.0	4.0
23	2	3	2	185	185	5	6	1.36	1.38	4.86	5.95	5.0	5.0
24	2	3	2	177	225	10	10	1.41	1.37	3.95	5.33	4.5	4.5

图13.16 数据文件"11 RW3groups.2grades"

研究问题:三种实验处理方法是否对学生作文学术词比例有显著影响? 这是一个2×3的两因素混合方差设计,如图13.16所示。如果把前测作为协变量就可以把2×3的两因素混合方差分析简化为单因素协方差分析。

组间自变量:实验处理方法 Treatment;

协变量:前测学术词比例 ACA1;

因变量:后测学术词比例 ACA2。

协方差分析使用的菜单同多因素方差分析:Analyze→General Linear Model→Univariate…,如图13.17所示。在弹出的主对话框里把要分析的因变量后测学术词比例 ACA2移入因变量 Dependent Variable 方框;把组间/分组自变量实验处理方法 Treatment 移入固定变量 Fixed Factor(s)方框,复数 s 表示该方框可移入多个组间自变量;把前测学术词比例 ACA1移入协变量 Covariate(s)方框,该方框也可移入多个协变量。

由于协方差分析含有协变量,主对话框右侧的多重比较 Post Hoc 按钮无法操作,可以用 Options 按钮设置多重比较。单击"Plots"按钮,如图13.18所示,把 Treatment 移入横轴 Horizontal Axis 方框,单击"Add"添加到下侧 Plots 方框,单击"Continue"返回,该设置输出均值折线图。单击"Options"按钮,把 Treatment 移入 Display Means for 方框,勾选 Compare main effects,下拉菜单保持默认的 LSD 多重比较方法,再勾选 Descriptive Statistics,单击"Continue"返回,最后单击"OK"运行。图13.19是后测学术词比例描述统计量和协方差分析输出结果。3 个组均值分别为 2.75%,5.96% 和 5.61%,第二组最高;标准差分别为 1.45,2.51 和 2.52,3 个组的方差有较大差异,最大方差为最小方差的 3 倍左右,(2.52 × 2.52)/(1.45 ×1.45) = 3.02。

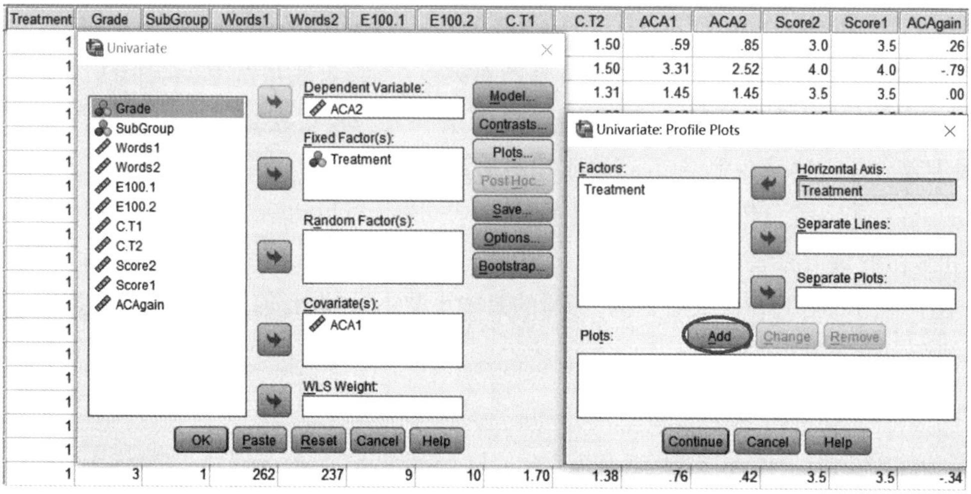

图 13.17 协方差分析

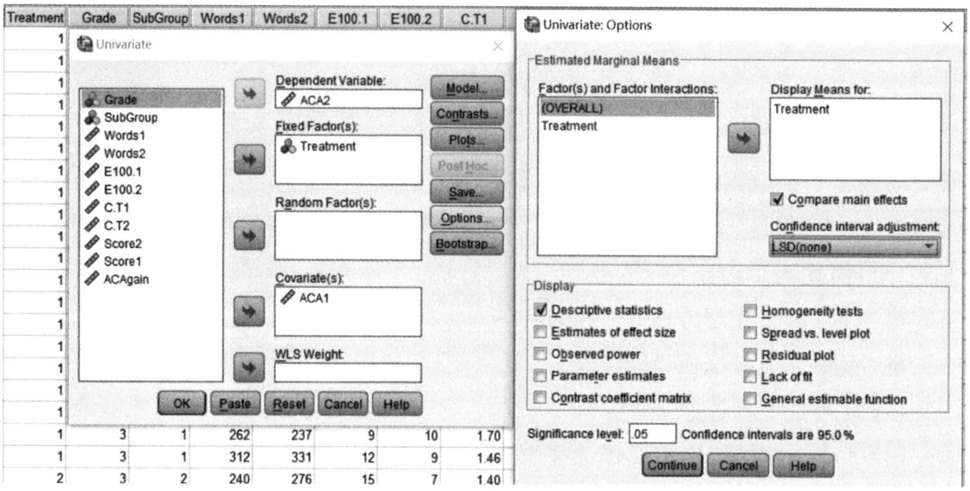

图 13.18 **Options** 设置

协方差分析输出结果主要读取第三行和第四行数据。第三行 ACA1 是前测学术词比例对后测学术词比例 ACA2 的主效应(不考虑其他影响因素),F = 53.42, p = 0.000 表明前测学术词比例对后测作文学术词比例具有显著影响,因而进行协方差分析排除前测影响是必要的。第四行 Treatment 是在剔除前测学术词比例影响后,实验处理方法对后测学术词比例 ACA2 的主效应,F = 33.23, p = 0.000 表明实验处理方法对后测作文学术词比例具有显著影响。第五行 Errordf 的计算公式为 N − k − c,N 为受试总人数,k 为分组自变量组数,c 为协变量个数,因此本例 error df = 120 − 3 − 1 = 116。

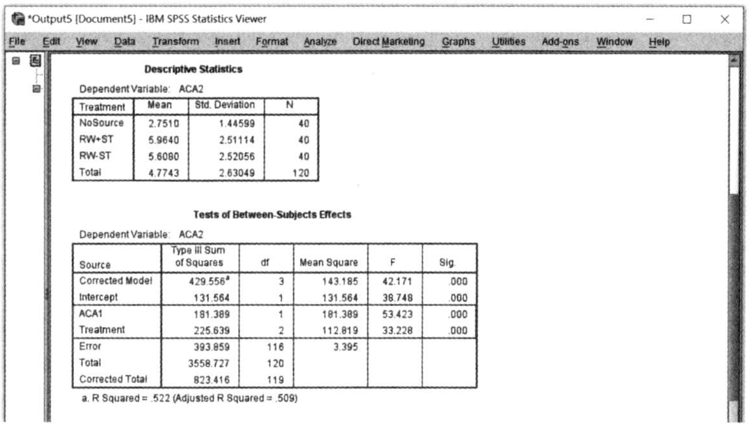

Descriptive Statistics

Dependent Variable: ACA2

Treatment	Mean	Std. Deviation	N
NoSource	2.7510	1.44599	40
RW+ST	5.9640	2.51114	40
RW-ST	5.6080	2.52056	40
Total	4.7743	2.63049	120

Tests of Between-Subjects Effects

Dependent Variable: ACA2

Source	Type III Sum of Squares	df	Mean Square	F	Sig.
Corrected Model	429.556[a]	3	143.185	42.171	.000
Intercept	131.564	1	131.564	38.748	.000
ACA1	181.389	1	181.389	53.423	.000
Treatment	225.639	2	112.819	33.228	.000
Error	393.859	116	3.395		
Total	3558.727	120			
Corrected Total	823.416	119			

a. R Squared = .522 (Adjusted R Squared = .509)

图 13.19 后测学术词比例描述统计量和协方差分析结果

图 13.20 是后测学术词比例根据前测学术词比例调整后输出的描述统计量和多重比较结果。因此该图均值和图 13.19 三个组的原始均值不一样。三个组的调整均值分别为 2.87%,5.42% 和 6.03%,第三组最高。控制组 NoSource 和两个读写组后测学术词比例调整均值具有统计显著性差异,MD = −2.56,p = 0.000 和 MD = −3.17,p = 0.000;而两个读写组之间后测学术词比例调整均值无统计显著性差异,MD = −0.61,p = 0.161。

图 13.21 是后测学术词比例 ACA2 调整后均值折线图,第三组 RW−ST 调整均值最高,而后测学术词比例原始均值是第二组最高,第二组调整后均值低于第三组是因为第二组的前测原始均值较高。

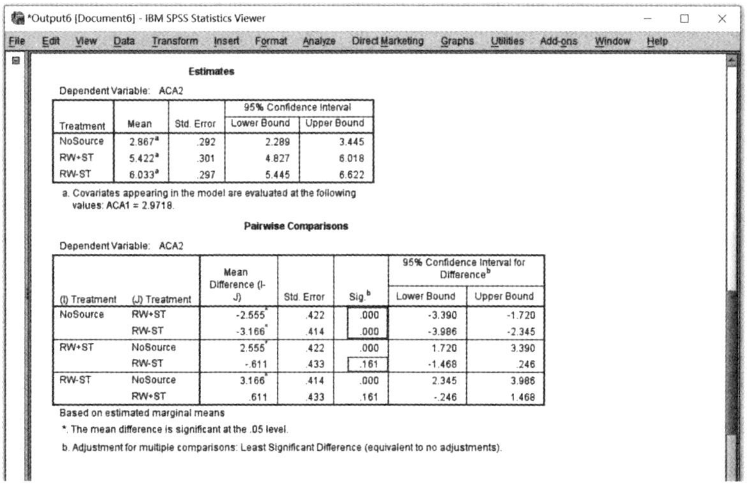

Estimates

Dependent Variable: ACA2

Treatment	Mean	Std. Error	95% Confidence Interval Lower Bound	Upper Bound
NoSource	2.867[a]	.292	2.289	3.445
RW+ST	5.422[a]	.301	4.827	6.018
RW-ST	6.033[a]	.297	5.445	6.622

a. Covariates appearing in the model are evaluated at the following values: ACA1 = 2.9718.

Pairwise Comparisons

Dependent Variable: ACA2

(I) Treatment	(J) Treatment	Mean Difference (I-J)	Std. Error	Sig.[b]	95% Confidence Interval for Difference[b] Lower Bound	Upper Bound
NoSource	RW+ST	-2.555*	.422	.000	-3.390	-1.720
	RW-ST	-3.166*	.414	.000	-3.986	-2.345
RW+ST	NoSource	2.555*	.422	.000	1.720	3.390
	RW-ST	-.611	.433	.161	-1.468	.246
RW-ST	NoSource	3.166*	.414	.000	2.345	3.986
	RW+ST	.611	.433	.161	-.246	1.468

Based on estimated marginal means

*. The mean difference is significant at the .05 level.

b. Adjustment for multiple comparisons: Least Significant Difference (equivalent to no adjustments).

图 13.20 后测学术词比例调整后描述统计量和多重比较结果

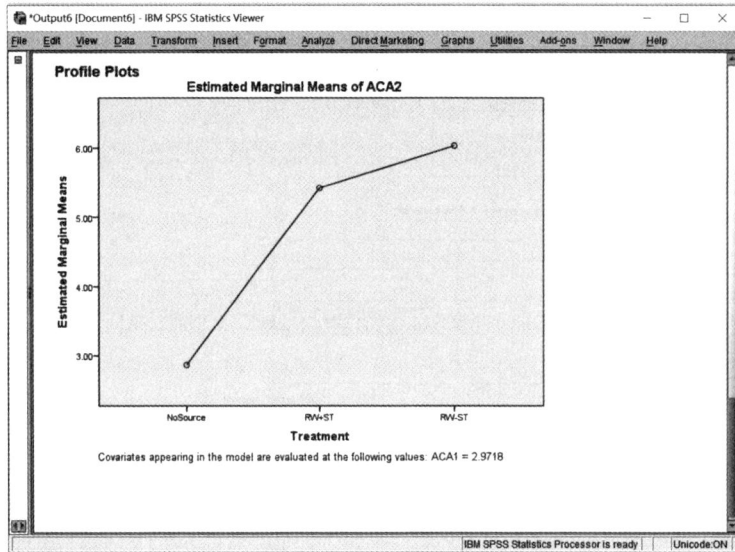

图 13.21　后测学术词比例调整均值折线图

协方差分析结果报告同多因素或混合方差分析。英文报告结果可参考 *Discovering Statistics Using* IBM SPSS *Statistics*(第五版)第 13.11 节"Repoting Results"(Field,2018)。

第14章 卡方检验

卡方检验（Chi – square test, χ^2 test）是用来分析一个或两个分类变量（Categorical variable）频次分布的差异，或者说是分类变量之间的关联强度，其输出统计量为卡方值χ^2。前面章节介绍的统计检验方法都至少包括一个连续变量，通常是因变量或结果变量，本章介绍的卡方检验涉及的变量全部是分类变量。

卡方检验是一种非参数检验（Nonparametric test），因此没有一般参数检验需满足的数据正态分布、方差齐性等前提条件。但卡方检验也有其适用条件：

第一，所有变量均为分类变量。

第二，观测独立性（Independence of observations），即每个受试只能归入频次表（Frequency table）或列联表中（Contingency table）的一个单元格（Cell），或者说受试的总人数和频次表中频次总数相同。

第三，列联表每个单元格的频次大于或等于5。对于含有频次小于5的单元格的卡方检验，可以报告Fisher精准检验（Fisher's exact test）结果，或收集更多数据使每个单元格频次均大于等于5。不过也有研究者，如Field（2005），认为对于较大的列联表（如3×4列联表有12个单元格），不超过20%的单元格频次可以小于5。Howell（2013）认为单元格频次小于5带来的问题只是降低了检验效力。

当卡方检验只涉及一个分类变量时，使用卡方拟合优度检验（Chi – square goodness of fit test）；如果涉及两个分类变量，使用卡方独立性检验（Chi – square group independence test）。如果研究涉及三个或三个以上的分类变量，则使用对数线性分析（Loglinear analysis）。本章只介绍应用语言学研究常使用的卡方独立性检验：分析两个分类变量频次分布的差异，或者说是两个分类变量之间的关联强度（是否相互独立）。

14.1 卡方检验基本原理

列联表是观测数据按两个或多个分类变量进行交叉分类后所列出的频次分布表。本章以最简单的2×2列联表为例介绍卡方检验的操作过程。2×2列联表只涉及两个分类变量，且每个分类变量只有两个取值水平。

表14.1是英语专业某年级女生和男生第二外语选择频次数据。该表涉及两个二分变量，语言和性别，共60人，女生42人，男生18人。两个变量均只有两个取值水平：法语和德语，男生和女生。从该表可以看出，女生选择法语人数多于选择德语人生，而男生刚好相反，那么男生和女生两种第二外语的选择差异是否具有统计显著性或者说性别是否会影响第二外语的选择（即性别和第二外语两个变量是否独立、没有关系）需要通过卡方独立性检验来分析。

表 14.1　第二外语选择列联表

	法语	德语	总计
女生	26	16	42
男生	6	12	18
总计	32	28	60

卡方检验的统计量由下面公式计算得出,公式里的 O 代表观测频次 Observed frequency,即表 14.1 中粗体的四个单元格中的频次,E 代表期望频次 Expected frequency,N 代表研究总频次或受试总人数。因此,要计算表 14.1 列联表的卡方值,首先需要计算出四个单元格的期望频次。

$$\chi^2 = \sum \frac{(O-E)^2}{E}$$

期望频次的计算公式为

$$E_{ij} = \frac{R_i C_j}{N}$$

式中,E_{ij} 表示第 i 行和第 j 列单元格的期望频次,R_i 和 C_j 分别表示第 i 行(Row i)的总频次和第 j 列(Colunm j)的总频次。因此,对于表 14.1,四个单元格的期望频次分别为(E_{11} 表示第一行第一列单元格期望频次):

$$E_{11} = \frac{42 \times 32}{60} = 22.4$$

$$E_{12} = \frac{42 \times 28}{60} = 19.6$$

$$E_{21} = \frac{18 \times 32}{60} = 9.6$$

$$E_{22} = \frac{18 \times 28}{60} = 8.4$$

因此,表 14.1 列联表的卡方值为

$$\chi^2 = \frac{(26-22.4)^2}{60} + \frac{(16-19.6)^2}{60} + \frac{(6-9.6)^2}{60} + \frac{(12-8.4)^2}{60}$$

$$= \frac{12.96}{22.4} + \frac{12.96}{19.6} + \frac{12.96}{9.6} + \frac{12.96}{8.4}$$

$$= 0.5786 + 0.6612 + 1.35 + 1.5429$$

$$= 4.1327$$

卡方检验自由度 $df = (R-1)(C-1)$,R 和 C 分别表示列联表的行数和列数,对于 2×2 的列联表,R 和 C 均为 2,因此 2×2 列联表的自由度均为 1。计算出了卡方值和自由度,就可以对照图 14.1 的卡方分布表,查到当显著性水平 $\alpha = 0.05$,自由度 $df = 1$ 时卡方值的临界值为 $\chi^2 = 3.838$。上面计算出的卡方值为 4.13 > 3.838,因此可以得出结论:男生和女生两种第二外语的选择差异具有统计显著性,或者说性别对于第二外语的选择有显著影响,或者说性别和第二外语选择两个变量之间具有显著的相关性。

图 14.1 卡方分布（Johnston，2010）

14.2 卡方检验数据输入

本书第 3.1 小节介绍了 SPSS 数据输入的基本原则：数据窗口的每一行代表一个受试，每列代表一个变量。表 14.1 共包括 60 名受试，按照 SPSS 数据输入的一般规则，需要设置两个变量，输入 60 行数据。列联表频次数据有更简单的输入方法。

打开一个 SPSS 新数据窗口，在左下角切换到变量窗口，输入三个变量，分别为性别 Gender，语言 Language 和频次 Frequency，如图 14.2 所示。把 Gender 和 Language 的变量类型从默认的数值型 Numeric 改成字符型 String，单击"OK"运行。

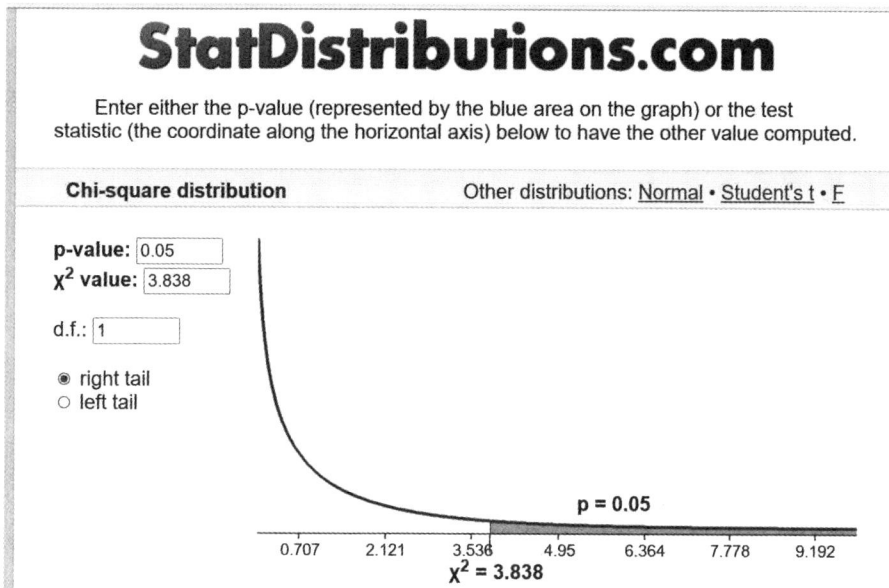

图 14.2 变量设置

切回到数据窗口,输入各单元格的变量名和频次,如图 14.3 所示。

图 14.3　数据输入

与前面章节数据不同的是图 14.3Frequency 变量下的四个数字是表示频次而不是分数,因此要对数据进行加权,让软件知道这些数字是频次数据。单击 Data→Weight Cases…菜单,在弹出的对话框中,如图 14.4 所示,勾选 Weight cases by…选项,再把变量 Frequency 移入下面的方框。单击"OK"返回数据窗口,然后就可以进行卡方独立性检验了。

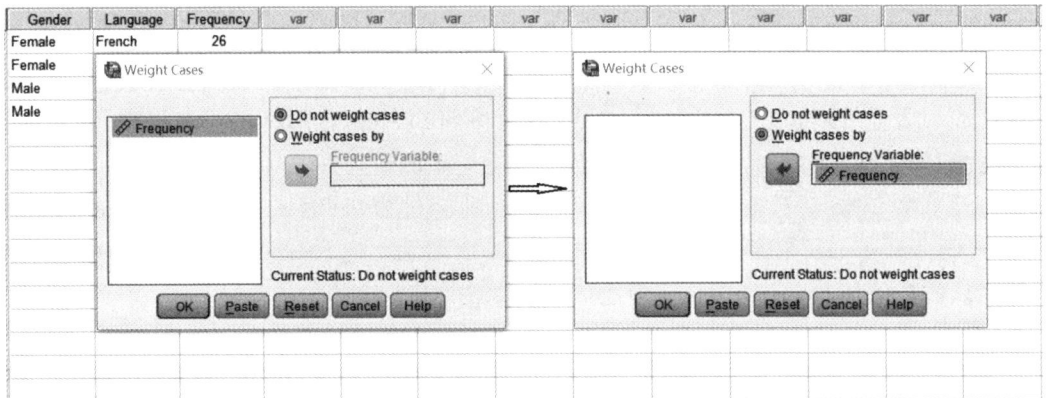

图 14.4　频次数据加权

14.3　SPSS 操作

单击 Analyze → Descriptive Statistics → Crosstabs…菜单,如图 14.5 所示。Crosstab 表示交叉表,与列联表 Contingency table 意思基本相同。

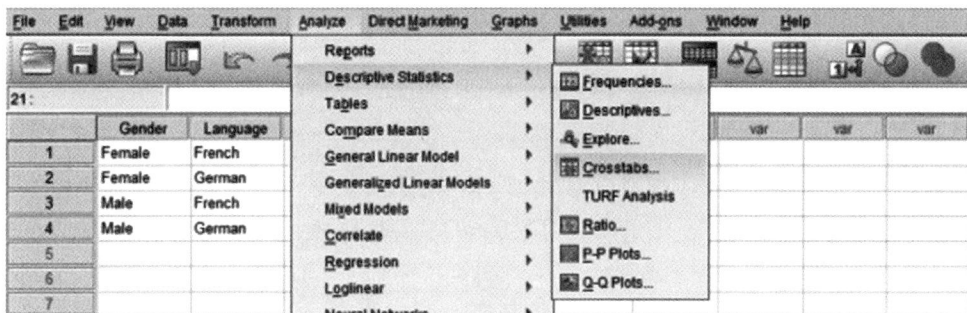

图14.5 卡方检验菜单

在弹出的 Crosstab 交叉表主对话框中,如图 14.6 所示,把变量 Gender 移入 Row(s)方框,把变量 Language 移入 Column(s)方框,两个变量位置也可互换。

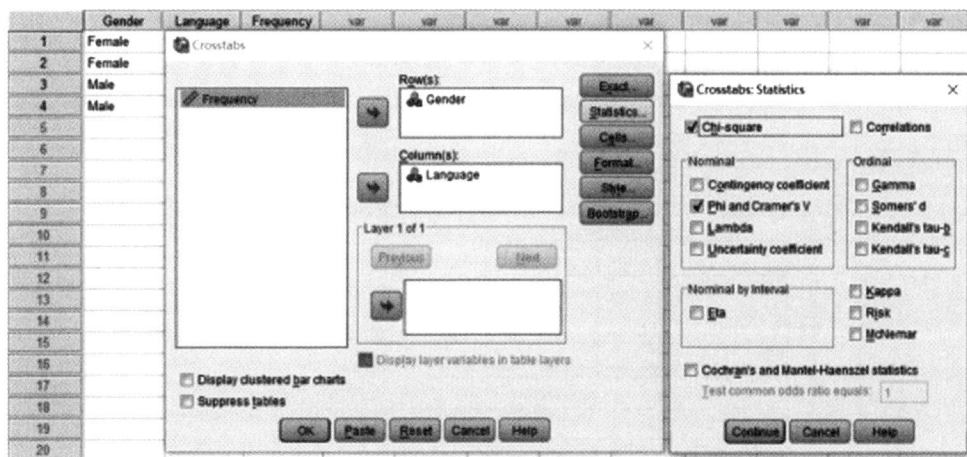

图14.6 卡方检验设置

接下来需要对主对话框右上侧的六个按钮中的两个进行设置。

输出统计量设置。勾选 Chi – square 选项和 Phi and Cramer's V 选项可输出 χ^2 卡方值和卡方检验效应值 Phi 或 Cramer's V(效应值介绍可参考本书第6.3小节)。Phi 是 2×2 列联表的效应值;Cramer's V 是大于 2×2 列联表的效应值,即其中一个变量或两个变量有 2 个以上取值水平。对于 2×2 列联表,Phi = Cramer's V。单击 Continue 返回主对话框。

单元格设置。如图 14.7 所示,勾选频次 Counts 下的 Observed 和 Expected 选项,输出各单元格的观测频次和期望频次。如需每个单元格频次所占百分比,还可勾选 Percentages 下的选项。单击"Continue"返回主对话框,最后单击"OK"运行。

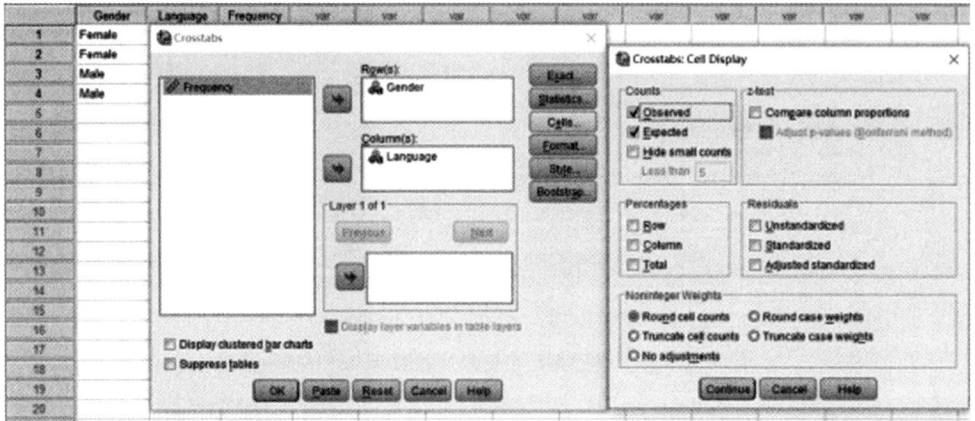

图 14.7　单元格设置

图 14.8 是学生性别和第二外语选择卡方检验输出结果。第一个表是列联表/交叉表，表的格式和表中的观测频次 Count 同表 14.1。每个单元格的期望频次 Expected count 与第 14.1 小节计算出的期望频次完全一致。

图 14.8　性别和语言卡方检验输出结果

第二个表是卡方检验结果，此表只需读取第一行 Pearson 卡方检验结果，$\chi^2 = 4.133$ 与第 14.1 小节计算出的卡方值 4.1327 一致，$p = 0.042$ 表明学生性别和第二外语选择两个变量之间的关联程度具有统计显著性，即男生和女生在两种第二外语的选择上具有统计显著性差异，或者说性别对于第二外语的选择有显著的影响。

第三个表是卡方检验效应值 Phi 和 Cramer's V 输出结果，由于表 14.1 是 2×2 列联表，Phi 和 Cramer's V 相同。Phi 和 Cramer's V 都表示变量之间的关联强度，类似于相关分析的统计量和效应值 r。Phi $= 0.262$, $p = 0.042$ 表明学生性别和第二外语的选择呈显著中等相关。

结果报告:表 14.2 是学生性别和第二外语选择卡方检验输出结果。$\chi^2 = 4.13$, $p = 0.042$ 表明男生和女生在两种第二外语的选择上具有统计显著性差异,即性别对于第二外语选择有显著影响。

英文报告结果可参考 Discovering Statistics Using IBM SPSS Statistics(第五版)第 19.8.5 小节"Reporting the results of a chi - square test"(Field,2018,p. 1093)。

表 14.2 性别和语言卡方检验结果

性别	语言		χ^2	p
	法语	德语		
女生	26	16	4.13	0.042
男生	6	12		

14.4 卡方检验计算器

使用 SPSS 进行卡方检验需要设置变量、输入频次数据以及对数据进行加权,略微有点复杂。现在互联网上有很多在线或可下载的卡方检验计算器,可用关键词"卡方检验计算器"搜索。用卡方检验计算器来进行卡方检验较为方便快捷,但缺点是一般的卡方检验计算器只输出 χ^2 卡方值和 p 值,不会输出其他的统计量,如期望频次、效应值等。

本小节以表 14.3 的列联表为例介绍如何用网络卡方检验计算器来进行卡方检验。表 14.8 在表 14.1 的基础上增加了一门第二外语日语,因此这是一个 2×3 的列联表,包括两个变量,性别变量有两个取值水平,第二外语变量有三个取值水平。

表 14.8 性别与语言列联表

	法国	德语	日语	总计
女生	26	16	10	52
男生	6	12	10	28
总计	32	28	20	80

打开电脑的浏览器,输入网址:http://www. quantpsy. org/chisq/chisq. htm(Preacher, 2010)。

然后把表 14.3 里六个单元格的观测频次输入到网页表格里,如图 14.9 所示。此网页表格的列 Column 代表 Group,图 14.9 的数据输入是以性别作为组别,因此有两列、三排数据。也可以以语言作为组别,那么网页表格里的数据输入就和表 14.3 完全一样,三列、两排数据。以性别或语言作为组别计算出的卡方值和 p 值完全一样。

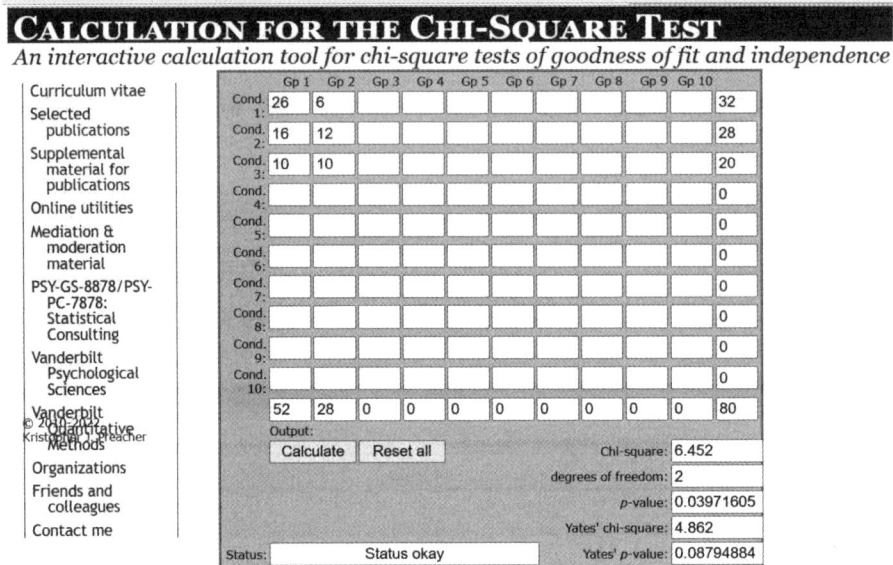

图 14.9　卡方检验计算器

频次数据填入表格后,单击下面的"Calculate"按钮,这时表格的最后一行和最后一列就会计算出总频次。在右下角会输出自由度、卡方值和 p 值。对于 R × C 的列联表(R 和 C 均大于等于 2),自由度 $df = (R-1)(C-1)$,由于表 14.3 第二外语变量有三个取值水平,因此自由度 $df = (2-1)(3-) = 2$。

$\chi^2 = 6.45, p = 0.040$ 表明学生性别和第二外语选择两个变量之间的关联程度具有统计显著性,即男生和女生在两种第二外语选择上具有统计显著性差异,或者说性别对于第二外语选择有显著影响。

参 考 文 献

［1］ AKRITAS M G. The Rank Transform Method in Some Two – Factor Designs［J］. Journal of the American Statistical Association，1990（85）:73 – 78.

［2］ ROSIER J P. Publication Manual of the American Psychological Association［M］.6th ed. Washington: American Psychological Association,2013.

［3］ BACHMAN L F,KUNNAN A J. Statistical Analyses for Language Assessment Workbook and CD ROM［M］. Cambridge:Cambridge University Press,2005.

［4］ BOURNE M. Normal Probability Distribution Graph Interactive. Interactive Mathematics ［EB/OL］. ［2022 – 11 – 03］. https://www. intmath. com/counting – probability/normal – distribution – graph – interactive.

［5］ BOURNE, M. （1997b）. The z – Table. Interactive Mathematics［EB/OL］. ［2022 – 11 – 03］. https://www. intmath. com/counting – probability/z – table.

［6］ COHEN J. Statistical power analysis for the behavioral sciences ［M］.2th ed. London: routledge,1988.

［7］ CONOVER W J. Practical nonparametric statistics［M］.3th ed. New York :John Wiley & Sons Inc. ,1999.

［8］ CONOVER W J, Iman R L. Rank Transformations as a Bridge Between Parametric and Nonparametric Statistics［J］. The American Statistician,1981,35（3）:124 – 133.

［9］ ELLIS P D. The essential guide to effect sizes［M］. Cambridge:Cambridge University Press,2010.

［10］ FIELD A. Discovering Statistics Using SPSS［M］.2th ed. New York : Sage Publications, 2005.

［11］ FIELD A. Discovering Statistics Using IBM SPSS Statistics ［M］.4th ed. New York : Sage Publications,2013.

［12］ FIELD A. Discovering Statistics Using IBM SPSS Statistics ［M］.5th ed. New York : Sage Publications,2018.

［13］ GEORGE D, MALLERY P. IBM SPSS Statistics 26 Step by Step: A Simple Guide and Reference［M］.16th ed. London: Routledge,2020.

［16］ HEISS A. Install R, RStudio, and R Commander in Windows and OS X［EB/OL］. （2012 – 04 – 17）［2022 – 11 – 03］. https://www. andrewheiss. com/blog/archive/.

［17］ HOWELl D. Statistical Methods for Psychology［M］.8th ed. Stanford:Cengage Learning, 2013.

［18］ HUNT K W . Grammatical Structures Written at Three Grade Levels ［R］. NCTE

Research Report No. 3 ,Champaign,USA,1965.

[19] JOHNSTON N. Normal distribution. Stat Distributions[EB/OL]. [2022 - 11 - 03]. http://www. statdistributions. com/normal/.

[20] LARSON - HALL J. A guide to doing statistics in second language research using SPSS [M]. London：Routledge,2010.

[21] LEECH N L, ONWUEGBUZIE A J . A Call for Greater Use of Nonparametric Statistics [J]. classification, 2002.

[22] MUENCHEN R. The Popularity of Data Science Software. R4stats[EB/OL]. (2012 - 04 - 25)[2022 - 11 - 03]. http://r4stats. com/articles/popularity/.

[23] ONWUEGBUZIE A J, DANIEL L G. Uses and misuses of the correlation coefficient[J]. Research in the Schools,2002 , 9:73 - 90.

[24] PORTE G K. Appraising research in second language learning：A practical approach to critical analysis of quantitative research[J]. John Benjamins,2002.

[25] PREACHER K J. Calculation for the chi - square test：An interactive calculation tool for chi - square tests of goodness of fit and independence[EB/OL]. (2001 - 04 - 04)[2022 - 11 - 10]. http://quantpsy. org/chisq/chisq. htm.

[26] RAZALI N M, WAH Y B. Power comparisons of Shapiro - Wilk, Kolmogorov - Smirnov, Lilliefors and Anderson - Darling tests[J]. Journal of Statistical Modeling and Analysis, 2011,2(1):21 - 33.

[27] SNOW G R. SPSS Difference. Stack Overflow[EB/OL]. (2010 - 09 - 24)[2022 - 11 - 03]. https://stackoverflow. com/questions/3787231/r - and - spss - difference.

[28] STEVENS S. On the Theory of Scales of Measurement. Science[J]. 1946,103:677 - 680.

[29] WEINBERB S L, ABRAMOWITZ S K. Data analysis for the behavioral sciences using SPSS[M]. Cambridge:Cambridge University Press,2002.

[30] 杜强,贾丽燕. SPSS统计分析:从入门到精通[M]. 北京:人民邮电出版社,2009.

[31] 蒲显伟. 第二语言读写结合结果及过程研究[J]. 南京:江苏凤凰科学技术出版社,2016.

[32] 申希平,祁海萍,刘小宁,等. 两因素非参数方差分析在SPSS中的实现[J]. 中国卫生统计, 2013,30(6):913 - 914.

[33] 文秋芳. 应用语言学研究方法与论文写作[M]. 北京:外语教学与研究出版社,2001.